John W. R. Taylor / David Mondey

Spione am Himmel über uns

DIE GESCHICHTE DER LUFTAUFKLÄRUNG

JOHN W. R. TAYLOR / DAVID MONDEY

Spione am Himmel über uns

MOTORBUCH VERLAG STUTTGART

Umschlagzeichnung: Carlo Demand
Einband und Umschlagkonzeption: Siegfried Horn

Die englische Ausgabe ist erschienen bei Jan Allan Ltd., Shepperton, unter dem Titel „Spies in the Sky".
Die Übertragung ins Deutsche besorgte

Manfred Jäger.

ISBN 3-87943-334-8

1. Auflage 1974

Satz und Druck: Johannes Illig, Buchdruck - Offsetdruck, Göppingen.
Buchbinderische Verarbeitung: Großbuchbinderei Ernst Riethmülller & Co., 7000 Stuttgart.
Printed in Germany.

INHALT

EINLEITUNG

Eines der beunruhigendsten, wirklich schockierenden Bücher, die vor nicht allzu langer Zeit geschrieben wurden, ist „1984“, jene bis ins letzte gehende politische Satire von George Orwell. Um die fortschreitende Einengung der persönlichen Freiheit deutlich zu machen, erfand er den alles-sehenden, alles-wissenden „Großen Bruder“ – jenes seelenlose, utopische, elektronisch projizierte Wesen, das mit letzter Konsequenz dafür sorgt, daß die Menschen so leben, wie es „am besten für sie ist“.
Heute, kaum ein Vierteljahrhundert nach Erscheinen des Buchs, ist der „Große Bruder“ Wirklichkeit geworden. Wir sehen ihn nicht. Die meisten von uns wissen gar nicht, daß es etwas gibt, das uns über die Schulter sieht und aufpaßt, ob sich jemand nicht an die Regeln hält. Wir können sogar fragen: „Wessen Regeln? Was für Regeln?“ Die Antwort hängt dann davon ab, ob der damit gemeinte „Große Bruder“ von Plesetsk oder Tyuratam in der Sowjetunion oder von Kap Kennedy oder Point Arguello in den USA herkommt.
Orwell hat richtig gedacht, als er seinem politischen Aufseher elektronische Augen zugeschrieben hat. Die entsprechenden Gegenstücke der siebziger Jahre sind Satelliten, manche davon zweimal so lang wie ein Omnibus. Vollgepackt mit Fernsehtechnik, Kameras, Infrarot-Augen und elektronischen Ohren, suchen sie nach neuen Raketenabschußstellen und militärischen Aktivitäten auf dem Erdboden, der 160 Kilometer unter ihnen liegt, und horchen nach Zeichen von Funk- und Radareinrichtungen, die den Schlüssel zum Verteidigungssystem der „anderen Seite“ bilden.
Diese hochentwickelten Spione am Himmel über uns darf man

eher bewundern, als daß man sie fürchten müßte. Bevor sie ihren gegenwärtigen Entwicklungsstand erreicht hatten, haben bereits Flugzeuge mit etwa ähnlicher Ausrüstung den Aufbau von Raketenstellungen in Kuba aufgedeckt und Informationen geliefert, die (unter Berücksichtigung der thermonuklearen Schlagkraft der USA) die Eigentümer der Raketen bewogen haben, diese zurückzuziehen. Die Welt durfte wieder aufatmen. Aber zwei Jahre vorher hatte eines der „Spionage"-Flugzeuge selbst einen Zusammenbruch der Ost-Westbeziehungen provoziert, als es an einer Stelle abgeschossen wurde, wo es nach Gesetz und internationalem Recht — buchstäblich — nichts zu suchen hatte.

Unsere Welt muß lernen, mit diesen „großen Brüdern" zu leben, ob wir sie nun mögen oder nicht. Die Russen haben wiederholt demonstriert, daß sie in der Lage wären, amerikanische Beobachtungssatelliten zu zerstören, wenn sie das wollten. Die USA haben seit Mitte der sechziger Jahre bestimmt diese gleiche Fähigkeit. Aber keine Seite unternimmt etwas, obwohl jede derartige Maßnahme völlig legal wäre. Keine Seite unternimmt etwas, weil man sich die zu erwartenden Vergeltungsmaßnahmen gegen die eigenen Augen und Ohren am Himmel nicht leisten kann.

So ist es zu einem unbehaglichen Friedenszustand gekommen, weil jede Aktivität in Richtung auf einen größeren Krieg, von welcher Nation sie auch ausgehen würde, innerhalb von Stunden in Washington oder Moskau genau bekannt wäre. Die Information würde genügen, um den Finger über jenem Schaltknopf bereit zu halten, der die Vernichtung der Menschheit einleiten könnte.

Friede aus Furcht (vor Konsequenzen, die man kennt) ist immer noch einem Krieg vorzuziehen, der aus der vielleicht schwerer lastenden Furcht vor etwas Unbekanntem entsteht.

John R. W. Taylor / David Mondey

DIE FOXBAT IST NICHT ZU FASSEN

Im Durchschnitt startet zweimal im Monat ein russischer Pilot mit einer MiG-25 von einem Flugplatz nahe der Südwestecke der Sowjetunion und steigt in Richtung auf den benachbarten Iran steil in den Himmel. In einem weniger guten Flugzeug müßte er vor der Grenze umkehren, denn bei keiner einzigen Nation der Welt sind Eindringlinge solcher Art willkommen. Schließlich gehört auch die kaiserlich-persische Luftwaffe zu den bestausgestatteten Luftstreitkräften von heute. Die MiG-25 aber ist das schnellste Kampfflugzeug, das zur Zeit im Einsatz steht, und der Pilot weiß, daß er nichts zu befürchten hat, wenn er quer über den Iran Aufklärung fliegt, um die sowjetischen Informationen über die Verteidigungsanlagen dieses Nachbarn auf dem Laufenden zu halten.
Überflüge dieser Art stehen natürlich im Widerspruch zu internationalem Recht. Aber Proteste nützen hier, wie auch bei anderen Formen der Spionage, kaum etwas. Wer hier in der Lage ist, Informationen über die „andere Seite" zu beschaffen, der tut dies auf jedem nur denkbaren Weg. Die einzige praktische Gegenmaßnahme läge in dem Versuch, den „Spion" auf irgendeine Weise zu eliminieren.
Die Israelis können, genau wie jetzt die Perser, ein Lied davon singen, wie frustierend es ist, wenn der Schleier über den eigenen Geheimnissen von einer MiG-25 gelüftet wird. Das Unvermögen der Israelis, im Oktober 1973 in der richtigen Art auf vorliegende Geheiminformationen zu reagieren, hat zu den anfänglichen schweren Rückschlägen im Yom-Kippur-Krieg geführt. Wir wissen allerdings nicht, wieviel die Aufklärungsergebnisse der MiG-25 und der sowjetischen Satelliten zu den ägyptischen Anfangserfolgen beigetragen haben. Aber die

Geschichte zweier solcher Flugzeuge aus dem Jahr davor unterstreicht den Wert derartiger Operationen.
Der 10. März 1972 war ein relativ friedlicher Tag im Mittleren Osten. Die arabischen und die israelischen Soldaten beobachteten sich gegenseitig über die Kanonenrohre, die auf das jeweilig andere Ufer des Suez-Kanals gerichtet waren. Immer wieder hatte Präsident Sadat in den Wochen zuvor auf einen unmittelbar bevorstehenden Krieg hingewiesen, der die Befreiung der vom Feind besetzten Territorien bringen werde. Der „Feind" in Israel war seinerseits der palästinensisch-arabischen Taktiken müde geworden und führte schnelle, tödliche Schläge gegen vermutete Guerillastützpunkte im Libanon. Solch ein „Friedenszustand" beschwört Spannungssituationen herauf, wie sie auch in einem Krieg nicht schlimmer sein können. Man konnte das damals jederzeit auf dem Flugplatz Kairo-West feststellen.
Es waren fast fünf Jahre seit jenem Morgen im Juni 1967 vergangen, als israelische Düsenflugzeuge, Welle auf Welle, die ägyptische Grenze überflogen hatten, um mit Angriffen auf 19 Flugplätze die gesamte Luftwaffe der Vereinigten Arabischen Republik zu vernichten. Es war der bisher überzeugendste Beweis für die Schlagkraft einer mit Überlegung und Einfallsreichtum eingesetzten Luftmacht gewesen.
Die israelischen Piloten kannten die kleinsten Details aller Ziele, die sie angreifen sollten. Jeder Pilot flog wenigstens sechs Einsätze an jenem ersten Tag, und die Israelis schlugen damals in genau dem Zeitpunkt zu, von dem sie wußten, daß er der schwache Punkt in der ägyptischen Wachsamkeit war. Sie kamen im Tiefflug von der Wüste herein oder in einer weit ausladenden Kurve vom Mittelmeer her, und benutzten neue Waffen wie die „Betonknackerbombe", die die gegnerische Jagdabwehr am Boden hielt, indem sie Löcher in die wichtigsten Startbahnen schlug und diese unbrauchbar machte, bevor ein ägyptischer Jäger starten konnte.

Aber jetzt waren die ägyptischen Luftstreitkräfte wieder aufgebaut, stärker als je – sowohl an Zahl wie auch an Qualität der Flugzeuge. Es war offensichtlich, daß die Israelis keine Chance einer Wiederholung des Präventivschlags aus dem Sechstagekrieg des Jahres 1967 mehr hatten. Dieses Bewußtsein bot jedoch wenig Trost. Bei einem Feind, der so clever und so findig ist wie die Israelis, nützt es wenig, Methoden zu üben, mit denen sich die letzte Schlacht gewinnen läßt – es kam auf den bevorstehenden, sicher sehr anders gearteten Krieg an.

Darum hat man im März 1972 weniger die rot-weiß-schwarze Kokarde mit dem grünen Stern der Ägypter auf den Flugzeugen in Kairo-West gesehen als den roten Stern der Sowjets.

Einen Krieg kann man erfolgreich führen– oder abwenden – wenn man die Stellungen und Absichten des Gegners im Voraus kennt. Der Schlüssel zu solchen Kenntnissen lag fast zwei Jahrhunderte lang in der Aufklärung aus der Luft.

In Kairo-West schlenderte ein Pilot langsam auf sein Flugzeug zu. Wir wollen ihn Alexei Chrumow nennen, wenn dies auch nicht sein richtiger Name war. Wie bei den übrigen 16 000 Russen, die damals in Ägypten standen, lag seine Aufgabe nicht darin, gegen die Israelis zu kämpfen, sondern ein weiteres Debakel von der Sorte wie 1967 zu verhüten, indem man ein wachsames Auge auf jede militärische Bewegung der anderen Seite hielt. Und der Auftrag richtete sich nicht etwa ausschließlich gegen die politischen Mittelost-Feinde. Die großen Tu-16 Marineaufklärer und Bomber, die täglich von Kairo-West weit auf das Mittelmeer hinausflogen, waren mehr damit beschäftigt, auf die amerikanische 6. Flotte aufzupassen als auf Ägyptens schwierigen Nachbar. Aber Alexei war ein Jagdflieger, der sich um näher gelegene Ziele zu kümmern hatte.

Während er unter der brütend-heißen Sonne in seinem beengenden Druckanzug über den Platz ging, rann ihm der

Schweiß in Strömen am Körper herunter. Aber diese Unbequemlichkeit dauerte ja nicht lange. Er wußte, daß er innerhalb weniger Minuten steil in Höhen hinaufsteigen würde, in denen sein Blut ohne die Beengung des Druckanzugs ins Kochen geraten müßte, obwohl die Außentemperatur dort –75 °C beträgt.

Es ist nicht außergewöhnlich, wenn ein Mann das Flugzeug gern hat, das er fliegt. Selbst im Zeitalter der Elektronik sind es doch seine Augen, Ohren, sein Gehirn und seine Hände, die – mit der metallischen Kraft der Maschine verbunden – die Sonne „überholen" oder einen Feind vernichten können, den er vielleicht überhaupt nicht zu sehen bekommt – etwa bei Nacht oder Schlechtwetter. Im Fall von Alexei hat er auch noch die Genugtuung, im schnellsten Flugzeug zu sitzen, das bei irgendeiner Luftwaffe der Welt in Dienst gestellt wurde.

Die MiG-25, eine der großen Konstruktionen von Artem Mikojan, hat um die Mitte der sechziger Jahre mit einer Serie von Rekordflügen Schlagzeilen gemacht. Im Oktober 1967 hatte sie den Nachweis erbracht, daß sie mit einer Nutzlast von 2 Tonnen auf eine Höhe von beinahe 30 000 m Höhe steigen und einen Rundkurs mit einer Geschwindigkeit von 2981 km/h zurücklegen kann. Die Ingenieure im Westen brauchten keinen Rechenschieber, um festzustellen, daß hier der erste Flugzeugtyp aus einer Reihe völlig neuer sowjetischer Kampfflugzeuge sein Debüt gegeben hatte.

Frühere MiG-Typen hatten ihre Leistung aus kleiner Größe und leichtem Gewicht bezogen. In Korea konnte der MiG-15 Düsenjäger, der mit einem Nachbau des Rolls Royce *Nene* Strahltriebwerks ausgestattet war, anfangs der fünfziger Jahre ganz gut mit den amerikanischen F-86 *Sabre* mithalten. Die MiG-15 hatte eine ausgezeichnete Steigfähigkeit, konnte eng kurven, hatte eine bessere Dienstgipfelhöhe und war in Höhen über 16 000 m schneller als die *Sabre.* Daß die Russen aber noch viel lernen mußten, ging allein daraus hervor, daß die

Maschine leicht ins Gieren geriet und auch sonst einige Mucken aufwies, was sie zu einer wenig schußgenauen Waffenplattform machte.
Die MiG-15 konnte plötzlich wie bei einer gerissenen Rolle kippen und ins Trudeln geraten, wenn ihr Pilot versuchte, zu eng zu kurven, um einer Sabre zu entkommen. Bei hoher Geschwindigkeit fehlte ihr die Flugstabilität; außerdem ermangelte es ihr an fortschrittlicher Ausstattung wie z. B. an radargesteuerten Waffen, die bei der USAF damals schon zu den Selbstverständlichkeiten zählten.
Leistung und Flugeigenschaften zeigten bei der MiG-17 bereits eine deutliche Verbesserung. Die MiG-19 brachte dann den Durchbruch durch die „Schallmauer" im Horizontalflug. Um diese Zeit wurden den ursprünglichen großkalibrigen Bordwaffen bereits Lenkwaffen zur Luftzielbekämpfung beigegeben, und die Nachtjagdversion hatte ein Suchradar.
Die MiG-21 bedeutete einen weiteren Schritt nach vorn. Trotz ihrer kleinen Abmessungen mit einer Spannweite von nur 7,15 m erreichte sie doppelte Schallgeschwindigkeit und hatte dabei wunderbare Flugeigenschaften, die jeden Piloten begeistern mußten. Jeder einigermaßen befähigte Pilot konnte die MiG-21 fliegen. Tausende von MiG-21 wurden für über zwanzig Luftstreitkräfte gebaut. Die Originalversion hatte noch eine begrenzte Kraftstoffkapazität und eine bescheidene Waffen- und Radarausstattung. Die letzten MiG-21 MF, die in Kairo-West neben den MiG-25 und Tu-16 stationiert waren, sind potente Kampfflugzeuge für eine Reihe verschiedenster Einsatzzwecke. Aber die MiG-25 ist natürlich eine Klasse für sich.
Als die fremden Militärattachés zum erstenmal bei der Luftfahrtschau 1967 auf dem Moskauer Flugplatz Domodewo einen kurzen Blick auf dieses Flugzeug werfen konnten, da beschrieben sie es nachher als große zweistrahlige Maschine mit doppeltem Seitenleitwerk, die wahrscheinlich in der Lage

war, jedem anderen Flugzeug des Westens davonzufliegen. Die Rekordflüge jenes Jahres ließen die Annahme zu, daß die dreifache Schallgeschwindigkeit erreicht wurde. Mit einer Spannweite von etwa 12,2 m und zwei Strahltriebwerken mit einem Gesamtschub von 22 000 kp bedeutete dies eine Abweichung von der bekannten MiG-Formel kleiner Abmessungen und kleiner Gewichte. Die Unterflügelstationen waren eine Bestätigung des Kommentators, daß dieser Typ als Höhenabfangjäger konzipiert war. Das gleiche galt für das Suchradar der Bugnase. Spätere Überprüfungen der Fotos ergaben das Vorhandensein von Waffenbuchten vor jedem Fahrwerkschacht in den großen Lufteinläufen.

Bei der NATO gab man dem neuen Typ den Codenamen *Foxbat* und studierte jedes neues Bild und jede neue Meldung über die MiG-25 mit besonderer Sorgfalt. Die Ergebnisse wurden geheimgehalten, und die breite Öffentlichkeit erfuhr in den Jahren 1967–1971 wenig über das neue russische Flugzeug. Im Frühjahr 1971 wurden jedoch die ersten Einsatzflugzeuge jener Einheit, der auch Alexei Chrumow angehörte, per Airlift in riesigen *Antonow An-22* nach Ägypten gebracht.

Dies war eine bedeutsame Maßnahme. Jahre hindurch hatten in Ägypten Flugzeuge gefehlt, mit denen es möglich gewesen wäre, Israel bzw. die von Israel besetzten Territorien zu überfliegen. Jeder Versuch einer überfallartigen und unerwarteten Aufklärung traf auf die rasche Reaktion wachsamer und bestausgebildeter israelischer Piloten, welche Maschinen wie die amerikanische *Phantom* flogen, die mit zielsuchenden Lenkwaffen bestückt waren.

Jemand hat vor Jahren einmal berichtet, daß Ägypten einst, als England die weitere Entwicklung des P.1121 Überschalljägers einstellte, 14 Millionen Pfund Sterling für den ersten Prototyp, der damals halb fertig war, und für einen zweiten Prototyp geboten hat. Nasser hat erkannt, daß dieses Flugzeug mit seiner Höchstgeschwindigkeit von 2,5 Mach (zwei-

Der russische MIG-25 Aufklärer ist so schnell, daß er von keinem anderen Einsatzflugzeug eingeholt werden kann.

einhalbfache Schallgeschwindigkeit) Israel nach Belieben hätte überfliegen können. Ohne Furcht, abgefangen zu werden. Aber an solch ein Geschäft war in den Jahren nach der Suez-Kampagne 1959 nicht zu denken.
1971 wurde diese Lücke dann mit der MiG-25 ausgefüllt. Man wußte schon lange, daß ihre Leistung für solche Aufklärungseinsätze ausreichte. Bewiesen wurde dies zum erstenmal am

10. Oktober des gleichen Jahres. Nach Start in Kairo-West waren zwei Genossen von Alexeis Staffel auf das Mittelmeer hinausgeflogen; sie näherten sich dann mit großer Geschwindigkeit und in großer Höhe der israelischen Küste bei Acre weit im Norden. Sie blieben 30 Kilometer vor der Küste und folgten ihr dann bis hinunter zur Halbinsel Sinai, bevor sie zum eigenen Platz zurückkehrten. In Kenntnis der Fähigkeiten moderner Aufklärungsmethoden, selbst nur in Seitensicht, war dies eine klare Warnung an Israel, daß seine Verteidigung durchbrochen war und für feindliche Kameras und Sensoren offen lag, wann immer die andere Seite den Wunsch danach verspürte.
Die russischen Piloten hatten tatsächlich unter der üblichen strikten Beachtung der Legalität nie den Versuch gemacht, israelisches Gebiet zu überfliegen. Der Flug entlang der Küste war so etwas wie eine Warnung. Praktische Einsätze von Ägypten aus blieben seit 1967 auf Luftbeobachtung der israelischen Stellungen auf der Halbinsel Sinai beschränkt.
Am 6. November 1971 näherten sich aber zwei MiG-25 vorsichtig der Halbinsel von der See her und zischten über die südwestliche Ecke des besetzten Gebiets hinweg, bevor sie über dem Golf von Suez die relative Sicherheit Ägyptens wieder erreichten. Israel protestierte bei UN-Beobachtern. Aber solche Beschwerden erreichen nichts in einer Welt, in der man zögern darf, militärische Streitkräfte aus besetzten Gebieten zu nehmen, solange ihre Aggressionen die Balance zwischen Ost und West nicht stören.
Für Alexeis Staffel hatten die Flüge im November bewiesen, daß die Israelis tatsächlich nicht in der Lage waren, die MiG-25 abzufangen – selbst nicht mit Flugzeugen, die so gut waren wie die *Phantom*. Und so sollte Alexei zusammen mit einem anderen Piloten den entsprechenden Nutzen aus dieser Kenntnis ziehen und die israelischen Stellungen über die ganze Halbinsel Sinai hinweg erkunden.

Als er sich im Cockpit seiner Maschine festschnallte und auf den Start vorbereitete, sah er einen Schwarm MiG-21 auf die Startbahn zurollen, starten und steil in den Himmel ziehen – mit K-13 Lenkwaffen, die ihre spitze Nase von den Unterflügelstationen drohend nach vorne reckten. Obwohl sie in großer Höhe wesentlich langsamer als seine eigene MiG-25 waren, besaßen diese leicht beladenen Jagdflugzeuge in niedrigen Höhen eine bessere Manövrierfähigkeit. Deshalb starteten sie immer vor den MiG-25, um ihnen Schutz vor israelischen Jägern zu geben, bis sie eine sichere Flughöhe erreicht hatten.

Durch die Kopfhörer in seinem an einen Kosmonauten erinnernden Helm vernahm Alexei, daß die MiG-21 in Position waren, um den Start der MiG-25 zu decken. Ohne Zweifel hatte man sie inzwischen auf israelischer Seite entdeckt und konnte sich dort einen Vers auf das ganze machen. Er durfte also keine Zeit mehr verlieren, und so rammte Alexei die Leistungshebel seiner zwei Strahltriebwerke nach vorn und fegte die Piste von Kairo-West hinunter und hob ab.

Innerhalb einer Minute hatte er die MiG-21 tief unter sich gelassen und nahm Kurs auf die Waffenstillstandslinie entlang dem Suez-Kanal. Er stieg immer noch wie eine Rakete. Zur Linken konnte er seinen Rottenkameraden sehen, der jeder seiner Bewegungen wie ein Schatten folgte.

Die Halbinsel Sinai ist von Norden nach Süden etwa 400 km lang. Aus einer Höhe von 24 500 m lag sie da wie eine Seite aus dem Schulatlas – so weit weg und ohne erkennbares Detail, daß es schwierig war, sich vorzustellen, sie könnte mit ganzen Armeen, Panzern, Flugzeugen und Kanonen bevölkert sein. Aber Alexei wußte, daß sein Leben keine Kopeke mehr wert war, wenn er im Sturzflug nach unten ging, um sich das alles näher anzusehen.

Während die MiG-25 mit zweieinhalbfacher Geschwindigkeit Kurs nach Südosten flogen, arbeiteten ihre Kameras und elek-

tronischen Geräte automatisch, um von einem Punkt 15 km nördlich Ismailia bis zu dem starken israelischen Stützpunkt Scharm el Scheich an der Spitze der Halbinsel jene Details zu erfassen, die die Piloten weder sehen noch hören konnten. Wenig von dem, was da unten geschah, entging den fotografischen und wissenschaftlich-technischen Sensoren.
Warnungen der Bodenleitstelle informierten Alexei, daß israelische *Phantom* gestartet waren, um ihn zu jagen. Sie kamen immerhin nahe genug heran, um kleine *blips* auf seinem Warnradar vor ihm auf dem Gerätebrett zu erzeugen, aber nicht nahe genug, um ihre Lenkraketen loszulassen. Was für eine Chance hatten sie schon, wenn der ganze Überflug – der erste, bei dem die Waffenstillstandslinie tatsächlich überflogen wurde – nur zehn Minuten dauerte?
Immer noch eng zusammen kurvte die Rotte MiG-25 steil nach Westen weg, überflog den Golf von Suez und begann kurz darauf mit dem Absinken zum Landeanflug auf ihren Stützpunkt. Das ganze war unheimlich rasch, leicht und sicher abgelaufen. Im Zweiten Weltkrieg mußten Hunderte von Piloten ihr Leben zu lassen bei dem Versuch, auch nur einen Bruchteil dessen an Aufklärungsergebnissen zurückzubringen, was dieser eine Flug erbracht hatte. Alexei selbst schien eine so kleine Rolle in diesem Spiel gespielt zu haben, daß er sich selber fast als Aufschneider vorkam – ein Pilot, der den Spaß am Fliegen ganz auskosten durfte, in völliger Sicherheit, an einem Himmel, an dem andere Männer in weniger guten Flugzeugen sterben konnten, nur weil sie die unsichtbare Grenze zwischen „ihnen" und „uns" überschritten hatten.
Sie hatten – in diesem Fall – nichts, was sich mit der MiG-25 messen und ähnliche Aufträge durchführen konnte, um ägyptische und sowjetische Stellungen westlich des Suezkanals zu erfassen. Es blieb natürlich die nagende Frage, ob dies den Israelis etwas ausmachte.
Zur Zeit des Sechstagekriegs 1967 hatte es Andeutungen ge-

geben, daß die Israelis genau wußten, wann und wo sie zuschlagen konnten, weil ihre Regierung Zugang zu den Ergebnissen amerikanischer Aufklärungssatelliten gehabt habe. Damit war Alexei auf seinen Platz verwiesen, denn es sah so aus, als ob ein glorifizierter vergoldeter „Mülleimer" angefüllt mit elektronischen Zauberkästen das gleiche vollbringen könnte wie ein hochausgebildeter Pilot im schnellsten Kampfflugzeug der Welt.

Inwieweit dies tatsächlich der Fall war oder ist, kann man im Augenblick nur raten, besonders wenn man an die Ereignisse im Oktober 1973 denkt. Wir wissen allerdings, daß im Juli 1970 ein von Lockheed gebauter Aufklärungsatellit vom Luftstützpunkt Vandenberg in Kalifornien gestartet wurde. Dieser Satellit wurde in eine Umlaufbahn gesteuert, aus der er sehr wohl die entsprechenden Gebiete im Mittleren Osten nach dem arabisch-israelischen Waffenstillstand überwachen konnte. Dabei waren erst dreizehn Jahre vergangen, seit der erste 83,6 kg schwere „Sputnik" drei Monate lang nur piepsend um die Erde geflogen war.

Einen anderen Hinweis darauf, daß man immer weniger auf den Menschen zurückgreifen will, kann man in der Tatsache sehen, daß die USA jene Pläne aufgegeben haben, ein MOL (manned orbiting laboratory = bemanntes Labor in einer Umlaufbahn um die Erde) mit amerikanischer Besatzung um den Globus kreisen zu lassen. Neben wissenschaftlichen Forschungsaufgaben hatte man in einem MOL in den Jahren 1965—1968 einen Langzeit-Aufklärungsraumflugkörper gesehen, in dem zwei Mann Besatzung quasi in Hemdsärmeln jeweils dreißig Tage lang arbeiten sollten. Die Ergebnisse, die mit den neuesten amerikanischen Militärsatelliten erzielt werden konnten, sollen so zufriedenstellend ausgefallen sein, daß man das MOL ruhig verschrotten kann.

In den ersten 170 Jahren der Luftaufklärung konnte man allerdings auf den Menschen und seine Augen nicht verzichten.

ZWISCHEN WUNSCH UND SKEPSIS

Die Idee vom Fliegen hat schon immer die Skeptiker auf den Plan gerufen. Seit dem Heraufdämmern der Zivilisation ist jeder, der von Menschenflug träumte und sprach, auf die Zurechtweisung gestoßen: „Wenn Gott gewollt hätte, daß der Mensch fliegen kann, dann hätte er ihm Flügel gegeben!"

Selbst als die Pioniere der Ballonfahrt im 18. Jahrhundert bewiesen, daß es nicht unbedingt der Flügel bedurfte, um sich in die Luft zu erheben, hat dies die Skeptiker kaum beeinflussen können.

Benjamin Franklin, der große amerikanische Wissenschaftler und Staatsmann, erzählte von einer Begegnung, die er hatte, als der erste Wasserstoffballon am 27. August 1783 vorgeführt wurde. Der „fliegende Globus" des Professors Charles war kaum freigelassen und in die regenschweren Wolken entschwunden, da wandte sich jemand an Franklin und sagte: „Interessant. Aber zu was kann man das brauchen?" Der alternde Franklin entgegnete barsch: „Zu was kann man ein neugeborenes Baby brauchen?"

Er erkannte damals schon die Möglichkeiten, die weit über diese kleine Kugel aus Seide – sie hatte einen Durchmesser von nur vier Metern – hinausging. Er schrieb an andere, ihm bekannte Wissenschaftler in Philadelphia, London und Wien und wies auf die militärische Bedeutung dieser Erfindung hin. Er lebte nicht mehr lange genug, um seine Vorstellung verwirklicht zu sehen. Aber das sollte kaum mehr als zehn Jahre dauern!

Das Wissen um den Standort des Feindes und um seine Bewegungen bildete in einem Krieg schon immer den Schlüssel zum Erfolg. Spione sammelten wertvolle Informationen und riskierten Kopf und Kragen dabei. Die Kavallerie wurde zur schnellen Erkundung der Stellungen auf dem Schlachtfeld eingesetzt. Das Ziel war – immer schon – herauszufinden, was auf der anderen Seite des Berges oder Landes, oder hinter dem Horizont auf See geschah. Selbst in seiner primitivsten Form versprach der Ballon diese Fähigkeit. Schon 1874 hat ein anonym gebliebener Herr in Frankreich ein Traktat veröffentlicht, das den Titel trug „L'art de la Guerre changé par l'usage de Machines Aérostatiques". Es war zwar etwas voreilig, den damaligen Ballonen die Eigenschaft zuschreiben zu wollen, daß sie das Kriegsglück wenden konnten. Aber zu Beginn der neunziger Jahre hat der angesehene Chemiker Guyton de Morveau den Einsatz von Fesselballonen für Zwecke der militärischen Aufklärung so überzeugend vorgetragen, daß der Capitaine J. M. J. Coutelle den Befehl erhielt, im April 1794 entsprechende Versuche in Meudon durchzuführen.

Die Ergebnisse waren so ermutigend, daß sie zur Bildung einer Ballon-Abteilung führten. Coutelle selbst wurde mit einem Ballon abgeordnet, um als Angehöriger der Moselarmee des Generals Jourdan das Konzept des „fliegenden Auges" unter Kriegsbedingungen zu erproben.

Die französischen Revolutionskriege hatten ein kritisches Stadium erreicht. Jourdan hatte 73 000 Mann in einem Halbkreis von 32 Kilometern Länge in befestigten Stellungen rings um die eroberte Stadt Charleroi stehen. Diese Position beanspruchte sein Heer bis zum letzten Mann. Aber der Oberbefehlshaber der anderen Seite, Prinz Josias von Sachsen-Coburg, hatte seine numerisch unterlegenen Kräfte sogar noch stärker aufgeteilt. Er wollte sein Heer in drei Säulen gegen die Franzosen führen. In seinem Plan hatte er aber die

Ein alter Stich zeigt den Einsatz eines französischen Beobachtungsballons in der Schlacht von Fleuris im 26. Juni 1794. Ballonführer und Beobachter arbeiten mit Signalflagge und Fernglas. (Seite 22/23)

einzelnen Bewegungen bis in die letzten Details in einer Weise festgelegt, die es nicht mehr erlaubte, irgendetwas zu ändern, falls die Entwicklung nicht nach diesem Plan verlief.

Wie entscheidend die Rolle tatsächlich war, die Capitaine Coutelle am 26. Juni 1794 in der Schlacht von Fleuris gespielt hat, steht nicht genau fest. In einigen sehr ausführlichen Beschreibungen findet man nicht einmal seinen Namen erwähnt. Aber die berühmte Geschichte der Luftfahrt von J. G. Hodgson aus dem Jahre 1924 schreibt diesem ersten Militärflieger der Weltgeschichte einen wesentlichen Einfluß zu.

Als Coutelle an diesem Tag in den Korb seines Ballons kletterte und sich über den Köpfen der Soldaten Jourdans in die Luft erhob, muß er einen atemberaubenden Anblick gehabt haben. Der Gedanke an Tarnung sollte ja erst hundert Jahre später aufkommen, denn wer dachte schon an eine Beobachtungsmöglichkeit aus der Luft! So taten die österreichischen und preußischen Truppen nichts, um sich in der Landschaft zu verbergen, als sie auf die französischen Stellungen vorstießen.

Coutelle muß über die Maßen von dem Bild fasziniert gewesen sein, als sich die Schlacht entwickelte – es war, wie wenn Figuren über ein riesiges Schachbrett geschoben würden. Er war zu hoch, um zu erkennen, wie Menschen unter ihm starben. Er befand sich aber auch außerhalb der Schußweite des Feindes und blieb einige Stunden in der Luft. Hodgson schreibt: „Die Informationen, die er an Jourdan signalisierte, erwiesen sich als wesentlicher Faktor bei diesem bedeutenden Sieg, den die Franzosen über die verbündeten österreichisch-preußischen Truppen errangen. Das gleiche bestätigte sich bei neuerlichem Einsatz in der nachfolgenden Schlacht an der Ourthe in der Nähe von Lüttich, wo die Franzosen die Österreicher besiegten."

Diese Einschätzung der Ballonbeobachtungen Coutelles wird

durch die offizielle Entscheidung unterstützt, die Kompanie des „Aérostatiers" zu erweitern und ihr einen zweiten, zylinderförmigen Ballon zuzuweisen. Aber die Begeisterung ebbte schnell wieder ab. Nach einigen weiteren erfolgreichen Ballonaufstiegen in Europa, wurde Coutelle von Napoleon 1798 nach Ägypten mitgenommen. Bevor die „Aérostatiers" ihre Ausrüstung in der Bucht von Abukir bei Alexandria an Land bringen konnten, tauchte eine britische Flotte unter dem Admiral Sir Horatio Nelson auf dem Schauplatz auf. Die Seeschlacht von Abukir, am 1. August 1798, hat dann die unwiderstehlich erscheinende Welle französischer Eroberungen gestoppt. Napoleon blieb zwar noch weitere 17 Jahre lang ein Dorn im Fleische seiner Feinde. Die Aérostatiers aber, die von ihrer Exkursion über das Mittelmeer nichts mitgebracht hatten, haben das Jahr 1799 nicht überstanden.

Das war aber keineswegs das Ende des Beobachtungsballons. Er kam 1861 während des amerikanischen Bürgerkriegs

Füllen des Ballons „Intrepid" während der Schlacht von Fair Oaks im amerikanischen Bürgerkrieg 1862. USAF

Eine Ballonhülle wird von den Royal Engineers auf Laffan's Plain, Farnborough, gepackt. Etwa 1894. IWM

erneut zu Ehren und wurde schließlich Teil der Standardausrüstung der britischen Expeditionsstreitkräfte in Afrika gegen Ende des 19. Jahrhunderts. Eine Neubelebung der Idee folgte, als Parseval und von Sigsfeld in Deutschland 1897 dem Ballon mit ihrem „Drachen" die charakteristische Wurstform gaben, die dann im Ersten Weltkrieg auf beiden Seiten der Westfront zur Anwendung kam. Aber zu diesem Zeitpunkt war die Luftaufklärung bereits nicht mehr durch die Länge eines Fesselballonkabels begrenzt.

Ein neues und bei weitem effektiveres Luftfahrzeug hatte kurz nach 10.30 Uhr Ortszeit am Morgen des 17. Dezember 1903 über dem sandigen Strand bei den Kill Devil Hills in der Nähe von Kitty Hawk, Nordkarolina, Einzug in die Geschichte gehalten. Indem sie das erste von einem Motor angetriebene,

steuerbare und bemannte Luftfahrzeug „schwerer als Luft" verwirklichten, haben die beiden Brüder Wright den Weg zu einem Gerät gewiesen, das den Feind auf einem weiten Kampffeld aufspüren und in der Bewegung verfolgen kann – und dies viele Kilometer von den eigenen Linien entfernt.
In Erinnerung an ihre anfänglichen Ideen vom Fliegen und beim Anblick der Verwüstungen des Kriegs hat Orville Wright 1918 gesagt: „Was war das für ein schöner Traum. Und was für ein Alptraum ist daraus geworden!" Aber die Wrights haben keine Illusionen gehabt, was die Maschine anbetraf, die sie geschaffen hatten. Bereits am 15. Juni 1907 hatte Orville Wright an das amerikanische Kriegsministerium geschrieben: „Wir glauben, daß das Flugzeug in der Hauptsache für militärische Zwecke geeignet ist." Innerhalb von kaum vier Jahren sollte diese Idee in Nordafrika Wirklichkeit werden.

Ein typischer Fesselballon des RNAS. Im Ersten Weltkrieg über der Westfront eingesetzt, war der Korb des Beobachters mit Telefon, Kartentisch und offenem Fallschirm ausgestattet.

Ein Küsten-Pralluftschiff des RNAS über einem Konvoi im Ersten Weltkrieg. Luftschiffe dieses Typs wurden bei Patrouillen vor Land's End, im Mündungsgebiet des Humber und Forth, nördlich von Aberdeen und vor der Küste von Norfolk eingesetzt.

Der erste geschichtlich nachgewiesene Einsatz eines Flugzeugs in einem Krieg fand am 28. Oktober 1911 statt. Bezeichnenderweise handelte es sich um einen Aufklärungsflug.
Italien und die Türkei kämpften um den Besitz von Tripolis und die Cyrenaika. Die italienischen Heerestruppen wurden durch eine Handvoll primitiver und zerbrechlich wirkender Flugzeuge unterstützt. Wild entschlossen, ihren Wert in einem Klima unter Beweis zu stellen, das für Maschinen aus Holz und Stoff alles andere als geeignet war, dazuhin noch mit Motoren, die ziemlich schwach auf der Brust waren, planten die Piloten eine Serie von Flügen, die großen Mut und Vorstellungskraft verlangten.
Der Hauptmann Piazza startete als erster in einem Eindecker, der viel Ähnlichkeit mit jenem Flugzeug hatte, das Louis Blériot zwei Jahre vorher über den Ärmelkanal getragen hatte.

Blériot wäre ja beinahe im Wasser gelandet, hätte nicht ein Regenschauer im richtigen Augenblick für die Abkühlung seines heiß laufenden Motors gesorgt. Piazza hat wohl daran gedacht, als er sich in den bedeutend heißeren Himmel über Afrika erhob. Aber er flog eine ganze Stunde lang und konnte wertvolle Einzelheiten über das berichten, was sich auf dem Boden zwischen Tripolis und Aziza ereignete.

Neun Tage später führte die kleine italienische Fliegerabteilung den ersten Bombenangriff durch. Sie ging dann zu etwas über, was wir heute vielleicht mit psychologischer Kriegführung bezeichnen würden: sie haben die Araber weniger mit Bomben als mit Flugblättern eingedeckt, auf denen sie ihnen den Rat gaben, die Seiten zu wechseln.

Kaum acht Jahre alt, hatte das Flugzeug bereits die Fähigkeit entwickelt, zu jagen und zu töten – lange, lange, bevor es er-

SS- (= Sea Scout = Seekundschafter) Luftschiff mit einer Kabine ähnlich dem Rumpf eines Maurice Farman-Flugzeugs. Solche Pralluftschiffe kreuzten als Aufklärer über See gegen U-Boote und Überwasserschiffe, hauptsächlich in Meerengen und schmalen Schiffahrtswegen.

27 C (= Coastal)Pralluftschiffe wurden ab 1915 beim RNAS in Dienst gestellt. Die Einsatzdauer betrug 11 Stunden bei 45 km/h. Das Bild zeigt einen Versuch, das Luftschiff von einem Kreuzer aus aufzutanken.

kennen ließ, daß es auch wirtschaftlich nutzbare Eigenschaften hatte. Und schon dachte der Mann im Cockpit in Vorstellungen von Waffen und Ausrüstung, womit sich die militärische Wirksamkeit verbessern ließe.

In der Erkenntnis, daß der Pilot beim Fliegen und Navigieren alle Hände voll zu tun hatte, ohne daß er auch noch Kartenskizzen zeichnen oder Notizen anfertigen mußte, machte Hauptmann Piazza erneut Geschichte, als er am 24. und 25. Februar 1912 türkische Stellungen aus der Luft fotografierte. Am 19. April ging Kommandant Sulsi noch einen wichtigen Schritt weiter und machte von der Gondel des Militärluftschiffes P.3 aus Filmaufnahmen von einem feindlichen Lager. Dies war möglich geworden durch die größere Tragfähigkeit und Geräumigkeit der Luftschiffe gegenüber den Flugzeugen der damaligen Zeit. In Deutschland hatte man diese Fähigkeit

Zeppelin-Starrluftschiffe waren damals das Modernste auf dem Gebiet der Luftfahrzeuge „leichter als Luft“. Jedes derartige Luftschiff bedeutete bei der Überwachung der Entente-Schiffahrt soviel wie der Einzatz von 5 oder 6 Kreuzern.

Die Besatzung eines englischen SS 14 Luftschiffs betrug drei Mann. Ihre Unterbringung ähnelt dem Rumpf eines B. E. 26 Flugzeugs.

auch erkannt, und die Zeppelin-Luftschiffe waren zu Beginn des Ersten Weltkriegs in vieler Hinsicht die besten militärischen Luftfahrzeuge. In London erinnert man sich heute noch an die Luftangriffe, die die Zeppeline auf die englische Hauptstadt und andere Ziele in England geflogen haben. Ihre Hauptaufgabe bestand jedoch in der Aufklärung über der Nordsee – zu diesem Zweck war die Marine-Luftschiffer-Abteilung gebildet worden, und diese Aufgabe meisterte sie ausgezeichnet. Welche Erfolge die kaiserliche Kriegsmarine auch errang, sie waren im wesentlichen der ständigen Überwachung der Schiffsbewegungen der Entente durch die Zeppeline zuzuschreiben. Und schon aus diesem Grund allein galt ein Luftschiff damals soviel wie fünf oder sechs Kreuzer.
Die Zeppeline wurden schließlich durch die Flugzeuge verdrängt. Wenn sie auch in Höhen von 3500 bis 5000 Metern fliegen konnten, so waren die mit Wasserstoff gefüllten Riesen doch sehr verwundbar gegenüber Leuchtspurmunition von Jagdflugzeugen und Phosphormunition von Flugabwehrkanonen. Man übersieht oft, daß das Kampfflugzeug in den Jahren 1915/1916 hauptsächlich deshalb eine so überraschende Weiterentwicklung erfahren hat, weil es der Aufklärungsarbeit der „anderen Seite“ Einhalt bieten konnte.
Eine Zeitlang schienen die neugebildeten Fliegertruppen der meisten Länder die Pioniererfahrungen der Italiener in den Jahren 1911/1912 in Afrika zu ignorieren. Es war typisch, daß das englische Royal Flying Corps bei seiner Gründung am 13. Mai 1912 als eine Art fliegender Kavallerie für Aufklärungsaufgaben betrachtet wurde. Als drei Monate später die ersten Versuche auf den Salisbury Plains durchgeführt wurden, um das beste Flugzeug für diese neue Waffengattung herauszufinden, da lag die Betonung auf Eignung als Aufklärer.
Die Versuche waren ein Fehlschlag. Unter einem völlig ungeeigneten Bewertungssystem war ein massiver Doppeldecker aus Bambus und Draht des exzentrischen „Colonel“

S. F. Cody als Sieger aus dem Wettbewerb hervorgegangen. Diesem Ding weit überlegen war der Doppeldecker B.E.2, den sein Konstrukteur Geoffrey de Havilland selbst auf die Salisbury Plains geflogen hatte. Aber diesem Flugzeug wurde die Teilnahme verwehrt, weil es ein Produkt der staatlichen Royal Aircraft Factory in Farnborough war.
Es wurden dann aber nur zwei Cody-Doppeldecker für das RFC in Auftrag gegeben, während die B.E.2 als Standardausrüstung in die Serienfertigung ging. Paradoxerweise sollten die Eigenschaften, die es zu einem so ausgezeichneten Flugzeug machten, später zu seinem Untergang führen.
Die Forschung in Farnborough zielte in jenen frühen Jahren hauptsächlich auf ein stabiles Flugverhalten ab, so daß das Flugzeug allein flog, wenn der Pilot Gedanken, Augen und Hände frei haben mußte für Aufgaben der Luftaufklärung. 1914 kam die Version B.E.2c von Geoffrey de Havilland dieser Idealvorstellung ziemlich nahe.
Über 1000 B.E.2c wurden für das RFC gebaut. Captain (später Air Chief Marshal Sir) Philip Joubert de la Ferté machte in einer solchen Maschine am 19. August 1914 den ersten Aufklärungsflug des Ersten Weltkriegs über feindlichem Gelände zusammen mit Lieutenant Gilbert Mapplebeck, der einen Eindecker vom Typ Blériot IX flog. Das ganze war nicht gerade ein Erfolg, wie Joubert später in seiner Autobiographie*) schrieb:
„Bei dieser Fliegerei, zum erstenmal nach Karten im Maßstab 1 : 1 000 000, verfranzten wir uns fürchterlich. Gilbert fand den Rückweg nach Maubeuge nicht mehr, und ich verbrachte fast den ganzen Tag damit, über einem Teil von Belgien herumzufliegen, wo ich eigentlich gar nichts zu suchen hatte. Nachdem ich im Kohlenrevier von Mons die Orientierung völlig verloren hatte, entschloß ich mich zur Landung bei einer großen Stadt, deren Häuser noch die belgische Flagge zu zeigen schienen. Es war Tournai. Dort ließ ich auftanken und

Der erste Aufklärungsflug des RFC: Captain Joubert de la Ferté in einem Blériot XIbis Eindecker und Lt. G. W. Mapplebeck in einer B. E 2b am 19. August 1914. (Gemälde von Kenneth McDonough)

wurde vom Ortskommandanten zum Essen eingeladen. Dann startete ich wieder, verfranzte mich prompt von neuem und landete mit fast leerem Tank in der Nähe von Courtrai. Dort wurde ich aber gar nicht freundlich empfangen. Im Kriegskabinett war man noch nicht auf die Idee gekommen, uns mit entsprechenden Personalpapieren oder Ausweisen zu versehen, und gar mancher von uns kam aufgrund dieser mangelnden Voraussicht in gewaltige Schwierigkeiten. Ich sah mich bereits auf dem Weg ins Gefängnis von Courtrai, als ich durch die Intervention eines kleinen Leinenfabrikanten aus Belfast gerettet wurde. Er stand in der Menge, die sich um das Flugzeug gesammelt hatte. Als er mich aus tiefstem Herzen auf englisch fluchen hörte, kam er nach vorne und rief: ‚Das kann nur ein Engländer sein!' Dann zog er eine kleine englische Flagge aus der Tasche und hängte sie an das Flugzeug. Darauf änderte sich die Atmosphäre. Mein Flugzeug wurde aufgetankt, und man zeigte mir die Richtung nach Waterloo, wo ich meinen Auftrag schließlich erledigte, und – müde aber dankbar – fand ich meinen Weg nach Maubeuge, wo man mich bereits für tot gehalten hatte. Beide Aufklärungsflüge haben kein Zeichen des Feindes, dafür aber den Beweis erbracht, daß die Verteidigung von Lüttich den deutschen Vormarsch bisher aufhalten konnte."

Weitere Rückschläge folgten diesem wenig aussichtsreichen Beginn. Die 6. Staffel war so überhastet für den Einsatz auf dem Kontinent aufgestellt worden, daß die Beobachter lediglich eine kurze Einweisung erfahren hatten. Von richtiger Ausbildung konnte nicht die Rede sein. In Frankreich hielten sie dann auch größere geteerte Straßenabschnitte für feindliche Marschkolonnen. Schatten von Grabsteinen auf einem Friedhof wurden als militärisches Biwak interpretiert. Es war also kein Wunder, wenn die Kommandeure der auf dem Boden eingesetzten Verbände allmählich ein tiefes Mißtrauen gegenüber den Meldungen entwickelten, die von den mit einem bunten Gemisch von Flugzeugen ausgerüsteten vier Staffeln geliefert wurden, die das RFC an die Westfront abgestellt hatte.

Diese Skepsis erfuhr jedoch bald eine dramatische Wendung. Während den Rückzugskämpfen von Mons hatte das RFC der britischen Armee geholfen, jenen deutschen Zangenbewegungen zu entkommen, von denen sie sonst wohl eingeschlossen und vernichtet worden wären. Der Befehlshaber der britischen

Expeditionsstreitkräfte, Field-Marshal Sir John French, brachte dies in einer ersten Botschaft vom 7. September 1914 zum Ausdruck: „Ich möchte die Aufmerksamkeit Ihrer Lordschaft besonders auf die bewunderungswürdige Arbeit richten, die das RFC geleistet hat. Die Geschicklichkeit der Flieger, ihre Energie und Ausdauer verdienen höchstes Lob. Sie haben mir eine vollständige und genaue Information vermittelt, die bei der Durchführung der Operationen von unschätzbarem Wert gewesen sind."

Unglücklicherweise war die Situation inzwischen bitter ernst geworden, denn Kriege werden ja nicht durch Führung von Rückzugsgefechten gewonnen, und wenn diese noch so erfolgreich sind. An der Marne formierten die Armeen unter General Joffre einen letzten Widerstand zwischen den siegreich vorrückenden Deutschen und Paris. Und dies kaum einen Monat nach der Kriegserklärung! Am 6. September, gerade bevor die entscheidende Schlacht begann, gruppierte Sir John French eine kleine Flieger-Abteilung um. Die Flugzeuge der 5. Staffel wurden zur direkten taktischen Aufklärung dem 1. britischen Armeekorps unter Sir Douglas Haig unterstellt; drei Flugzeuge der 3. Staffel wurden für ähnliche Aufgaben dem 2. Armeekorps unter General Sir Horace Smith-Dorrien zugewiesen. So begann die Aufteilung des RFC, wobei bestimmte Einheiten – sie wurden später Korps-Staffeln genannt – den Korps-Kommandos zugeordnet wurden, eine Praxis, die die deutsche Fliegertruppe von Anfang an geübt hatte. Es funktionierte ausgezeichnet.

Am 9. September war die Marneschlacht zu Ende. Paris war gerettet und seit mehr als hundert Jahren war zum erstenmal eine preußische Armee zurückgeschlagen worden. Joffre brachte in einer Botschaft an Sir John French folgendes zum Ausdruck: „Bitte sagen Sie meinen besonderen Dank an das englische Flieger-Korps für die Dienste, die es uns jeden Tag geleistet hat. Die Präzision, Genauigkeit und Regelmäßigkeit

der Meldungen, die diese Flieger geliefert haben, sind Zeugnis ihrer hervorragenden Organisation wie auch der ausgezeichneten Ausbildung der Piloten und Beobachter."
Die Luftaufklärung war damit im Geschäft. Aber es war erst eine Schlacht gewonnen. Der Krieg hatte ja kaum begonnen. Rohe Techniken bedurften der Verfeinerung, und Probleme tauchten fast schneller auf als sich Erfolge einstellten.
Das Winterwetter führte zu einem größeren Rückschlag, als am 28. Dezember ein schwerer Sturm 30 Flugzeuge der kleinen RFC-Abteilung in Frankreich schwer beschädigte, und 16 davon als Totalverluste abgeschrieben werden mußten. Noch beunruhigender war aber, daß der deutsche Gegner schnell auf die Drohung unbehinderter Beobachtung seiner Stellungen und Bewegungen aus der Luft reagierte und jede Möglichkeit versuchte, um die Aufklärungsflüge zu behindern oder unmöglich zu machen.
Die Luftkämpfe des Ersten Weltkriegs werden immer wieder als so etwas wie romantische Tourniere zwischen mittelalterlichen Rittern in schimmernder Rüstung dargestellt. Die „Roten Kampfflieger", McCuddens und Guynemers von 1914–1918 mögen in viele Kämpfe von Jagdflugzeug zu Jagdflugzeug verwickelt gewesen sein, aber dies war keineswegs ihre Hauptaufgabe. Der Luftkampf hatte seine Bedeutung darin, daß er die gegnerische Luftaufklärung verhindern sollte. Das wurde bereits im Juli 1915 ersichtlich, als die Deutschen den Fokker-Eindecker einsetzten, das erste wirkliche Jagdflugzeug mit einem synchronisierten Maschinengewehr, das fest eingebaut nach vorne durch den Propellerkreis schießen konnte. Hauptopfer der Fokker waren die britischen B.E.2c. Ihre „angeborene" Flugstabilität machte sie für den Kunstflug untauglich – sie konnten also bequem von den deutschen Fokker-Maschinen ausmanövriert werden. Außerdem waren sie gar nicht in der Lage, sich zu wehren. Der Beobachter im vorderen Cockpit hatte zwar ein Gewehr, war aber durch die

Tragflächen, Streben und die Drahtverspannung so eingesponnen, daß er kaum einmal freies Schußfeld hatte, wenn der Gegner angriff. Während der neun Monate, die als die „Fokkerplage“ in die Geschichte eingegangen sind, waren die Verluste bei den B.E.2c höher als bei irgendeinem anderen Typ in einem vergleichbaren Zeitraum.
Bis das RFC über eigene Jagdflugzeuge verfügte, die so gut wie die deutschen Fokker waren, mußte man zu verzweifelten Notmaßnahmen greifen. Die Piloten mußten lernen, in enger Formation zu fliegen, um sich gegenseitig decken zu können und andererseits eine größere Konzentration ihrer unzureichenden Feuerkraft zu erzielen. Wie weit das getrieben wurde, geht am besten aus einem Aufklärungseinsatz am 7. Februar 1916 gegen belgische Eisenbahnverbindungen hervor, als einer einzelnen B.E.2c ein Begleitschutz von drei anderen B.E.2c, vier F.E., einer Bristol Scout und vier R.E. – also 11 anderen Flugzeugen – zugewiesen wurde.
Das Massensterben endete erst, als neue britische und französische Jagdflugzeuge in den Dienst gestellt wurden, um die Fokker abzuwehren. Die ursprüngliche Aufgabe des Jagdflugzeugs bestand also im Schutz der eigenen und der Vernichtung der feindlichen Aufklärer und in der Bindung und Bekämpfung feindlicher Jagdflugzeuge.
Die Bombenflugzeuge hatten anfänglich die Aufgabe, die Stützpunkte anzugreifen, von denen aus gegnerische Flugzeuge operierten – mit dem besonderen Schwerpunkt auf Zeppelinhallen und den Flugplätzen der Aufklärer. Zu den Aufgaben der Jäger kam dann natürlich auch die Bekämpfung der Bomber, und an den Bombern wuchs die Zahl der Waffen zu ihrer eigenen Verteidigung. So entstand die ganze Familie der Militärflugzeuge aus dem, was als einfache Forderung nach bemannter „fliegender Kavallerie“ begonnen hatte.
Als der Erste Weltkrieg sich Jahr um Jahr in die Länge zog, wuchs jedoch auch die Luftaufklärung in Umfang und Wirk-

samkeit. In der offiziellen Kriegsgeschichte*) hat H. A. Jones die Rolle, die das RFC und die RAF zum Bespiel übernommen haben, wie folgt beschrieben:
„Die Luftaufklärung war so etwas wie eine Routine-Versicherung gegen Überraschungen geworden. Allgemein gesprochen konnte man sie in zwei Arten aufteilen: in die taktische und die strategische. Die taktische Aufklärung kann man als auf das unmittelbare Gefechtsfeld begrenzt ansehen, wo Schützengräben, Geschützstellungen, Reserven, Eisenbahnverladungsmöglichkeiten zu lokalisieren und zu untersuchen waren – hauptsächlich, um die Wünsche der Divisionen und der Korps zu befriedigen, wo man wissen wollte, was in ihrem Bereich los war und welche Änderungen von Tag zu Tag stattfanden, damit die Entscheidungen nach Kenntnis der tatsächlichen Lage getroffen werden konnten. Strategische Aufklärung begann da, wo die taktische aufhörte. Die hatte den Armee-Befehlshabern Anhaltspunkte für die Absichten des Gegners zu bieten, damit von dieser Feindlage Pläne für das eigene Verhalten abgeleitet werden konnten.
Bevor die Infanterie in Frankreich über die Besonderheiten der Luftaufklärung Bescheid wußte, beklagte sie sich manchmal darüber, daß deutsche Flieger bereits mit Tagesanbruch in der Luft waren, um unsere Stellungen zu erkunden, während sich das RFC erst viel später rührte und dann erst abends richtig wach wurde. Aber daran war die Sonne schuld, die im Osten aufgeht und im Westen untergeht. Am frühen Morgen waren die deutschen Flieger in der besseren Position etwas zu sehen, denn eine Beobachtung gegen die Sonne ist immer schwierig und reichte für die Anforderungen an die Beobachtungsergebnisse der britischen Flieger einfach nicht aus.
Eine kurze Erklärung dessen, was ein Flieger aus der Luft

*) The War in the Air (The Clarendon Press, Oxford).

sehen kann, mag dies illustrieren. Schanzarbeit läßt sich kaum verbergen. Fahrzeugspuren heben sich immer deutlich ab – eine Spur, die am Boden kaum wahrnehmbar ist, ist aus der Höhe klar zu erkennen. Ein Mann, der auf einer Straße geht, kann in den meisten Fällen gut gesehen werden. Wenn eine einzelne Person aber querfeldein geht, ist sie kaum festzustellen, wenn man höher als 1000 Meter fliegt. Bei Marschkolonnen ist das etwas anderes. Manch einer glaubt, wenn er vom Boden aus nach oben blickt, dann sei sein Gesicht von oben als weißer Fleck erkennbar. Aber das stimmt nur für den Fall, daß man vom Boden aus auch das Gesicht des Beobachters erkennt, der sich aus dem Cockpit herausbeugt. Menschen oder Gegenstände, die sich im Schatten eines anderen Objekts befinden, sind nur mit äußerster Schwierigkeit zu erkennen. Andererseits ist alles, was sich bewegt, an einem sonnigen Tag zuerst an seinen Schatten zu erkennen. Menschen können in einem Dorf oder einem Wald völlig unbemerkt bleiben, wenn sie sich nicht durch eine Bewegung oder durch Rauch oder dadurch verraten, daß sie auf das Flugzeug schießen.

Das auffälligste, was ein Beobachter im Falle eines Stellungskrieges ausmachen kann, ist rollendes Material, das sich auf den Kopfbahnhöfen hinter der Front befindet. Wichtige Truppenbewegungen oder Verlagerungen können nicht stattfinden, ohne daß Konzentrationen auf den Verkehrswegen – sei es Schiene oder Straße – entstehen. Der Flieger, der also die feindlichen Straßen- und Eisenbahnknotenpunkte unter regelmäßiger Beobachtung hält (besonders im Morgengrauen und vor Sonnenuntergang), mag überraschende Bewegungen erkennen, die den Beginn einer für die Nacht vorgesehenen Verlagerung andeuten oder eine in der Nacht nicht rechtzeitig beendete Maßnahme . . . Die Auswerter der Armee, die die während des ganzen Tags einlaufenden Meldungen prüfen, vergleichen und bewerten, setzen so allmählich aus Mosaik-

steinchen das Feindlagebild zusammen. Ihre Schlußfolgerungen finden einen Niederschlag in den Befehlen, die an die Truppe gehen.
Aufklärung fliegen ist nichts Aufregendes. Ein Fliegeroffizier hat es mit der Routine verglichen, mit der man zur Arbeit fährt, nur daß das Flugzeug hier an die Stelle des Vorortzugs tritt. Der Offizier erledigt seine täglichen Pflichten und fährt (fliegt) dann wieder nach Hause. Und die „Direktion" debattiert dann über Gewinn und Verlust."
Was würde der erwähnte Offizier über die modernen Aufklärungsmöglichkeiten sagen? Wie später noch aus diesem Buch hervorgeht, verraten sich Soldaten auf dem Boden – auch wenn sie noch so gut getarnt sind – einfach dadurch, daß sie auf ein Flugzeug schießen. Aber die Tarnung wird zunehmend schwieriger in einer Zeit, wo Flugzeuge sogar Geruchsspürer mitführen, die die Anwesenheit von Menschen auf dem Boden erschnüffeln können, und Infrarotgeräte, die die menschliche Körperwärme im Dunkel erfassen oder unter dem Blätterdach eines dichten Waldes! Andererseits müssen morgendliche Pendler nicht mit Beschuß durch Kanonen, Raketenwaffen und anderen unfreundlichen Aufmerksamkeiten rechnen. So kann man also diesen Vergleich aus der Zeit von 1914–1918 nicht mehr ohne weiteres auf die Gegenwart übertragen.
1915 war ein Soldat, der querfeldein lief, aus einer Höhe von etwa 1000 Metern kaum zu erkennen. Heute kreisen Aufklärungssatelliten um die Erde, mit automatischen Kameras, die einen mannsgroßen Gegenstand noch aus einer Höhe von 160 Kilometern erfassen. Diese fantastische Entwicklung begann, als z. B. auf englischer Seite im September 1914 Piloten der 3. Staffel des RFC während den Kämpfen an der Aisne Luftaufnahmen von deutschen Schützengräben machten. Die Aufnahmen waren nicht besonders scharf. Der Armeestab war also nicht begeistert.
Die Franzosen hatten viel bessere Resultate erzielt. Nach ein-

Frühe Luftbildkamera des RFC mit Propellerantrieb über biegsame Welle.

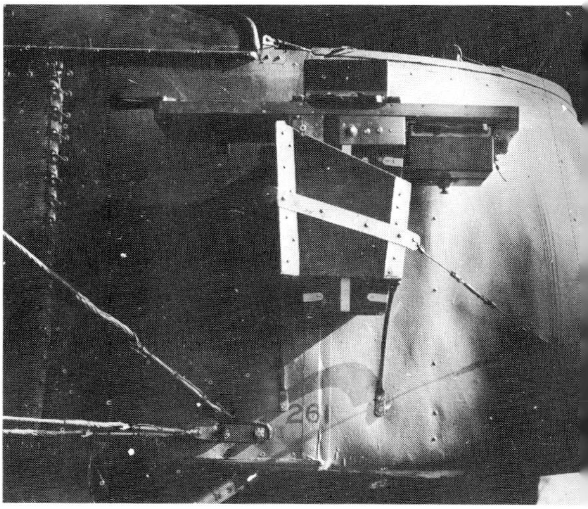

Luftbildkamera, außenbords neben dem Sitz des Beobachters einer F. E. 2d montiert.

gehendem Studium der Ausrüstung und Organisation der Fotoaufklärungseinheiten der Verbündeten bildete man beim RFC eine Versuchsgruppe, deren Aufgabe darin bestand, Vorschläge für den Aufbau britischer Einheiten sowie die Auswahl geeigneter Kameratypen zu machen, um ähnlich wertvolle Ergebnisse wie die Franzosen zu erzielen. Die Gruppe bestand aus Lt. J. T. C. Moore-Brabazon (dem späteren Lord

Brabazon of Tara), Lt. C. D. M. Campbell. Flt.Sgt. F. C. V. Laws (heute einer der großen Namen in der kommerziellen Luftvermessung) und dem 2nd Air Mechanic W. D. Corse. Diese Männer waren nach kurzer Zeit bereits mit der Konstruktion einer neuen Kamera beschäftigt, und damit begann schließlich die ganze komplexe Wissenschaft der militärischen Luftbildaufklärung in England.

Unter der Bezeichnung Kamera Type A wurde diese Pionierentwicklung unter Mitwirkung der Thornton-Pickard Manufacturing Company produziert. Dabei fanden die Mackenzie-Wishart-Kassetten Verwendung. H. A. Jones berichtet in „The War in the Air“: „Die Kamera hatte die Form eines konischen Kastens; sie war stabil genug, um auch einer groben Behandlung standzuhalten. Die Optik war in festem Abstand von der Plattenebene etwas versenkt eingebaut. Der Beobachter faßte die Kamera an Messinggriffen oder Gurten, wenn er sich aus dem Flugzeug hinauslehnte, um seine Aufnahmen zu machen. Der Haupteinwand gegen diese Kamera bestand darin, daß bei der ersten Aufnahme elf verschiedene Tätigkeiten und bei den nachfolgenden Aufnahmen immer noch zehn erforderlich waren. Das verlangte den Beobachtern etliches ab, die sowieso unter einer nervlichen Anspannung standen, sich gegen einen Fahrtwind von mittlerer Sturmstärke aus dem Flugzeug herauslehnen und mit steifgefrorenen Fingern in dicken Handschuhen die Fummelei an der Kamera bewerkstelligen mußten.“

Allmählich wurde die Technik verbessert. Um wirklich in senkrechter Richtung nach unten fotografieren zu können, damit man die Bilder zu exakter Vermessung verwenden konnte, baute man bald die Kamera fest ein, was die Arbeit des Beobachters erheblich erleichterte. Um die Mitte des Jahres 1915 wies der Kameratyp C bereits einen automatischenn Mechanismus zum Wechseln der Fotoplatten auf.

Aber schon vorher konnten die Bildaufklärer ihren Wert unter

Beweis stellen. Die 1. britische Armee unter Sir Douglas Haig hatte sich als erstes Ziel bei der Frühjahrsoffensive 1915 die Einnahme des Dorfes Neuve Chapelle vorgenommen. Als Vorbereitung hatten die 1. und 3. Staffel des RFC das gesamte deutsche Schützengrabensystem vor der Front der 1. Armee in einer Tiefe von 650—1400 Meter bildmäßig erfaßt. Die Schützengräben wurden dann sorgfältig auf Karten 1 : 8000 übertragen, und der Angriffsplan baute sich auf diesem Kartenmaterial auf.

Um H. A. Jones noch einmal zu zitieren: „Die Befehle an die Artillerie basierten auf einem genauen Studium der Lage der verschiedenen, stark verteidigten Stellungen, wie sie sich aus den Luftbildern ergab. Darüber hinaus war es möglich, aus der Richtung der Verbindungsgräben Rückschlüsse darauf zu ziehen, von wo der Gegner Eingreifreserven nachschieben konnte. Über 1500 Kopien von diesen Karten wurden vor dem Angriff an die Armeekorps verteilt, so daß die britische Armee zum erstenmal in ihrer Geschichte mit einem genauen Bild von den verborgenen Fallstricken der feindlichen Verteidigung in den Kampf gehen konnte. Nach dem ersten Angriff konnten Pioniertrupps ohne Zeitverlust auf ihre Einzelziele angesetzt werden."

Damit war eine Methode festgelegt, der man mit stets weiter verbesserten Ergebnissen bis zum Ende des Krieges folgte. Was so unauffällig begonnen hatte, wurde 1918 als unabdingbar notwendig angesehen. Zahllose Feindflüge an allen Tagen, an denen man überhaupt fliegen konnte, hielten eine riesige Foto-Landkarte der gesamten Westfront in Tausenden von Einzelstücken immer auf dem laufenden. Das Ausmaß dieser Arbeit kann man ermessen, wenn man weiß, daß in einer einzigen Woche im März 1918 vor der großen deutschen Offensive an der Somme allein 10 441 Luftbilder aufgenommen wurden, um jene Entente-Truppen zu warnen, auf die der Hauptansturm zielte. Und oft hatte es noch nicht einmal eine

Stunde vom Zeitpunkt der Aufnahme über den deutschen Linien gedauert, bis sich ein Abzug in der Hand des kommandierenden Generals befand.
Im Endstadium des Kriegs waren mehr als 35 Prozent der Flugzeuge der neuformierten RAF Armeekorps-Aufklärer oder zweisitzige Jagdaufklärer. Hauptstütze war der Typ R.E.8, von der Royal Aircraft Factory konstruiert und dort gebaut. Über 2000 wurden allein an der Westfront eingesetzt. Die R.E.8 müssen auf mehr Flugstunden gekommen sein als alle anderen Typen. Ihre Hauptaufgabe bestand in Artilleriebeobachtung. Im Standardwerk „British Aeroplanes 1914–1918" (Putnam 1957) schreibt J. M. Bruce: „Wer in den Jahren 1917 und 1918 in Frankreich flog, wird die anscheinend allgegenwärtige R.E.8 nicht vergessen können, die ihren unbeirrten elliptischen Kurs flogen und dabei immer eine Schleppe von Flaksprengpunkten hinter sich her zogen. Daß dabei soviel Positives herausgekommen ist, kann weitgehend den Piloten und Beobachtern zugeschrieben werden, die diese Maschinen geflogen haben. Zur R.E.8 gab es keine Alternative – sie war ihnen auferlegt, und in dieser Maschine haben sie vorbildlich ihre Pflicht getan."
Die Erfüllung der Aufgabe war möglich geworden durch die Einführung eines verbesserten Sprechfunkgeräts Bord-Boden – ähnlich wie auch die Bildaufklärung wesentliche Fortschritte durch weiterentwickelte Kameras erzielen konnte. Die Funkgeräte der Anfangszeit wogen etwa 35 kg. Dieses Problem wurde durch das Sterling-Gerät in des Wortes wahrster Bedeutung erleichtert, weil dieses nur noch 9 kg wog und nicht soviel Raum beanspruchte, sodaß die Flugzeugbesatzung von zwei Mann wieder ausreichend Platz in der Maschine bekam.
Die einzelnen Meldungen wurden nach einem speziellen „Uhr-Code" an die Geschützbedienungen übermittelt. Der Beobachter im Flugzeug und der Mann auf dem Boden hatten beide eine Zelluloidscheibe mit konzentrischen Kreisen, die ent-

Mehr als 20 Jahre Fortschritt in der Luftaufklärung spiegelt sich in diesen beiden Fotos. Das Bild unten zeigt zwei R. E. 8, die unermüdlich über den Schützengräben in Frankreich kreisten und die Feuerleitung der Artillerie bewerkstelligten. Die Lysander-Besatzung aus dem Zweiten Weltkrieg (auf dem Bild rechts) hatte eine weit modernere Ausrüstung – die Luftbildkamera wird gerade eingesetzt – und ein bequemeres geschlossenes Cockpit.

sprechend dem gerade gebräuchlichen Kartenmaßstab Abstände von 10–500 yards, gerechnet vom Mittelpunkt, zeigten. Die Kreise waren mit Buchstaben bezeichnet und außerdem wie ein Uhrenzifferblatt markiert, wobei „12 Uhr" genau Norden bedeutete. Es war also verhältnismäßig einfach, die Trefferlage mit beispielsweise C9 oder B2 anzugeben, nachdem man die durchsichtige Scheibe mit dem Zentrum auf dem Artillerieziel auf der Karte eingenordet hatte. Damit wußte der Richtschütze alles, was er wissen mußte, und konnte sich schnell einschießen.

Es konnte nicht ausbleiben, daß die Deutschen alles unternahmen, um den R.E.8 das Leben schwer zu machen, gleichgültig ob diese mit Bildaufklärung oder Artilleriebeobachtung beschäftigt waren. Manchmal erlebten sie Überraschungen dabei. Am 16. August 1917 griffen zwei deutsche Albatros-Jäger eine R.E.8 der 7. Staffel an, die einen Luftbildauftrag während der Schlacht von Langemarck erledigte. Der englische Beobachter schoß die eine deutsche Maschine ab, worauf die andere das Weite suchte. Etwas später am gleichen Tag wurde ein anderes Flugzeug derselben Staffel von acht Albatros angegriffen. Eine davon wurde auf kürzeste Entfernung mit einem Feuerstoß von 60 Schuß zum Absturz gebracht. Daraufhin ließen die anderen sieben die R.E.8 in Ruhe.

Öfter jedoch kamen die Aufklärungsflieger als Zweitbeste bei den Duellen mit schnelleren, manövrierfähigeren und zahlreicheren Gegnern weg.

Das war der Preis für den Nachweis der Fähigkeiten wie der Unverzichtbarkeit der Luftaufklärung.

„RÄUBER UND GENDARM“

Sind Sie bereit, eine geheime Mission für den französischen und den britischen Geheimdienst zu übernehmen?“
Was würden Sie auf eine solche Frage antworten – gleichgültig wie vorsichtig sie abgefaßt wäre und wie diskret man an Sie heranträte? Sie wären wahrscheinlich schockiert, und wenn Sie nicht gerade zu den abenteuerlichen Typen gehören, dann würden sie sicherlich nein sagen.
Sidney Cotton war ein Mann, der in einer ähnlichen Situation mit einem klaren Ja geantworet hat. Die Aufgabe entsprach dem, was er sich von seinem Leben erhoffte. Was wollte er mehr?
Cotton, Geburtsjahrgang 1894, gehörte zu den vielen Australiern, die während des Ersten Weltkriegs nach England gekommen waren, um für die Sache der Entente zu kämpfen. Er verlor keine Zeit, trat in die britische Marineflieger-Abteilung ein, bewies eine natürliche Begabung für das Fliegen und kam ziemlich bald zu einer Staffel an die Front.
Zu seinen Kameraden gehörten in England so bekannte Leute wie Spenser Gray und Reggie Marix. Während seines Einsatzes in Frankreich hat er den Sidcot- (*Sid*ney *Cot*ton)-Fliegeranzug entworfen, der viele Jahre hindurch zu den Dingen gehören sollte, auf die ein gut angezogener Flieger Wert legte.
Cottons Karriere bei dem RNAS war verhältnismäßig kurz. Wie viele Männer mit Ideen, war er genauso freimütig wie eigenwillig. Es dauerte also nicht lange, bis er sich mit dem streitbaren Commodore Godfrey Paine anlegte. Außerstande, Paines Vorstellungen von Disziplin zu akzeptieren, reichte er seine Entlassung ein und fuhr heim nach Australien.
Es folgten dann einige Jahre des Auf und Ab, bevor Cotton

1932 sich in eine Firma einkaufte, die ein verhältnismäßig einfaches Verfahren entwickelt hatte, farbige Dias herzustellen. Er hatte erkannt, daß eine echte Marktchance für solch einen Film gegeben war, hauptsächlich in der rasch expandierenden Filmindustrie — vorausgesetzt, daß das Grundprodukt so weiterentwickelt werden konnte, daß ein weniger kornreiches Bild entstand. Mit der für ihn charakteristischen Verve machte sich Cotton an die Aufgabe. Wie er schließlich einen Erfolg erzielte und wie es zu Aufstieg und Fall der Dufaycolor Company kam, gehört nicht hierher.

Wegen seiner internationalen Reisen jedoch, die er im Auftrag der Dufaycolor unternahm, wurde Sidney Cotton zur Zeit der Krise von München vom französischen Geheimdienst angegangen. Man fragte ihn, ob er bereit wäre, in die geheime Luftbildaufklärung für die alten Ententemächte einzusteigen.

Es mag überraschen, daß im tiefsten Frieden Bedarf an solcher Art Information bestand. Aber als das Jahr 1938 seinem Ende zuging, waren detaillierte Informationen über militärische Dispositionen und Einrichtungen in Europa zu einer Sache von höchster Wichtigkeit geworden.

Im März jenes Jahres hatte Hitler mit Hilfe von Propaganda und Drohungen erreicht, daß er ungestört in Österreich einfallen konnte. Als der Herbst herankam, suchte er unter dem Vorwand des Schutzes der Sudetendeutschen vor tschechischen Übergriffen eine weitere Ausdehnung des Dritten Reichs einzuleiten. In dem Versuch, die explosive Situation etwas abzukühlen, haben England, Frankreich und Italien — ohne die betroffene Tschechoslowakei zu fragen — Deutschland die vorwiegend deutschsprachigen Teile von Böhmen und Mähren zuerkannt.

Die Staatsmänner Englands und Frankreichs, die immer noch von dem Glauben beseelt waren, daß internationale Probleme auf diplomatischem Wege gelöst werden können und sollen, waren dem Typ Hitler nicht gewachsen. Im Frühjahr 1939 holte er sich den Rest der Tschechoslowakei, und trotz seiner Zusicherung, daß er jetzt keine Gebietsansprüche mehr in Europa haben werde, war es allmählich klar, daß man sich auf diese Worte nicht mehr verlassen konnte.

Ein Krieg in Europa, wie düster auch dessen Aussichten sein mochten, schien nun beinahe unausweichlich. Und Agentenberichte deuteten an, daß nur noch wenig Zeit für Vorbereitungen blieb. England und Frankreich benötigten dringend erstklassige und verläßliche Bildunterlagen über militärische Einrichtungen in Deutschland, Italien und den Mittleren Osten. Die Notwendigkeit als solche war klar zu erkennen. Ihre Erfüllung war eine andere Sache.

In den dreißiger Jahren hatten — trotz den Machenschaften Hitlers — internationale Grenzen noch einen wahren Sinngehalt. Man behandelte sie noch nicht mit dem immer mehr nachlassenden Respekt, der heute anzutreffen ist. Auf der anderen Seite erlaubte damals ja auch der Stand der Technik noch keine Flugzeuge, die das Hoheitsgebiet eines potentiellen Gegners in solcher Höhe und mit solcher Geschwindigkeit überfliegen konnten, daß es praktisch unmöglich gewesen wäre, sie abzufangen. Das Eindringen in den Luftraum eines Gegners konnte nur noch Öl in die bereits schwelende internationale Situation gießen. Wie sollte man also zu den dringend benötigten Luftbildern kommen, die das Gesamtgebiet deckten?

Der einzig gangbare Weg war die Nutzung eines Privatfliegers, der in europäischen Kreisen bekannt genug war, um unter dem Deckmantel von Geschäftsflügen — und unter beträchtlichem Risiko und mit allen Ausreden — die Aufnahmen während seinen Reisen quer über Europa zu machen.

Das waren die Umstände, unter denen Sidney Cotton angesprochen wurde. Weil das Projekt seinen fliegerischen, fotografischen und seinen abenteuerlichen Interessen entsprach, nahm er ohne zu zögern an. — Wie nun weiter?

Das größte Problem war bereits dadurch gelöst, daß man Cotton für diese Aufgabe gewonnen hatte, denn er besaß eine legitime und nahezu perfekte „Legende“. Die Entwicklung neuer Absatzgebiete für Dufaycolor ergab genügend Gründe Für Geschäftsreisen nach und innerhalb Europa und dem Mittleren Osten.

Eine andere wichtige Voraussetzung war ein geeignetes Flugzeug, das so oft bei bona-fide-Flügen in Erscheinung trat, daß seine Passagen zwischen verschiedenen internationalen Flughäfen kein Aufsehen mehr erregten.

Was war nun ein geeignetes Flugzeug? Das wollte gut überlegt sein. Reichweite, Zuladung und Zuverlässigkeit waren die wichtigsten Eigenschaften. Sicher, die Franzosen hatten bereits private Sportflugzeuge benutzt, um da oder dort kurz in den deutschen Luftraum einzudringen. Damit hatten sie ein paar brauchbare Aufnahmen von Gebietstreifen entlang dem Rhein gewonnen. Was jetzt gebraucht wurde, war ein Typ mit größerer Reichweite, der auch dem Status von Cotton entsprach. Seine Wahl fiel auf eine Lockheed Electra 12A, einen zweimotorigen Tiefdecker mit zuverlässigen luftgekühlten Sternmotoren. Nachdem er seine Wahl getroffen hatte, verlor er keine Zeit, um sich eine solche Maschine in den USA zu besorgen.

Noch eine dritte Voraussetzung mußte erfüllt werden: ein Copilot, auf den er sich blind verlassen konnte — nicht nur, was seine Fähigkeiten als Pilot anging, sondern auch was die abwegigen Dinge betraf, in die sie bald genug verwickelt sein würden. Cottons Verbindungsmann zum britischen Geheimdienst schlug einen Kanadier namens Bob Niven vor, der gerade vor der Beendigung einer kurzen Dienstzeit als Offizier der RAF stand.

Niven erwies sich als eine gute Wahl: draufgängerisch, abenteuerlich und ein guter und zuverlässiger Pilot. Viele Flüge zusammen mit Niven woben ein bestimmtes Muster von häufigen Trips quer über Europa. Als ihre Ankunfts- und Abflugzeiten fast schon alltäglich geworden waren, wurde Cotton bewußt, wie gut sie als Team zusammenpaßten, und er glaubte, daß Niven der richtige Mann für den Job war. Er mußte jetzt nur noch herausfinden, ob Niven sich darauf einließ, eine Rolle in dem gefährlichen Spiel der Spionage aus der Luft zu übernehmen. Zu Cottons tiefer Erleichterung gab Niven eine einfache und direkte Antwort: ja. Es war Februar 1939, und der Augenblick war gekommen, um festzustellen, ob sich die ganze Vorbereitung gelohnt hatte. Aber die ersten Versuche hatten mehr von einer Operette an sich als vom Räuber-und-Gendarm-Spiel.

Da die bevorstehenden Operationen vom französischen Geheimdienst finanziert wurden, mußten die ersten Einsätze von Toussons-le-Noble aus geflogen werden. Der Plan sah vor, Aufnahmen von Mannheim und Umgebung zu machen. Eine große Aufgabe verlangt auch eine große Kamera, dachten die Franzosen, und so grenzte der erste Versuch denn auch an das Lächerliche, als man in Toussons versuchte, die Kamera überhaupt im Flugzeug unterzubringen. Als es dann endlich so weit war, hatte Cotton das Gefühl, daß die damit verbundene Absicht selbst dem dümmsten Beobachter auffallen mußte. Aber er behielt seinen Gedanken für sich und startete.

Abgesehen von einigen Augenblicken leichter Panik, als er schon weit über deutschem Gebiet war und es so aussah, als würde ein deutsches Jagdflugzeug aufsteigen, um sie abzufangen, blieb der Flug ohne besondere Vorkommnisse. Cotton durfte hoffen, daß er Mannheim und einen Teil des Westwalls im Kasten hatte.

Es folgten weitere Flüge in den folgenden Tagen, aber Cotton war alles andere als glücklich über den Fortschritt des Unternehmens, besonders deshalb, weil die Franzosen ihm unter dem fadenscheinigen Hinweis auf Sicherheitsbestimmungen den Einblick in die von ihm selbst gemachten Aufnahmen verweigerten. Das war wenig sinnvoll, denn wie sollte er wissen, ob das ganze auch die erhofften Ergebnisse zeitigte? Als man ihm nach mehreren verärgerten Bemerkungen schließlich widerstrebend die Luftbilder zeigte, mußte er mit Entäuschung feststellen, daß die Aufnahmen sich nicht überlappten, sondern große Lücken offen ließen.

Vorschläge, wie man dies besser machen könnte, trafen auf taube Ohren. Sie – die Franzosen – deuteten an, daß sie ja schließlich am besten Bescheid wissen mußten, wie man Luftbilder macht: er – Cotton – war ja Amateur, ein Amateur, den man nur wegen seiner „Legende“ ausgesucht hatte und weil er ein Flugzeug fliegen konnte.

Cottons Reaktion war vorauszusehen. Er nahm Verbindung mit dem britischen Geheimdienst auf und brachte zum Ausdruck, daß er in Zukunft nichts mehr mit den Franzosen zu tun haben wolle. Er machte noch einen Flug. Dann begab er sich mit Niven nach London; die Lockheed Electra ließen sie in Frankreich zurück.

Cotton schlug den Erwerb einer neuen Lockheed vor, die mit und für den britischen Geheimdienst eingesetzt werden sollte. Als er die Zustimmung hatte, beschaffte er schnell eine zweite Maschine. Als diese in England eingetroffen war, veranlaßte er einige Änderungen, damit das Flugzeug seine geheimen Aufgaben besser erfüllen konnte. So wurde ein neuer Benzintank eingebaut, um die Reichweite zu vergrößern. Außerdem wurde auf der Backbordseite ein tropfenförmiges Plexiglasfenster angebracht, nach außen ausgebuchtet, damit der Pilot genau nach unten sehen konnte. Außerdem erhielt das ganze Flugzeug einen gletscherblauen Anstrich, damit es vom Boden aus kaum mehr erkennbar war.

In dieser Ausführung war die Electra immer noch ein sehr anständiges und ehrbares Zivilflugzeug. Um aber die beabsichtigten Eigenschaften zu bekommen, mußte man es mit Kameras bestücken. Cotton entwarf eine Anordnung für drei RAF F24 Kameras in der Form, daß man aus einer Höhe von 6000 m einen Gebietsstreifen von 16 km Breite in Flugrichtung fotografieren konnte. Die Kameras waren unter dem Kabinenboden montiert und konnten durch Fernbedienung ausgelöst werden. Dabei wurde der Durchblick für die Objektive durch Schieber in der Flugzeughaut freigegeben, die von außen kaum wahrnehmbar waren. Zusätzlich war in jeder Tragfläche eine modifizierte Leica eingebaut. Über eine Fernauslösung unter dem Pilotensitz gaben auch hier Schieber den Objektiven das Blickfeld frei.

Zum Abschluß dieser Vorbereitungen wurden noch ein paar abgescheuerte und stark mitgenommene Lederkoffer erstanden, die überall mit internationalen Hotelzetteln bepflastert waren, so daß kaum jemand auf den Gedanken kommen konnte, daß es sich dabei um ein Versteck für die so verdammungswürdigen Gegenstände wie Luftbildkameras und entsprechende Zubehör- sowie Ersatzteile handeln könnte.

Bis Juni 1939 wurde die Lockheed in ihrer neuen Form dann der Flugerprobung unterworfen. Und dann waren Cotton und Niven wieder soweit, sich aufs neue in Abenteuer zu stürzen.

Ihr erster Auftrag war eine Serie von Flügen nach dem Nahen und dem Mittleren Osten. Am 14. Juni befand sich die Lockheed also auf dem Wege nach Malta. Zuerst galt es, Sizilien zu erfassen. Cotton war von der Qualität der Aufnahmen begeistert, und mit dem Einbau und Funktionieren der Kameras war er sehr zufrieden. Die nächste Teilstrecke führte nach Kairo. Verteidigungsanlagen, Geschützstellungen und militärische Einrichtungen in Leros verloren ihre Geheimnisse an die verborgenen Augen der Lockheed. Auch Rhodos konnte eine Konzentration von Kriegsschiffen sowie einen im Bau befindlichen Flugplatz nicht mehr verbergen.

Der ganze Flug, auf dem später noch die Ufer des Roten Meeres erfaßt wurden, verlief ohne Zwischenfall. Allerdings nur beinahe! Arbeiter betankten die Maschine in Atbara aus 20-Liter-Kanistern, als plötzlich ein Sandsturm aufkam. In der Befürchtung, es könne trotz den Kraftstoff-Filtern Sand in die Tanks geraten, und auch weil er bei der umständlichen Tankerei damit rechnen mußte, Kairo vor Einbruch der Dunkelheit nicht mehr zu erreichen, kalkulierte Cotton mit der Mindestmenge Kraftstoff. Er entschloß sich leichtsinnigerweise, mit einer Reserve von nur 25 Prozent nach Kairo zu starten, und stoppte das Tanken, sobald die entsprechende Menge erreicht war.

Er war kaum in der Luft, als er in böigen Gegenwind geriet. Beängstigend rasch zeichnete sich die gespenstische Aussicht ab, in der Wüste notlanden zu müssen. Er mußte Gas wegnehmen. Das Flugzeug „hangelte" sich gerade noch so durch die Luft, während Cotton jede Möglichkeit versuchte, Sprit zu sparen, um mit dem schnellabnehmenden Tankinhalt noch so weit wie möglich zu kommen. Als dann Almaza im schwindenden Abendlicht auftauchte, standen die Benzinstandszeiger auf Null. Beide Piloten atmeten erleichtert auf, als die Räder des Fahrgestells mit ihrem Rumpeln anzeigten, daß man sich an der richtigen Stelle und in Sicherheit auf dem Boden befand. Eine Nachprüfung ergab dann, daß die Benzintanks beinahe knochentrocken waren. Es war gerade noch einmal gut gegangen.

Jetzt standen sie also bereit für die Hauptaufgabe: Fotoaufklärung über deutschen militärischen Einrichtungen.

Das schwierigste Problem war nun, in Deutschland völlig normale Geschäftsbeziehungen anzuknüpfen, so daß Flüge nach und von Deutschland möglich wurden, ohne einen Verdacht zu erwecken. Hier kam ihnen allerdings der Zufall zu Hilfe.

Nach Rückkehr aus dem Mittleren Osten erhielt Cotton in London einen Telefonanruf von einem Geschäftspartner. Dieser teilte ihm mit, daß ein Herr Schoene – ein Deutscher – Interesse daran habe, die Alleinvertretung der Dufaycolor für

Deutschland zu erwerben. Das war genau der „Aufhänger", den Cotton brauchte. Da der Wunsch nach einem Kontakt von der anderen Seite kam, konnten seine Absichten völlig unverdächtig der Verwirklichung näher gebracht werden. Er konnte allerdings nicht mit Sicherheit davon ausgehen, daß Einzelheiten seiner Pläne und Absichten irgendwo durchgesickert waren.

Diese Überlegung diktierte mehr als alles andere ein vorsichtiges Vorgehen, das ihm aber gar nicht lag. Er entschloß sich, zuerst einmal Herrn Schoene nach London einzuladen, um dessen Ansicht kennenzulernen und die Marktchancen von Dufaycolor in Deutschland abzutasten.

Als Cotton einige Tage später in London mit Schoene zusammentraf, mußte er feststellen, daß sie manche Gemeinsamkeiten hatten — und diese war dem Aufbau eines gegenseitigen Vertrauensverhältnisses nur förderlich. Anscheinend war auch Schoene Flieger gewesen: er soll zur berühmten Jagdstaffel Richthofen gehört haben und war mit Göring mehr oder minder befreundet, der nun Luftfahrtminister und Oberbefehlshaber der Luftwaffe in Deutschland war. Trotz dieser alten Kameradschaft deutete Schoene an, daß er mit den Nazis nicht viel zu tun haben wollte, und Cotton war sich nun sicher, daß dieser Kontakt für seine Absichten hervorragend geeignet war. Er machte ihn zum Generalvertreter der Dufaycolor in in Deutschland und bemühte sich, nichts zu überstürzen.

Ende Juli erhielt er dann eine Einladung nach Berlin und nahm sie an. Diesen ersten Trip nach Berlin wollte er als reine Geschäftsreise machen, ohne den Versuch von Luftaufnahmen. Aber trotzdem war das nicht ungefährlich. Als die Lockheed auf den Flughafen Tempelhof einkurvte, schlug Cotton und Niven das Herz bis zum Hals.

Cotton fing die Maschine ab, setzte zur Landung an, und als die Räder den Boden berührten, da hätte er seine Ankunft doch gerne noch etwas hinausgeschoben. Als sie auf das Ab-

fertigungsgebäude zurollten, sahen sie zu ihrem Schrecken, wie eine Gruppe Uniformierter im Laufschritt auf den Standplatz zulief. War die ganze Geschichte vorbei, ehe sie begonnen hatte? Waren sie auf einen billigen Nazi-Köder hereingefallen? Hingen sie bereits an der Angel? Es blieb nichts anderes übrig, als den Dingen gefaßt ins Auge zu sehen.
Als die Uniformierten ein Ehrenspalier bildeten, da fiel beiden ein so großer Stein vom Herzen, daß sie schon Angst hatten, jemand hätte ihn plumpsen gehört. Aber ganz im Gegenteil kam ihnen ein strahlender Herr Schoene entgegen, um sie zu begrüßen. Und ehe sie sich versahen, fuhren sie in einem Luxusauto davon.
Die Lockheed war inzwischen in einem besonderen Hangar abgestellt worden. Daß dieser aber unter der Zuständigkeit der Geheimen Staatspolizei stand, trug nicht gerade zur Beruhigung des Gemütszustands von Cotton bei. Er rechnete bestimmt damit, daß die Maschine vom Bug bis Heck genauestens unter die Lupe genommen wurde. Konnte der versteckte Schieber für den Kameraausblick dabei als verdächtig auffallen? Konnte irgendetwas anderes an dem Flugzeug auf seine wahre Rolle hindeuten? Zahllose Fragen schwirrten ihm durch den Kopf, während er nach außen den Eindruck eines biederen und nicht aus der Ruhe zu bringenden Geschäftsmannes zu machen versuchte.
Am folgenden Morgen wurden Probeaufnahmen mit dem Filmmaterial gemacht, das Cotton mitgebracht hatte. Und am Nachmittag starteten Cotton und Niven zum Rückflug nach London mit dem Versprechen, am nächsten Tag nach Frankfurt am Main zu kommen und die inzwischen entwickelten und bearbeiteten Filme mitzubringen.
Nun war also der Augenblick der Wahrheit gekommen.
Obwohl es durchaus möglich war, daß sie in eine Falle hineinliefen, wurde entschieden, die zwei Leicas in den Tragflächen zu montieren, bevor sie nach Frankfurt starteten. Wenn nun

jemand die verborgenen Schieber in der vorletzten Nacht in Berlin entdeckt und in ihrer Bedeutung erkannt hatte, dann war mit Sicherheit damit zu rechnen, daß eine weitere Untersuchung in Frankfurt den verhängnisvollen Beweis erbringen sollte.
Es war ein kalkuliertes Risiko, das man jetzt eingehen mußte, wenn nach so ausgiebigen Vorbereitungen auch Ergebnisse erzielt werden sollten. So rollte also am Nachmittag des 28. Juli 1939 die Lockheed in Heston an den Start. Kurze Zeit später befand sie sich auf dem Weg nach Frankfurt mit Zwischenlandung in Brüssel, wo Cotton einen Australier mitnehmen wollte, der die Absicht hatte, an einer internationalen Flugveranstaltung in Frankfurt teilzunehmen.
Cotton hatte gehofft, daß ihm der Zwischenstop in Brüssel die Möglichkeit zu einem Abweichen vom normalen Flugweg nach Frankfurt eröffnen würde, um unterwegs gleich ein paar Aufnahmen vom Westwall zu machen. In Brüssel kamen ihm aber doch Bedenken, denn er bekam strikte Weisung, sich exakt an eine Route zu halten, die in genügendem Abstand zum Westwall verlief. Hatte irgendwer etwas bemerkt? Was wußten die? Und wie würde man sie wohl in Frankfurt empfangen?
Wenn schon, denn schon – sagten sich die beiden und ließen die Lockheed so weit vom Kurs abschweifen, wie dies per Zufall einmal passieren kann. Und so kamen sie auch zu ein paar Aufnahmen. Für den Rückflug nahmen sie sich vor, die Lücken zwischen diesen Aufnahmen zu füllen. Falls es einen Rückflug gab!
Als sie in Frankfurt ausrollten und von Schoene begrüßt wurden, deutete nichts darauf hin, daß die geheimen Eigenschaften der Lockheed entdeckt worden waren.
Die Luftfahrtveranstaltung in Frankfurt drehte sich hauptsächlich um Leichtflugzeuge, d. h. um Sportflugzeuge. Die Lockheed 12 A überragte sie alle und fand soviel Interesse, daß

auch der Chef des Flughafens Berlin-Tempelhof aufmerksam wurde und Cotton fragte, ob ein Probeflug möglich sei.
Cotton sagte sich: eine solche Gelegenheit kommt nicht so schnell wieder. Er sagte zu und schlug vor, in Richtung Mannheim zu fliegen, falls eine Genehmigung dafür zu bekommen sei – denn er habe so viel über die landschaftliche Schönheit dieses Teils von Deutschland gehört, daß er sich das gerne einmal von oben ansehen würde.
Zu seiner Überraschung gab es keine Schwierigkeiten mit der Erlaubnis. Und so kam es am nächsten Tag zu einem der fantastischsten Bildaufklärungsflüge, die die Geschichte der Luftfahrt kennt. Mit dem Platzkommandanten von Tempelhof neben sich auf dem Copilotensitz löste er die Leica-Kameras aus und erzielte so für den britischen Geheimdienst ausgezeichnete Aufnahmen verschiedener neuer Flugplätze und anderer militärischer Einrichtungen aus etwa 600 m Flughöhe, mit Hilfe eines – ironischerweise – exemplarisch deutschen Produkts.
Das Ereignis verlief ohne Zwischenfall, und als die Flugveranstaltung beendet war, starteten Cotton und Niven zum Rückflug nach London. Trotz des genau vorgeschriebenen Kurses sagten sie sich, daß die teilweise vorhandene Bewölkung als Ausrede dienen konnte, wenn man sich da ein wenig „verfranzte“. So machten sie noch ein paar ganz ausgezeichnete Aufnahmen vom nördlichen Teil des Westwalls, bevor sie nach Belgien abbogen.
Im August ergab sich dann endlich eine Gelegenheit, auch die Flugplätze in der Nähe von Berlin zu erfassen. Als Cotton die Lockheed in Tempelhof ausrollen ließ, konnte er Schoene am Gesicht ablesen, daß seine „Umwege“ Anlaß zu gewissen Überlegungen gewesen waren. Glücklicherweise hatte Schoene Beziehungen. Er nahm die Entschuldigung Cottons an und sorgte dafür, daß amtlicherseits keine weiteren Nachforschungen angestellt wurden. Um diese Zeit war es wohl

fast jedem klar geworden, daß die Frage „Krieg oder Frieden“ davon abhing, ob Hitler die Wehrmacht gegen Polen marschieren ließ oder nicht. Da hatte Cotton einen Geistesblitz.
Er sagte sich, wenn man Hitler davon überzeugen kann, daß England in den Krieg eingreift, sobald Polen attackiert wird, dann läßt sich dieser Krieg noch einmal abwenden. Wenn Göring der gleichen Meinung war, dann konnte man ihn vielleicht dazu bewegen, England als Gast in der Lockheed zu besuchen. Dort könnte man ihm vielleicht die Entschlossenheit Englands vor Augen führen. Und dann war es denkbar, daß Göring Hitler davon abhalten könnte, das Startsignal für etwas zu geben, was unvermeidlich zum Zweiten Weltkrieg ausarten mußte.
Die Einladung – Schoene hatte sie überbracht – wurde angenommen. Cotton erhielt die Mitteilung, daß Göring das Reisedatum auf den 24. August festgesetzt hatte.
Als diese Nachricht eintraf, verlor Cotton keine Zeit und kehrte nach London zurück, wo er den britischen Geheimdienst sofort vom Stand der Dinge unterrichtete. Er war eigentlich überrascht, daß er auf Zustimmung stieß. Vorbereitungen für unverbindliche Gespräche zwischen Göring und verschiedenen Ministern wurden getroffen.
Am 22. August flogen Cotton und Niven die Lockheed wieder nach Berlin, um ihren Gast am 24. August nach London mitnehmen zu können. Um diese Zeit näherte sich jedoch die Spannung zwischen Deutschland und Polen dem Höhepunkt. Am nächsten Tag ließ man Cotton wissen, das Görings Besuch in London gestrichen worden sei. So sagte sich der Australier, daß es jetzt darum ging, so schnell wie möglich zu verschwinden und nach London zurückzukehren, bevor er und Niven interniert wurden.
Am nächsten Morgen erschienen sie schon in aller Frühe in Tempelhof. Aber sie hätten sich Zeit lassen können: sie erhielten keine Startgenehmigung. Enttäuscht und beklommen setz-

ten sie sich in die Lockheed und rollten zu einem Haltepunkt. Aber wiederholte Zeichen vom Kontrollturm ließen keine Zweifel daran, daß ein Startversuch ohne Erlaubnis verheerende Folgen haben würde.
Sie stellten also die Motoren ab und warteten. Immer wieder schauten sie auf ihre Armbanduhren. Nach fast einer Stunde Wartezeit bemerkten sie einen Pkw, der mit hoher Fahrt auf sie zukam. Einer der Insassen war Schoene, der Cotton versicherte, daß jeder nur denkbare Versuch unternommen werde, um eine Startgenehmigung zu erhalten.
Der Wagen fuhr wieder weg. Es folgte eine weitere endlos erscheinende Pause. Nach dreißig Minuten war Cotton soweit, daß er ernsthaft überlegte – ob er nicht einfach losstarten sollte, egal was dann passieren mochte.
Da sah er den Wagen ein zweites Mal auf die Lockheed zukommen. Diesmal hatte Schoene die Starterlaubnis dabei. Cotton erhielt einen genau festgelegten Kurs. Und diesesmal hielt er es für das Klügste, wenn er sich daran hielt. Wenige Minuten später hob die Maschine zum letztenmal in Tempelhof ab. Sie hatten es geschafft.
Bezeichnenderweise dauerte es nicht lange, und der Aufklärungsprofi in Cotton und Niven wurde wieder wach. Sie öffneten die Schieber, um den Kameras das Blickfeld freizugeben – für den Fall, daß es unterwegs etwas Interessantes zu sehen gab.
Die Lockheed hatte es möglich gemacht, daß auf geheime Weise hunderte von wertvollen Lichtbildern für den britischen Geheimdienst gemacht werden konnten. Dieser letzte Flug zurück nach England bildete keine Ausnahme, denn auf der Schillig Reede vor Wilhelmshaven lagen größere Einheiten der deutschen Kriegsmarine. Die Leicas fingen sie alle ein.
Als die Vergrößerungen bei der Admiralität vorgelegt wurden, gab es dort einige Aufregung. Es bestand eine unmittelbare Forderung nach Luftbilderfassung anderer wichtiger Ziele –

und da die Gefahr, abgefangen zu werden, offenbar nur gering schien, sagte Cotton, er wolle sehen, was er da tun könne.
Diesmal brauchte man keine Ausreden wie bei den Flügen nach Berlin – die Lockheed starrte also nur so von Kameras. Der einzige Kummer war, daß es mehr waren, als Cotton und Niven bedienen konnten, wenn das Flugzeug dabei in der Luft bleiben sollte. Zum erstenmal seit den Anfängen in Frankreich führte Cotton also einen richtigen Kameramann mit.
Als sie am 27. August starteten, standen Borkum, Norderney, Helgoland und Sylt auf dem Flugplan. Es lief alles ganz ausgezeichnet, bis sie sich der Insel Norderney näherten. Dort flog ein deutsches Jagdflugzeug mit Kollisionskurs auf sie zu. Cotton und Niven sahen sich an. War nun alles aus? Aber der deutsche Jäger flog vorbei, ohne zu schießen. Entweder wollte er nichts von ihnen wissen, oder er hatte sie gar nicht gesehen.
Wilhelmshaven war dann das erste Ziel, das Cotton zugewiesen wurde, nachdem Deutschland am 1. September in Polen eingefallen war. Diesesmal machte Niven einen Alleinflug in einer viersitzigen Sportmaschine, die Cotton schon seit einiger Zeit gehörte. Auch dies war ein Erfolg, und als der Erste Lord der Admiralität das Ergebnis sah, da war er mehr als erstaunt, daß derart hochwertiges Material von Zivilisten kam, die ein unbewaffnetes Zivilflugzeug flogen.
Die Marine war der nächste Kunde, denn sie wollte wissen, ob Möglichkeiten zum Auftanken deutscher U-Boote entlang den neutralen Küsten von Südirland existent waren oder nicht. Das war ein Job für die Lockheed, und Cotton und Niven unternahmen eine Reihe von Flügen, bis fotografisch nachgewiesen war, daß es so etwas nicht gab.
Es dauerte nicht lange, bis Cottons Aufklärungserfolge sich sogar bis zum Luftfahrtministerium herumgesprochen hatten. Cotton machte sich etwas beklommen auf den Weg und zerbrach sich bereits den Kopf, was für einen fürchterlichen Ver-

stoß er sich gegen die RAF hatte zuschulden kommen lassen. Es fiel ihm ein Stein vom Herzen, als er erfuhr, daß man seinen Rat wollte.

Zu einer Zeit, zu der die RAF mit den größten Schwierigkeiten zu kämpfen hatte, um Luftbilderkenntnisse zu gewinnen, die etwas taugten, da war es nicht nur rätselhaft, sondern mehr als bitter, wenn ein Zivilist einem die ganze Show stahl.

Die Offiziere wollten wissenn, worin das Geheimnis seines Erfolgs bestand. Welche neue und revolutionäre Ausrüstung brachte solche Ergebnisse hervor, die den gut ausgebildeten Aufklärerbesatzungen bisher nicht gelungen waren? Es war ein Schock, als sich herausstellte, daß es sich im Grunde um fast die gleiche handelte, die auch die RAF bisher eingesetzt hatte.

Der Vorschlag, daß er die RAF gerne von seinen Erfahrungen profitieren ließe, fand offenes Gehör. Aber Cotton war davon überzeugt, daß es besser war, wenn er sich einen Rückhalt bei den Streitkräften verschaffte, anstatt zur RAF zu gehen, wo er seiner Meinung nach dann wieder von vorne anfangen konnte.

Es folgten weitere Besprechungen, und dabei stellte sich dann heraus, daß dieser von der Admiralität angeheuerte Zivilist wenig Neigung verspürte, in die RAF einzutreten. Der alte Konflikt zwischen den einzelnen Waffengattungen brach erneut auf.

Als Cotton sich bereit erklärte, bei Einsätzen zur Erfassung von Schiffsbewegungen vor der holländischen Küste durch Luftbilder zu helfen, da sagte man ja. Aber die Stimmung schlug schnell um, als Cotton ein Dienstflugzeug anforderte, um darin seine eigene Erkundung zu fliegen.

Eine weitere Besprechung wurde für den folgenden Tag anberaumt. Aber Cotton war es inzwischen klar geworden, daß hier nur noch eine Schocktherapie weiterhalf, wenn er einen Erfolg erzielen wollte. Also nahm er sofort mit Niven Verbin-

dung auf und ließ die Lockheed startfertig machen. Unter Verwendung der Clearance-Technik, die sie bei den vorangegangenen Einsätzen für die Admiralität gelernt hatten, überquerten sie kurz darauf die Küste der Grafschaft Kent. Der Flug verlief ohne Zwischenfall. Nach Rückkehr wurden die Filme noch spät in der Nacht entwickelt und Vergrößerungen für den nächsten Tag angefertigt.
Als Cotton sich am Morgen beim Luftfahrtministerium meldete, hatte er eine dick gefüllte Aktentasche dabei. Die Besprechung zog sich in die Länge – genau wie gehabt. Als sie nach Cottons Meinung lange genug gedauert hatte, legte er Peck die mitgebrachten Bilder vor.
Peck war beeindruckt. Die Schärfe der Bilder und die erkennbaren Einzelheiten waren genau das, was die RAF brauchte. Er deutete jedoch an, daß es wohl nicht gut möglich sei, einen fairen Vergleich zwischen Aufnahmen zu machen, die unter den idealen und bequemen Bedingungen des Friedens gemacht werden konnten, und solchen, die unter Zeitdruck bei kurzen, verwegenen Versuchen unter den schärferen Bedingungen des Krieges entstanden. Lediglich aus akademischen Gründen sei er – Peck – daran interessiert, zu erfahren, wann diese ausgezeichneten Aufnahmen gemacht worden seien.
Cottons Antwort, sie stammten vom gestrigen Nachmittag, wirkte wie eine Bombe. In dem fassungslosen Schweigen hätte man eine Nadel zu Boden fallen hören können. Die Stille dauerte nur kurz, dann aber dröhnte der Raum wider von Ausrufen der Empörung über das wohl unglaubliche Benehmen dieses jungen Mannes. Cotton erschien es durchaus möglich, daß er jetzt unter Arrest gestellt wurde, und so nutzte er das Chaos und machte sich unbemerkt davon.
Trotz des verletzten Stolzes hatte die RAF aber Haltung genug, um anzuerkennen, daß Cotton dort auf Erfolge verweisen konnte, wo sie selbst versagt hatte. Es bedrfte jedoch der ruhigen und besonnenen Art des Chefs des Luftwaffenstabs,

um Cotton dazu zu bringen, daß er sein know how an die RAF weitergab.
Dies war der etwas sonderbare Beginn eines neuen Konzepts der Luftaufklärung. Sie sollte eine wesentliche Komponente der jungen Waffengattung werden – mit weitreichenden Folgen in den Kriegsjahren, die noch bevorstanden.

WENN MAN EINEN KRIEG GEWINNEN WILL . . .

Sidney Cotton war nicht der einzige, der die wichtige Bedeutung der Luftaufklärung erkannt hatte. In Deutschland war es der Generaloberst Frhr. von Fritsch gewesen, der wenige Tage vor Ausbruch des Krieges gesagt hatte: „Den nächsten Krieg gewinnt jene militärische Macht, die die beste Luftaufklärung hat."

Obwohl seiner Aussage Gewicht beizumessen war, denn schließlich war er bis vor kurzem Oberbefehlshaber des Heeres gewesen, soll die Generalität der deutschen Luftwaffe seine Ansicht keineswegs geteilt haben, sondern im Gegenteil die Luftaufklärung mehr als zufälliges Anhängsel der mit Aufgaben der Erdkampfunterstützung befaßten Staffeln angesehen haben.

Soweit die taktische Aufklärung gemeint ist, mag dies richtig gewesen sein. Bei der strategischen Aufklärung scheint der Luftwaffe aber doch ein Licht aufgegangen zu sein, denn erbeutete Luftaufnahmen vom 2. Oktober 1939 weisen aus, daß die deutschen Bomberbesatzungen damals schon über genaueste Zielunterlagen verfügten. Hafenanlagen, Brücken, Treibstofflager und Fiakstellungen waren entsprechend der neuesten Lage markiert. Am interessantesten waren Luftbilder von Plätzen wie St. Abbs Head, auf denen die britischen Radarstationen ganz klar als Ziele eingezeichnet waren.

(Anmerkung des Übersetzers: 1935, also bereits im ersten Jahr der neuen Luftwaffe, wurden die Aufklärer in Fern- und Nahaufklärer getrennt. Neben den noch mit He 45 fliegenden Fernaufklärern gab es eine *Fliegerstaffel z. b. V.* bei der Flugbereitschaft des RLM. Diese wurde – mit He 70 F ausgestattet – bereits als „Höhenstaffel" bezeichnet. In *Versuchsstelle*

für Höhenflüge umbenannt und später als Aufklärungsgruppe des Ob. d. L. führte sie Luftbildaufklärung entlang der Westgrenze des Reiches durch. Daneben flogen zwei He 70 F bei der Hansa Luftbild GmbH (D – UKAF und D – UVYR).
Der Gedanke, daß Fernaufklärer besondere Chancen haben, wenn sie höher fliegen können als vorhandene Jagdflugzeuge und höher als die Flak schießen kann, hat nicht erst bei der Konstruktion der amerikanischen U-2 Pate gestanden. Bereits 1928 erhielt Junkers den Auftrag zur Entwicklung eines Höhenmotors und einer Druckkabine. Die daraus resultierende Ju 49 war ein exotisch aussehendes Flugzeug, sehr hochbeinig, damit ein Popeller von 5,60 m Durchmesser Verwendung finden konnte. Die Druckkabine für die Besatzung hatte vorne nur zwei kleine, wie Insektenaugen wirkende Bullaugen. Nach vielen Schwierigkeiten bei der Entwicklung des Höhenmotors übernahm die DVL die Maschine und kam 1933 bei Versuchsflügen auf Höhen von 9000 Meter und 1935 schließlich auf 13 000 Meter. Die vielerlei Schwierigkeiten, die bei der Ju 49 aufgetreten waren, ließen befriedigende Lösungen für den Serienbau in absehbarer Zeit nicht erwarten. So ging man vorläufig einen anderen Weg. Die Jumo-Schwerölmotoren Jumo 205 hatten in extremen Höhen keine Zündschwierigkeiten und auch keine ähnlichen Probleme wie Benzinmotoren. 1939 erhielt Junkers kurzfristig den Auftrag, ohne besonderen Konstruktionsaufwand eine Höhenversion der Ju 86 zu schaffen – Verwendungszweck: Höhenbomber bzw. Höhenaufklärer. So entstand die Ju 86 P-2 mit zwei 880 PS Jumo 207 A-1. Es handelte sich dabei um Zweitakt-Diesel-Höhenflugmotoren mit Abgasturbolader und Spülluftkühler, hervorgegangen aus dem Jumo 205. Die Ju 86 P-2 hatte Druckkabine für zwei Personen. Um die Probleme der Druckkabine in Grenzen zu halten, wurde in großen Höhen ein Vergleichsdruck entsprechend 7000 m realisiert. Die Besatzung mußte also Höhenatmer dabei tragen.

Die Ju 86 P-2 kamen dann 1940 über Frankreich und England – und über Westrußland – zum Einsatz. Sie flogen in etwas über 12 500 m Höhe an, drosselten die Motoren, drückten nach (um Fahrt aufzuholen) und kamen so fast lautlos über ihrem Ziel an und ließen nun das Reihenbildgerät ablaufen. Alte Kampfflieger können bestätigen, daß sie bereits bei den ersten Angriffen auf England erstklassige aktuelle Luftbilder als Zielunterlagen nutzen konnten.)

Glücklicherweise (für die Engländer) haben die Deutschen die Rolle der Radareinrichtungen unterschätzt, die diese dann im Verlauf der Luftschlacht um England bei gezieltem und effektivem Einsatz der britischen Jagdwaffe spielen sollten. Als die deutsche Luftoffensive sich am 12. August ihrem Höhepunkt näherte, da konzentrierte sie sich nur auf die Schwächung der britischen Abwehr. Fünf Radarstationen erhielten dabei schwere Treffer. Auf deutscher Seite nahm man wohl an, daß sie im weiteren Verlauf der Dinge keine Rolle mehr spielen würden.

In Wirklichkeit war aber nur die Station auf der Insel Wight zerstört worden; die anderen Stationen arbeiteten bereits am nächsten Tage wieder.

Göring zeigte sich etwas irritiert aber keineswegs beunruhigt. Wenn diese Radaranlagen schwieriger zu erledigen waren, als man vorher geglaubt hatte, dann war es seiner Meinung nach nur Zeitverschwendung, wenn man weitere Angriffe auf sie ansetzte. Die englische Jagdabwehr stand ja vor der Vernichtung, also was hatten die Radarstellungen dann überhaupt noch für einen Wert?

Eine wirklich effektive Luftaufklärung über den englischen Flugplätzen hätte den Generalstab der Luftwaffe sicher davon abgehalten, noch am 13. August die Behauptung aufzustellen, daß acht britische Jägerstützpunkte zerstört seien und daß auf jede verlorengegangene deutsche Maschine drei britische kämen, ja – daß das Verhältnis bei den Jagdflugzeugen noch günstiger war, nämlich 1 : 5. Solche Fehlkalkulationen beeinflußten natürlich auch den Ausgang der Luftschlacht um England.

Aber auch die RAF versäumte es, richtigen Gebrauch von den Möglichkeiten der Luftaufklärung zu machen. Trotz den Lektionen des Ersten Weltkriegs hatte man ab Mitte der dreißiger Jahre einfach Kameras in die verschiedensten Flugzeugtypen, von Lysander bis Blenheim, senkrecht oder schräg eingebaut – ohne ein maßgebliches Konzept, wie die beste Wirkung zu erreichen sei. Nur ein paar Bildauswerter waren, ohne vorherige Einweisung und ohne bestimmte Vorstellungen, 1940 mit Verbänden der RAF auf den Kontinent herübergekommen. Aber nichts deutet darauf hin, daß britische Luftaufklärung irgendeinen Einfluß auf den Feldzug genommen hat, der damit endete, daß die Deutschen sich an der ganzen Kanalküste festgesetzt hatten.

In der Sicherheit hinter der immer noch geheimen Radar-Frühwarnkette glaubte England gut lachen zu können, denn auf der anderen Seite des Kanals gab es doch wohl kein irgendwie vergleichbares Verteidigungssystem. Die britische Führung hätte es allerdings nach den Ereignissen des 12. Dezember 1939 besser wissen müssen.

An jenem Tag waren 12 Wellington der 99. Staffel zu einem Tagesangriff auf Wilhelmshaven und Helgoland gestartet. Sie trafen auf heftige Jagd- und Flakabwehr über der Schillig Reede, und nur sechs Maschinen kehrten von diesem Einsatz zurück. Vier Tage später mußten 22 Wellington aus den Staffeln Nr. 9, 37 und 149 feststellen, daß Messerschmidt Bf 109 und Bf 110 in größerer Stärke über demselben Zielgebiet bereits auf sie warteten. Keine einzige Bombe konnte geworfen werden, da alle Schiffe im Hafen vor Anker lagen und ein striktes Verbot bestand, bei der Bekämpfung militärischer Ziele das Leben unbeteiligter Zivilisten zu gefährden. Dafür wurden 10 Wellington abgeschossen, zwei weitere mußten

notwassern und drei andere gingen bei Bruchlandungen in England verloren.
Aber niemand war auf die Idee gekommen, daß die deutschen Jagflugzeuge nur deshalb schon am richtigen Platz warten konnten, weil sie dorthin beordert wurden, nachdem Radargeräte die anfliegenden Bomber geortet hatten.
Erst ein Jahr später hat ein Bildauswerter mit besonders guten Augen und kundigem Blick dicht außerhalb eines deutschen Feldflugplatzes in Frankreich kleine runde Objekte festgestellt. Eine mit einer Kamera ausgestattete Spitfire hatte die Aufnahme gemacht. Drei Monate später – am 22. Februar 1941 – erbrachte ein mit Bravour im Tiefflug durchgeführter Versuch die ersten Nahaufnahmen der deutschen *Freya*-Geräte, die etwa den britischen Frühwarngeräten entsprachen
Der Schock, den diese Überraschung auslöste, wurde im selben Jahr noch übertroffen. Nach Informationen des Geheimdienstes besaßen die Deutschen auch ein auf Funkmeßverfahren basierendes Bodenleitsystem, das sie sogar bereits zur Führung der deutschen Nachtjäger eingesetzt hatten.
Weil aber das britische Bomber Command gerade dabei war, sich auf eine Bomberoffensive bei Nacht einzustellen, war es dringend notwendig festzustellen, ob es diese „Würzburg"-Geräte tatsächlich gab. Was bisher wie ein Staubkorn auf dem Luftbild einer Freya-Station in der Nähe von Bruneval bei Le Havre ausgesehen hatte, das nahm plötzlich eine finstere Bedeutung an. Die Würzburg-Geräte sollten sich nämlich in der Nähe von Freya-Stationen befinden, und deshalb verdiente das „Staubkorn" eine genauere Untersuchung.
Bevor eine entsprechende Aufforderung auf dem Dienstweg gestellt werden konnte, hörte Squadron Leader Tony Hill, ein Aufklärungsflieger, von diesem verdächtigen Punkt auf einem Luftbild und entschloß sich kurzerhand, gewissermaßen inoffiziell, Licht in die mysteriöse Angelegenheit zu bringen. Im Tiefflug zischte er über Bruneval weg. Leider funktionierte

Auf diese deutsche „Würzburg"-Radarstellung, von einem Spitfire-Piloten aufgenommen, wurde das britische Kommando-Unternehmen bei Brunewald angesetzt.

seine Kamera nicht. Aber was er über seine Beobachtungen berichten konnte, schien die schlimmsten Befürchtungen der Radarexperten zu bestätigen.

Um sicher zu gehen, entschloß sich Hill, am nächsten Tag noch einmal einen Blick auf die Anlage zu werfen. Auch diesmal handelte es sich um einen „inoffiziellen" Flug. Als er sich zum Start fertig machte, erzählte ihm jemand, drei Piloten von einer „Konkurrenz-Staffel" hätten gleichzeitig den Auftrag er-

Ein anderes Ergebnis der Aufklärung durch Spitfire, nämlich dieses Foto, war der erste Beweis für die Existenz des deutschen Frühwarnradar „Freya".

halten, Luftbilder von Bruneval zu machen. Unbekümmert rollte Hill auf den Haltepunkt zu, wo die anderen startfertig standen und ließ die Herren Kollegen wissen, daß er jeden abschießen würde, den er innerhalb eines Umkreises von 30 Kilometern von *seinem* Ziel finden würde.

Die Aufnahmen, die er dann aus kurzer Entfernung von dem Würzburg-Gerät machte – ohne daß ihn die anderen Piloten dabei störten – überzeugten schließlich die höchste Führung in England von der Notwendigkeit, die genauen Leistungsdaten und Möglichkeiten dieses Geräts ausfindig zu machen. So kam es dann, daß in der Nacht vom 22./23. Februar 1942 eine Kompanie Fallschirmjäger durch Whitley-Transportflugzeuge der 51. Staffel über Bruneval abgesetzt wurde. Dabei befand sich auch der Flt.Sgt. C. W. H. Cox, der in aller Ruhe die wichtigsten Teile des Würzburg-Geräts abmontierte, während die Fallschirmjäger sich mit den Deutschen herumschlugen.

Als der Auftrag erledigt war, sprengten die Fallschirmjäger den Rest der Anlage und zogen sich an den Strand zurück, wo die englische Marine bereits auf sie wartete, um sie aufzunehmen.

Im ersten Band der offiziellen Geschichte der RAF im Zweiten Weltkrieg*) schrieb Denis Richards: „Um den geringen Preis von fünf Gefallenen – die Verluste der Deutschen waren größer – waren wir in die Lage versetzt, unsere Kenntnisse über ein entscheidendes Element der deutschen Luftverteidigung aufzubessern. Wir konnten nun mit größter Wirksamkeit unsere Gegenmaßnahmen treffen, wie z. B. durch Störsender oder durch Unterfliegen der Radarerfassung, oder durch Sättigung mit Hilfe vieler Flugzeuge. Es war ein neuer Sieg im „drahtlosen Krieg", jenem nicht endenden Kampf der Ideen, der die Zukunft unserer Bomberoffensive und damit den Verlauf des ganzen titanischen Konflikts bestimmen sollte."

*) „Royal Air Force 1939—1945 (HMSO, 1953).

Eine Station der britischen Warnradarkette. Daß sie diese Radartürme nicht zerstört hat, sollte die deutsche Luftwaffe teuer zu stehen kommen.

Um diese Zeit hatte England einen neuen mächtigen Verbündeten an seiner Seite. Am 7. Dezember 1941 hatten die Japaner ihren verheerenden Schlag gegen Pearl Harbour geführt, und nun befand sich auch Amerika im Krieg. Das sollte schließlich eine Bomberoffensive „rund um die Uhr" ermöglichen, bei der die RAF bei Nacht und die USAAF bei Tage angriffen. Die alliierte Propagandamaschine versprach unter solchen Hammerschlägen den raschen Zusammenbruch des Naziregimes. Aber wer Zugang zu jenen Zielfotos des Bomber Command hatte, die nach den Angriffen gemacht wurden, hatte da nagende Zweifel.

Was 1939 mit dem „Räuber und Gendarm“-Spiel von Sidney Cotton begonnen hatte, war allmählich zu einer Wissenschaft von wachsendem Umfang und zunehmender Bedeutung geworden. Die erste reine Aufklärereinheit war schon drei Wochen nach Kriegsausbruch auf dem Flugplatz Heston aufgestellt worden. Der Einheitsführer hieß Cotton. Er war nun ein eher widerwilliger Squadron Leader. Zu seiner Ausstattung gehörten zwei *Spitfire,* die man dem Fighter Command mit allergrößter Mühe ausgespannt hatte.
Um ihren eigentlichen Zweck zu tarnen, war die Spitfire N3071 blaßgrün angestrichen und gehörte offiziell zu einer Organisation, die sich Spezial-Vermessungstrupp nannte. Sie wurde im November 1939 in Seclin bei Lille stationiert. Es dauerte nicht lange, und sie flog in Höhen von 10 000 Metern über feindliche Häfen, Produktionszentren und Teilen des Westwalls. Von diesen Flügen brachte sie Luftbilder mit, die eine Menge wertvollster Informationen enthielten – aber der Maßstab war so klein, daß niemand imstande war, sie richtig auszuwerten. Das heißt niemand außer Major „Lemnos“ Hemming, der die Bilder in eine riesige fotogrammetrische Maschine steckte, die seiner zivilen Luftbildvermessungsfirma gehörte und bewies, daß es sogar möglich war, die deutschen Kriegsschiffe nicht nur zu zählen, sondern auch maßstäblich zu erfassen und zu identifizieren.
Aus Cottons kleiner Versuchseinheit entstand im Juli 1940 die *Photographic Reconnaissance Unit* (PRU) als integrierter Teil des Küstenkommandos der RAF. Nachdem sich die deutsche Invasionsflotte in den Kanalhäfen sammelte, hatten die Piloten dieser Einheit eine Menge zu tun. Jede Neuankunft, jede kleinste Bewegung mußte festgehalten und sofort ausgewertet werden. Wenn das Wetter für Aufnahmen aus großer Höhe zu bewölkt erschien, dann mußten die Spitfire-Piloten eben „im Parterre“ arbeiten – auf Meereshöhe – eine Fliegerei, die bald nur noch mit „dicing“ (Würfeln) bezeichnet wurde, nach-

dem jemand in einem schlechten Scherz vom „Würfeln mit dem Tod“ gesprochen hatte.

Maryland-Bomber, die mit Kameras ausgerüstet waren, flogen Luftaufklärung von Malta aus. Sie haben jene Luftbilder geliefert, nach denen die Marineflieger ihren spektakulären Angriff vom 11. November auf die italienische Flotte planten, die damals im Hafen von Toronto lag. *Hurricane* und *Beaufighter* folgten dann im Mittleren Osten und *Mosquito* in England.

Inzwischen war eine Einheit mit der Bezeichnung PRU Nr. 3 als Teil des Bomber Command in Oakington entstanden, in der Nähe von Cambridge. Dort kam man bald von der ursprünglichen Aufgabe ab, die Spitfire zur Luftbildaufklärung der Schäden einzusetzen, die die Bomber bei ihren Angriffen auf die verschiedensten Ziele angerichtet hatten. Stattdessen ging man daran, die Technik der nächtlichen Aufklärung unter Einsatz von Blitzlichtbomben zu verbessern und die Aufnahmen, die von den Bombern selbst gemacht wurden, auszuwerten.

Seit Beginn der Bomberoffensive hatten die Besatzungen nach Rückkehr vom Einsatz immer wieder tolle Geschichten von brennenden und zertrümmerten Zielobjekten erzählt. Manchmal konnten neutrale Personen, die durch Deutschland gereist waren, zu einer Bestätigung beitragen; aber die ab jetzt in den Bombern mitgeführten Kameras erzählten eine andere Geschichte.

Theoretisch sollten die Kameras ihre Aufnahmen genau in dem Augenblick machen, in dem die Blitzlichtbombe explodierte und die Bomben auf ihr Ziel fielen. Als man beim Stab der PRU in Oakington dann 151 Luftbilder, die während der drei Wintermonate 1940/41 gemacht wurden, näher untersuchte, stellte sich heraus, daß nur 21 Bilder den Zielraum zeigten.

Was sollte man mit solch verheerenden Tatsachen anfangen? Die Feindlage-Offiziere der 3. und 5. Gruppe, aus deren Be-

reich die Aufnahmenn stammtenn, konnten nicht verhindern, daß sich die Sache herumsprach. Einige Besatzungen, die von ihrer korrekten Navigation überzeugt waren, weigerten sich einfach, den negativen Nachweis zur Kenntnis zu nehmen. Andere, denen die Tatsache klar geworden war, waren deprimiert, weil demnach alle Mühen und Opfer vergeblich gewesen waren. Es war nur natürlich, wenn die Besatzungen nun das eingebaute Gerät verfluchten, das ihnen doch helfen sollte und ihr Versagen ans Licht gebracht hatte.
Eine weitere sorgfältige Auswertung fand im späteren Verlauf des Jahres 1941 durch ein Komitee unter Leitung von Professor Lindemann (später Lord Cherwell) auf persönliche Veranlassung des Premierministers statt. Auf Grund von Aufnahmen, die im Juni und Juli gemacht wurden, kam man zu dem Ergebnis, daß im Durchschnitt nur eines unter drei Flugzeugen seine Bomben innerhalb eines Kreises von 8 km um das Ziel untergebracht hatte. Über dem heftig verteidigten Ruhrgebiet war dieses Verhältnis sogar auf 1 : 10 abgefallen.
In seiner Geschichte des Zweiten Weltkriegs schrieb Churchill: „Die Luftaufnahmen zeigten, wie wenig Schäden entstanden waren. Es schien auch, als seien sich die Besatzungen dieser Tatsache bewußt gewesen und von so schlechten Resultaten nach soviel Risiko und Fährnis entmutigt worden. Wenn wir das nicht besser machen konnten, dann hatte es wohl wenig Zweck, die nächtlichen Bomberangriffe weiterzuführen."
Wie bei so vielen Gelegenheiten, bei denen die britische Luftmacht infrage gestellt war, kamen Industrie und Wissenschaft zu Hilfe. Keine zwei Wochen nach dem Kommando-Unternehmen auf Bruneval setzte das Bomber Command eine neue Funk-Navigationshilfe in größerem Maße ein, die unter dem Namen *Gee* bekannt wurde. Mit Hilfe dieses Verfahrens konnte eine Besatzung ihre Position in Zielnähe auf ± 1,5 km feststellen. Drei Bodenstationen auf der englischen Insel, weit auseinandergezogen, ermöglichten diese Form der Navi-

gation. Bereits nach kurzer Zeit wurde *Gee* von einem zweiten Gerät mit der Bezeichnung *Oboe* abgelöst, das noch genauer war, aber beim Zielanflug ein längeres Geradeausfliegen in gleicher Höhe verlangte. Dies war in stark mit Flak durchsetzten Gebieten auf die Dauer freilich ungesund. Daneben hatten *Gee* und *Oboe* nur eine begrenzte Reichweite und konnten für Angriffe jenseits des Ruhrgebiets nicht eingesetzt werden.
H2S war ganz anders. Dieses Gerät, das im Rumpfboden der Bomber eingebaut war, war bodenunabhängig. Heute sehen wir es als selbstverständlich an, daß ein Radargerät den Navigator eines Passagierflugzeugs jederzeit mit Hilfe einer „laufenden" Karte des gerade überflogenen Gebiets versorgen kann, ja sogar imstande ist, Bodenhindernisse, die in die Höhe ragen, oder Sturmzentren anzuzeigen. Als H2S im Jahre 1943 eingeführt wurde, war es revolutionär. Da das Gerät keine Signale vom Boden her benötigte, konnte es an jeder Stelle innerhalb der Reichweite eines schweren Bombers eingesetzt werden. Die Pfadfinder-Staffeln des Bomber Command benützten H2S zur genauen Erfassung der Ziele, die dann mit „Christbäumen" (farbigen Leuchtbomben) ausgesteckt werden konnten, so daß die nachfolgenden Bomberpulks wußten, wo sie ihre Bomben abzuladen hatten. Das Ergebnis war dann verheerend.
Die Kombination von Luftaufklärung zur Auswahl von Zielen zusammen mit den neuen Navigationsverfahren auf Funk- oder Radarbasis zur Führung der großen Verbände vermittelte dem Bomber Command jene Wirksamkeit, die 1939—1941 gefehlt hatte. Nichts konnte dies besser demonstrieren als ein besonderes Unternehmen im Sommer des Jahres 1943.
Bereits seit einiger Zeit hatten einzelne Aufklärer die mysteriösen Anlagen in Peenemünde an der Ostsee unter dauernder Beobachtung gehalten. Bestimmte Verdachtsmomente waren schon am 15. Mai 1942 aufgetaucht, als Flt.Lt. D. W. Steventon einen Routineeinsatz über Kiel und Swinemünde

Bereits am Anfang des Zweiten Weltkriegs standen den deutschen Bomberbesatzungen hervorragende Luftbildkarten aller wesentlichen Zielobjekte in Großbritannien zur Verfügung. Die drei auf diesen beiden Seiten reproduzierten Dokumente sind typische Beispiele solcher Zielunterlagen. Oben: ein Luftbild des RAF-Fliegerhorstes Scampton, Lincolnshire, vom Oktober 1940.

Auf der nebenstehenden Seite oben ist eine Karte desselben Objekts mit den Aufwertungsergebnissen abgebildet.

Die Abbildung unten ist eine Wiedergabe der Zielstammkarte mit Einzel-Angaben zu diesem Objekt. Am Abend des 16. Mai 1943 sind von diesem – inzwischen weiter ausgebauten – Flugplatz die Maschinen der 617. Staffel zu ihrem Angriff auf die deutschen Talsperren gestartet.

GB 10196 c

Nur für den Dienstgebrauch

n.Bild Nr. 427/L 75

Scampton

Fliegerhorst

Genst. 5. Abt. Oktober 1940

Karte 1:100 000

GB/E 14

Länge (westl. Greenw.): 0° 33' Breite: 53° 18' 15"

Mißweisung: – 11° 33' (Mitte 1940) Zielhöhe über NN 65 m

Maßstab 1:10 560

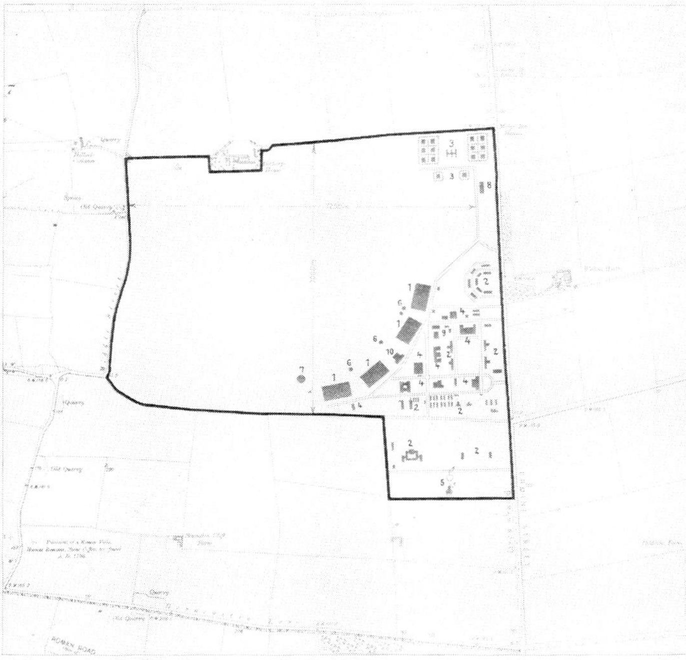

GB 10196 Fliegerhorst Scampton

1) 4 Hallen	etwa	16 000 qm	
2) 45 Unterkunftsgeb.	"	8 000 qm	
3) 14 Munitionshäuser	"	1 000 qm	
4) 14 Lehr- u. Wirtschaftsgeb.	"	6 000 qm	
5) ansch. Funkstation	"	350 qm	
6) 4 Tankstellen			
7) 1 Kompensationsscheibe			
8) 1 Unterstand (Befehlsstelle?)	etwa	500 qm	
9) Maschinenhaus	"	260 qm	
10) Flugleitung	"	350 qm	
Bebaute Fläche	etwa	32 460 qm	

Gleisanschluß nicht vorhanden

Nur für den Dienstgebrauch

Zielstammkarte

Ort: Scampton [illegible]

Ziel-Nr. G.B. 10 196

Karte: Engl. 14/1:100.000

Engl. 47/1:63.360

0° 33' [illegible]

1. Bezeichnung des Zieles: Fliegerhorst.

2. Bedeutung: [illegible]

3. Beschreibung des Zieles: [illegible]

In der [illegible] 4 grosse Flugzeughallen [illegible] 75x45 m. [illegible]

[illegible]

d) [illegible]

e) Erfolgsbild: [illegible]

[illegible] Die Flugzeughallen und Munitionshäuser.

Sonstiges: 11 km im N. [illegible] (G.B. 10 102)

17 km im O	GB 10[illegible] Einsatzhafen Wickenby
10 km im SO	GB 10[illegible] Einsatzhafen Fiskerton
2[illegible] km im S	GB 10[illegible] Einsatzhafen Coleby Heath
[illegible] km im SSW	GB 10[illegible] Einsatzhafen Skellingthorpe
[illegible] km im OS	GB 10[illegible] Einsatzhafen Spalford
[illegible] km im NO	GB 10[illegible] Scheinflugplatz Newton by Toft

4. Aktiver und passiver Luftschutz, evtl. Bewachung.

[illegible]

5. Orientierungspunkte zur Zielerkennung:

[illegible]

6. Bild- und Kartenunterlagen vom Ziel und vom Zielraum:

a) Kartenausschnitt

b) Bild mit Eindruck

Bild ohne Eindruck

c) Auswertung.

7. Zielunterlagen hat: Gen. St. 5. Abt. (I.). Bearbeitet: 1.11.40.

flog. Wie jeder gute Aufklärer war er dauernd auf der Suche nach neuen Dingen, und so schien ihm der Einsatz eines Ersatzfilms gerechtfertigt, als er mit seiner *Spitfire* in großer Höhe über sonderbare ringförmige Bauten in einem Wald in der Nähe des Flugplatzes hinwegflog.

Bei der RAF in Medmenham in Buckinghamshire, wo die Luftbildauswertung seit 1941 untergebracht war, wurden die Aufnahmen kurz durchgesehen und dann auf die Seite gelegt. Es lagen so viele dringende Aufträge vor. Das Personal war knapp. Peenemünde konnte warten.

So blieben die deutschen Wissenschaftler und Ingenieure unter Führung von Generalmajor Walter Dornberger und Professor Wernher von Braun in ihrer geheimen Entwicklungsstelle ungestört, um dort die V-Waffen (Vergeltungswaffen) zu entwickeln, mit denen Hitler die Wende in Europa zu seinen Gunsten herbeiführen wollte.

Mit Donnergetöse hob eine große Flüssigkeitsrakete von etwa 13 Tonnen am 3. Oktober 1942 vom Abschußtisch innerhalb einer dieser rätselhaften ringförmigen Anlagen ab. Sie beschleunigte auf über 4800 km/h, wurde zum ersten von Menschenhand geschaffenen Objekt, das in den fast luftleeren, erdnahen Weltraum vorstieß, bevor es 195 km von seinem Startpunkt entfernt auf einen Punkt fiel, der nur 4 km vom theoretisch errechneten Zielpunkt entfernt lag. Die Gewalt des Aufschlags auf dem Boden war so groß, daß man sie nach den Worten von Dornberger vergleichen konnte mit einer 100 Tonnen schweren Dampflokomotive, die mit einer Geschwindigkeit von 100 km/h auf eine Mauer auffährt.

Die Truppenverwendungsfähigkeit der Rakete „V-2“ sollte noch etwa zwei Jahre auf sich warten lassen. In der Zwischenzeigt gingen auch andere Entwicklungsarbeiten weiter. Im Dezember 1942 wurden frühe Versuchsmuster kleiner unbemannter „fliegender Bomben“ von größeren Flugzeugen aus über Peenemünde gestartet. Das sollten dann einmal die V-1

Von einem britischen Aufklärer aufgenommenes Luftbild, das den Hafen von Dünkirchen mit den für die geplante Invasion der britischen Insel zusammengezogenen Lastkähnen zeigt. (1940) IWM

werden, mit einem Sprengkopf von einer Tonne in der spitzigen Nase. Vom selben Flugplatz aus führte Heini Dittmar Versuchsflüge mit einem kleinen schwanzlosen Raketenjäger, später als Me 163 bekanntgeworden, durch, der damals alle bestehenden Geschwindigkeitsrekorde brechen konnte.
Die Geschichte, wie kleinste Teilinformationen über diese fantastischen neuen Waffen langsam zu einem kompletten Bild

Diese Aufnahme des Flugplatzes Peenemünde zeigte nicht nur zwei Me 163 Raketenjäger, sondern auch die Spuren, die der Feuerstrahl ihrer Triebwerke auf dem Boden hinterlassen hat.

zusammengesetzt wurden, gehört zu den klassischen Begebenheiten in der Geschichte der Spionage. Agentenmeldungen über die geheimnisvollen Vorgänge in Peenemünde erreichten England aus verschiedenen Teilen Europas. Polnische Untergrundkämpfer haben es sogar geschafft, wesentliche Teile einer vom Kurs abgekommenenn V-2, die in weicher Erde gelandet war, noch vor den Deutschen zu finden, zu bergen und mit einer *Dakota* der RAF (die zur Unterstützung des polnischen Widerstands eingesetzt war) nach England auszufliegen.

In Medmenham wurde nun jedes neue Luftbild genauestens auf Hinweise und Anzeichen solcher Geheimwaffen abgesucht, von denen man ja befürchten mußte, daß sie gegen England zum Einsatz kamen. Als kein Zweifel mehr an der Schlüsselrolle von Peenemünde bestand, wurde das Bomber Command für einen einzigen, massiven Schlag alarmiert. Dieser fand in der Nacht vom 17./18 August 1943 statt, wobei 597 Flugzeuge 1937 Tonnen Bomben über der verhältnismäßig kleinen Entwicklungsstelle abluden. Durch Pfadfinder eingewiesen, erzielten sie beachtliche Resultate. Aber deutsche Nachtjäger haben unter Ausnutzung der mondhellen Nacht auch 40 der angreifenden Bomber abgeschossen.

Damit war die erste Runde in der Schlacht um die V-Waffen zu Ende. Es dauerte nicht lange, und Aufklärer brachten Luftaufnahmen von einer ganzen Zahl eigenartiger Einrichtungen, die wie riesige Skier in die Landschaft Frankreichs gebaut wurden. Man fand bald heraus, daß es sich bei diesen Anlagen um Bevorratung und Abschußrampen für V-1 handelte.

Luftbildkameras einsatzbereit vor dem Einbau in eine F-8 Mosquito der USAAF.

Ein verlockendes Ziel: das deutsche Schlachtschiff „Tirpitz“ von Torpedonetzen geschützt, im Bogen Fjord, Narvik (Juli 1942).

Als sich das Bild immer mehr vervollständigte, ergab sich daraus, daß die Deutschen bis zu 2000 dieser fliegenden Roboter innerhalb von 24 Stunden starten konnten. Würde London einem solchen Ansturm standhalten?

Es kam nicht ganz soweit. Als alle diese Anlagen genau erfaßt und lokalisiert waren, wurden sie schweren Angriffen durch englische und amerikanische Bomber ausgesetzt. Zu Beginn des Jahres 1944 waren fast alle dem Erdboden gleichgemacht. Die dritte Runde begann, als die wirklichen Abschußrampen entdeckt wurden, die im Cas de Calais im Bau waren und sich alle gegen England richteten. Die neuen Anlagen wurden genau so angegriffen, aber die Bedrohung durch die V-1 endete erst, als die alliierten Armeen nach der Invasion auch diese Gebiete überrannten.

Man könnte noch vieles zum Thema Luftaufklärung im Zweiten Weltkrieg sagen. Die *„dambusters“* erzielten ihren bravourösen und spektakulären Erfolg, weil vorausgegangene gründliche Bildaufklärung das kleinste Detail der zugewiesenen besonders schwierigen Ziele – der Talsperren an Möhne, Eder

Andere Ziele für die „Erdbebenbomben“ der 617. Staffel schlossen auch eine geheimnisvolle V-Waffen-Stellung bei Wizernes im Pas de Calais ein. Punkt ① auf diesem Foto zeigt ein riesiges Betongewölbe über unterirdischen Anlagen. Punkt ② ist ein großer Baukran. Punkt ③ ist ein fertiger Bunker, und Punkt ④ ein anderer Betonbau.

und Sorpe – offen gelegt hatte. Auch das Ausmaß dieses Erfolgs war aus Luftbildern ersichtlich, die am Morgen nach dem Angriff gemacht wurden, und auf denen auch der normale Betrachter erkennen konnte, wie das Wasser durch die gewaltige Bresche im Möhnedamm strömte.

Als die alliierten Armeen am D-Tag landeten, da war ihnen das Gelände, auf dem sie sich den Weg landeinwärts freikämpfen mußten, so vertraut wie das Übungsgelände in England. Jeder Zoll war von Aufklärern fotografiert worden, und die Vergrößerungen hatten als Unterlage für eine genaue, maßstabsgerechte Nachbildung im Modell des Landegebiets gedient. Damit die Deutschen nicht herausfanden, wo der Angriff genau geplant war, kümmerten sich Aufklärer ebenso gründlich um Gegenden, an denen gleichfalls eine Invasion möglich gewesen wäre.

So wurde den ganzen Krieg hindurch Luftaufklärung betrieben – auf beiden Seiten – ohne großes Aufsehen, unter laufender Verbesserung, und half den Krieg entscheiden. Die letzten Aufnahmen wurden aus B-29 Bombern über den Städten Hiroshima und Nagasaki in Japan gemacht. Die riesigen Rauchpilze, die sie zeigten, waren Zeugnis von einer völlig neuen und schrecklichen Waffe, die kaum etwas in ihrem Schatten übrig ließ, das zu fotografieren sich dann noch gelohnt hätte.

Wie der Generaloberst Frhr. von Fritsch vorausgesagt hatte: die Seite mit der besseren Luftaufklärung hatte gewonnen.

ECM – EIN NEUER BEGRIFF

In der Nacht vom 22./23. Oktober 1943 hatten die deutschen Nachtjäger mit einem völlig neuen Problem zu tun, das zu den vielen hinzugekommen war, mit denen sie sich so schon herumplagen mußten. Nacht für Nacht führte die RAF Schläge gegen die Städte und Industriezentren, die die Nachtjäger schützen sollten. Dieses Mal ging es gegen Kassel.

In den drei Jahren, die dieser verfluchte Krieg nun schon dauerte – und für die Deutschen erfolgreich verlief – hatte sich ihre Aufgabe völlig gewandelt. Mit den *Freya*-Geräten als Leitverfahren war es leicht geworden, die dickbauchigen englischen Wellington zu finden, die ohne Jagdschutz deutsche Kriegsschiffe zwischen Helgoland und Wilhelmshaven immer wieder bei Tage angriffen. Selbst als die RAF den Schutz der Nacht für ihre Angriffe in Anspruch nehmen mußte, war das Abfangen der Bomber zuerst gar nicht so schwierig. Jetzt war das anders geworden. Täuschungsangriffe zogen die Nachtjäger oft in völlig falsche Gegenden ab. Und die Bomber selbst waren nun mit bis zu zehn MGs in Drehtürmen bewaffnet, die auf kurze Entfernung eine beachtliche Abschreckung darstellten. Manchmal erwies sich das andere Flugzeug auch als *Mosquito* – mit tödlichen Folgen für jeden, der es für einen dicken, schwerfälligen und verhältnismäßig langsamen Bomber gehalten hatte.

Oft bestand der einzige Trost in der freundlichen Stimme am Mikrofon der Leitstelle am Boden, jener Stimme, die die Nachtjäger an die Bomber heranführte. Gewöhnlich war dies eine ruhige Stimme, wie sich das gehörte für jemand, der in einem ruhigen, sicheren und geheizten Raum vor dem Radarschirm saß, auf dem der böse Feind nicht mehr als ein kleiner

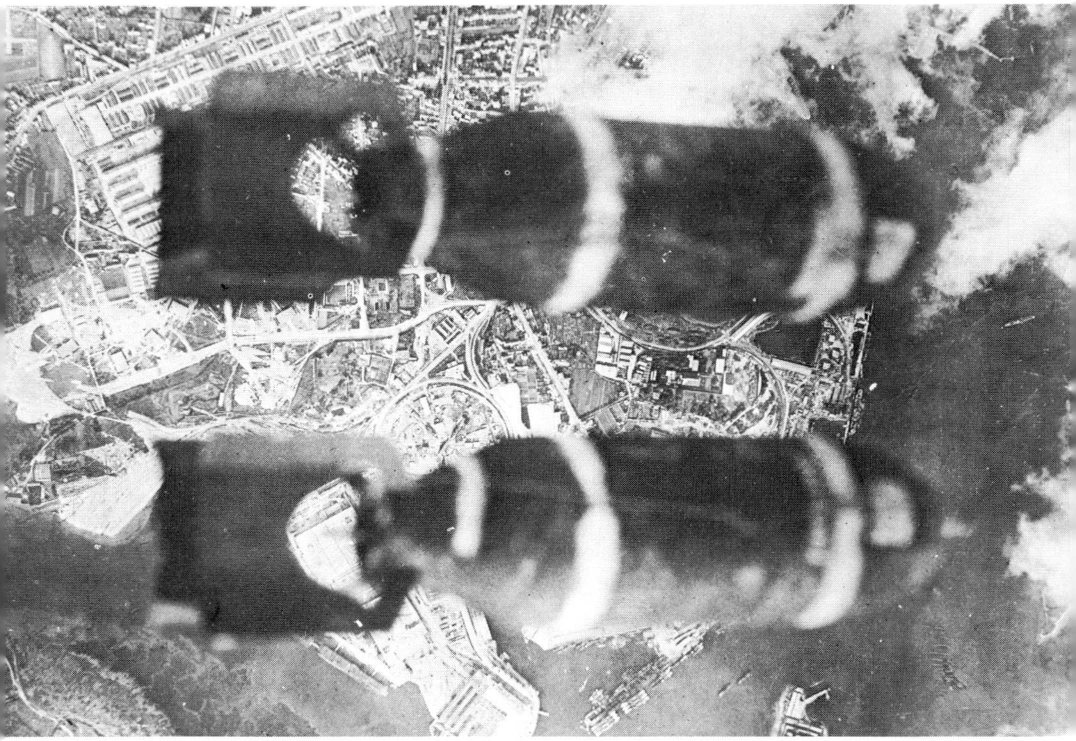

Solche Fotos, im Augenblick des Bombenabwurfs aufgenommen, erbrachten die Bestätigung, daß die Besatzung das richtige Ziel angegriffen hatte – oder nicht.

linsenförmiger Lichtpunkt war. Wie gesagt, gewöhnlich war dies so. Nicht aber in dieser Nacht.

Die Minuten vergingen. Die Meldungen, die aus dem Kopfhörer kamen, wurden immer aufgeregter und konfuser. Und dann wurden sie chaotisch. Man konnte deutlich zwei Stimmen unterscheiden, die sich sehr ähnlich waren – die eine gehörte dem richtigen Sprecher, die andere einem „Geister"-Leitoffizier, der nur in die Irre führen und verwirren wollte.

Der wütend gewordene Deutsche versuchte, seine Nachtjäger zu warnen: „Lassen Sie sich nicht durch den Feind auf falschen Kurs bringen“ oder: „Im Namen von General Schmidt befehle ich allen Flugzeugen, in den Raum Kassel zurückzufliegen“ als er dann die Geduld zu verlieren begann, wurde seine Stimme immer wütender, und die Geisterstimme ließ sich spöttisch vernehmen: „Jetzt flucht der Engländer aber!“ Worauf die Antwort kam: „Verdammt nochmal, das ist nicht der Engländer, das bin ich!“

So begann die *Operation Corona,* bei der falsche Befehle über drei starke Postsender in der Nähe von Rugby an die deutschen Nachtjäger abgestrahlt wurden. Etwa sechs Monate lang konnte auf diese Weise das Leben zahlloser englischer Bomberbesatzungen gerettet werden, weil die deutsche Nachtjagd oft in den leeren Nachthimmel umdirigiert wurde. Für die deutschen Jagdflieger, die sich bereits mit den Schwierigkeiten und Gefahren des nächtlichen Einsatzes gegen einen entschlossenen Feind zur Genüge herumschlagen

„Operation Corona“: dieses Bild zeigt das „Geisterstimmen“-Mikrophon, über das die irreführenden Durchsagen an die deutschen Nachtjäger gingen, und den Plattenspieler für Stimmüberlagerungen. IWM

mußten, wirkte dies demoralisierend. Am schlimmsten war es, wenn das Wetter plötzlich umschlug oder wenn es an der Zeit war, aus Spritmangel den Rückflug anzutreten. Ein über Sprechfunk gegebener Befehl konnte einen anderen Platz zur Landung zuweisen, weil der eigene gerade angegriffen wurde oder „zu“ war. Stimmte das nun? Konnte nicht auch der Ausweichplatz gerade angegriffen werden oder dieselbe Wettersituation haben? Und hatte man denn überhaupt noch soviel Sprit im Tank, daß man den zugewiesenen Ausweichplatz erreichen konnte?

Die Kampfmoral litt durch diese Verunsicherung so sehr, daß sie oft genug als Ausrede benutzt wurde: man konnte ja sagen, man habe einen Befehl zur Landung auf dem nächstgelegenen Platz erhalten, und konnte die „Geisterstimme“ dafür verantwortlich machen und sich damit weitere Unannehmlichkeiten ersparen.

Die *Operation Corona* stellte nur eine kurze Episode im Rahmen des „drahtlosen Kriegs“ dar, der im Zweiten Weltkrieg seinen Anfang nahm und bis auf den heutigen Tag kein Ende genommen hat. Diese Art Kriegführung basiert auf den Möglichkeiten von Funk und Radar als ihren Hauptwaffen, denn Bomben, Kanonen und Raketen spielen hier nur die unterstützende Rolle. Diese Art von Krieg ist eng verwoben mit anderen Formen der Aufklärung, weil „Spionage-Flugzeuge“ und Satelliten oft die besten Mittel darstellen, um die Techniken und die Ausrüstung eines wirklichen oder potentiellen Gegners zu erkunden und zu identifizieren.

Bis Juli 1940 hatte Deutschland keine Notwendigkeit für eine spezielle Nachtjagd gesehen. In diesem Monat hat Göring dem Oberst Kammhuber den Auftrag gegeben, mit zwei Staffeln Messerschmidt Bf 110, einer Staffel Do 17 und mit ein paar Ju 88 die Möglichkeiten zu einer engen Zusammenarbeit mit den *Freya*-Frühwarngeräten zu untersuchen bzw. zu entwickeln.

Ein *Freya*-Gerät war zum erstenmal während der Besetzung des „Protektorats Böhmen und Mähren" zur Überwachung des Luftraums über der Tschechoslowakei eingesetzt worden. Andere Geräte wurden in Deutschland selbst installiert. Sie arbeiteten im 125 MHz-Band und hatten eine Reichweite von rund 160 km. Die Taktik, die die Verbände unter Kammhuber verfolgten, bestand darin, daß sie sofort starteten, wenn durch *Freya* oder Flugwachen-Horchposten der Anflug eines feindlichen Verbands gemeldet wurde, um dann im angegebenen Luftraum zu kreisen, bis einzelne Flugzeuge durch Scheinwerfer erfaßt wurden. Das System wurde unter der Bezeichnung „Helle Nachtjagd" bekannt. Die *Freya-Geräte* wurden ab Oktober 1940 durch die *Würzburg*-Geräte ergänzt. Obwohl die Reichweite dieser Radargeräte, die im 570 MHz-Band arbeiteten, nur 25 km betrug, hatten sie den Vorteil, daß sie nicht nur die Richtung, sondern auch die Höhe angaben, in der der feindliche Verband anflog. Die *Würzburg*-Geräte wurden so zum Herzstück der deutschen Radarerfassung; sie wurden sowohl als Jägerleitgeräte für die Nachtjagd wie auch als Entfernungsmesser für die Flak und als Richtgerät für die Scheinwerferbatterien benutzt.

Der Erfolg der neuen Taktik geht aus der Tatsache hervor, daß Nachtjäger, die damals nicht über eine Gesamtstärke von 120 Flugzeugen hinauskamen, 42 der 72 Bomber abschießen konnten, die die RAF bis Ende 1940 verloren hat.

Die Schwäche des Verfahrens lag darin, daß die Jäger auf die Scheinwerfer angewiesen waren, die bei starker Bedeckung natürlich die Wolken nicht durchdringen konnten. Um diesem Mangel abzuhelfen, wurde das Verfahren „Himmelbett" einführt. Dabei wurde die zu schützende Zone unterteilt in Nachtjagdreviere; diese waren wiederum unterteilt in drei „Himmelbett"-Sektoren, die mit je zwei *Würzburg*-Geräten ausgestattet waren. Wenn nun ein Bomber in einen solchen Sektor einflog, wurde er von einem der beiden Geräte erfaßt, das dieses Ziel nun übernahm und die Daten über Flughöhe und Flugrichtung und Entfernung an den Leitstand weitergab. Das zweite Gerät führte die Nachtjäger und gab seine Werte ebenfalls an den Leitstand. Von hier aus führte der Jägerleitoffizier den Nachtjäger an den feindlichen Bomber heran, bis dieser das Ziel visuell übernehmen konnte.

Daraufhin stiegen die Abschüsse von Bombern wieder deutlich erkennbar an. Jetzt mußte das Bomber Command einen Weg finden, um das feindliche Radar zu stören. Es wurde Dezember 1942, bis die ersten beiden Geräte erprobungsreif waren. Das eine Verfahren hieß *„Mandrel"*. Dabei wurden alle Radarechos auf den *Freya*-Geräten gelöscht, wenn sie von Flugzeugen kamen, die mehr als 30 km vom Gerät entfernt waren. Das andere trug die Bezeichnung *„Tinsel"* und stützte sich auf die Tatsache ab, daß das deutsche FuG 10, das inzwischen in die deutschen Nachtjäger eingebaut war, im selben Frequenzbereich arbeitete wie das T 1154/1155 Gerät, das in den britischen Bombern eingebaut war.

Der Bordfunker in dem britischen Bomber brauchte nur sein Frequenzband abzutasten, bis er den deutschen Leitoffizier sprechen hörte, und dann den Sender einzuschalten und über ein in einer Triebwerksabdeckung eingebautes Mikrofon das schwere Dröhnen eines Flugzeugmotors zu übertragen und damit den Sprechverkehr auf der Nachtjägerfrequenz völlig zuzudecken.

Mandrel war in 144 Maschinen des Bomberpulks eingebaut, der am 6. Dezember 1942 Mannheim angriff. Die deutsche Radarfrühwarnung wurde wirkungslos und die ersten deutschen Jäger fanden ihre Ziele erst nach 21 Minuten, nachdem diese die französische Küste überflogen hatten. Zwei Wochen später gelang es den deutschen Nachtjägern erst dann, einen Bomberstrom auszumachen als es nur noch drei Minuten waren, bis die ersten Bomben auf Duisburg fielen. Hiebei ging ein Teil des Verdienstes an *Tinsel,* das die deutschen Sprecher aufs Kreuz gelegt hatte, denn diese hatten nun große Schwierigkeiten, um Jäger an den Feind heranzumanövrieren. Innerhalb eines Monats fielen die Verlustzahlen beim Bomber Command erneut um ein Drittel.

Jeder Versuch der Deutschen, die Störauswirkungen zu reduzieren, wurde mit einer Verbesserung von *Mandrel* beantwortet. Aber die deutsche Luftwaffe hatte noch ein anderes Eisen im Feuer.

Schon im Juli 1942 hatte eine britische Funkhorchstation Meldungen aufgeschnappt, wonach die deutschen Nachtjäger über ein Bordgerät verfügten, das Emil-Emil hieß. Dann fing eine Station in East Anglia besondere Signale auf. „Aber der einzige Weg, den Verdacht zu überprüfen, bestand in der Verwendung eines eigenen Flugzeugs in der Rolle des „Frettchens". Es war eine gefährliche Sache, auf diese Weise den Köder zu spielen: das Flugzeug mußte sich orten und von einem feindlichen Nachtjäger angreifen lassen, damit es eventuelle Signale, die von den Geräten des Gegners ausgingen, aufnehmen und an den eigenen Stützpunkt durch Sprechfunk durchgeben konnte. Wenn der Pilot Glück hatte, dann konnte er danach mit Ausweichmanövern anfangen und hoffen, daß er ungerupft nach Hause kam.

Die „Frettchen" gehörten zur 1474. (Funkabwehr-) Flight. Siebzehnmal waren sie schon bis nach Holland hineingeflogen, um deutsche Nachtjäger anzulocken, ohne Erfolg. Beim 18. Mal, am 3. Dezember 1942, wurde die als „Frettchen" fliegende Wellington so übel zusammengeschossen, daß sie in den Ärmelkanal stürzte. Bevor sie aufschlug, erzählte der Beobachter den auf dem heimatlichen Stützpunkt auf Empfang stehenden Kameraden über die Ausstattung der deutschen Nachtjäger – es war die Information, die sie so dringend brauchten.

Emil-Emil wurde als Bordradargerät identifiziert; es handelte sich um eine Entwicklung von Telefunken; sie arbeitete auf dem 490 MHz-Band und hatte eine Reichweite von 180 m – 3,2 km. Die Piloten der Messerschmidt Bf 110 und der Ju 88, in die es zuerst eingebaut wurde, haßten das Ding, denn es verlangte eine massive Antennenanlage am Bug der Maschine, was eine Geschwindigkeitseinbuße von mindestens 25 km/h verursachte. Aber die britische Forschung hatte so etwas vorausgesehen und einen UKW-Störsender mit der schönen Bezeichnung *„Airborne Cigar"* (Fliegende Zigarre), abgekürzt ABC, entwickelt. *Lancaster*-Flugzeuge der 101. Staffel, die damit ausgerüstet waren, wurden bei den Nachtangriffen bis Ende 1943 auf den ganzen Bomberstrom aufgeteilt. In jedem dieser Flugzeuge hat ein deutsch sprechendes Besatzungsmitglied die Frequenzen von 38–42 MHz abgehört, bis er die Stimme eines deutschen Jägerleitoffiziers erwischt hatte. Es war dann einfach, seinen Sender auf diese Wellenlänge einzustellen, so daß die Sprüche des Deutschen nicht mehr verständlich waren.

Daraufhin schienen sich die deutschen Nachtjäger zu Musikliebhabern zu entwickeln. Wenn sie den Nachthimmel nach lohnenden Zielen absuchten, dann hörten sie die Stationen der deutschen Luftwaffe ab. Wechselte die endlose Unterhaltungsmusik plötzlich auf Jazz über, dann hieß das, daß britische Bomber Berlin anflogen. Ein Walzer bedeutete München, Kirchenmusik galt für Münster, und so weiter. Es war aber nicht anzunehmen, daß die recht tüchtigen englischen Radio-Spione nicht über kurz oder lang die Bedeutung dieser musikalischen Code herausfinden würden. Bald waren die deutschen Nachtjäger wieder ihrer Unterhaltung wie auch des neuen Leitsystems beraubt, als ein überstarker Sender mit der Bezeichnung *Dartboard* auch diese Musik völlig übertönte.

Verzweifelt haben die Elektronikfachleute der Deutschen ein neues Gerät entwickelt, um die Wirksamkeit ihrer Luftabwehr wieder herzustellen.

Mit Beginn des Jahres 1944 wurden die deutschen Nachtjäger mit dem FuG 350 *Naxos 2* ausgerüstet, mit dem sie die Abstrahlung des Panoramagerätes H2S der englischen Bomber erfassen konnten, und mit dem FuG 227 *Flensburg,* das auf die Signale des nach hinten wirkenden Monica Warnradar reagierte, das den britischen Bomberbesatzungen anzeigte, ob sich ein Flugzeug von hinten näherte. Als Antwort darauf benutzte das Bomber Command dann einfach die Monica-Geräte nicht mehr und schränkte den Gebrauch von H2S beträchtlich ein.

Das neue FuG 220 *Lichtenstein SN-2,* das das *Lichtenstein BC* ablöste, verursachte den Engländern dann schon mehr Kopfzerbrechen. Mit seiner Frequenz von 90 MHz zeigte es sich gegenüber Störversuchen wie auch gegenüber Standard-Düppelstreifen unempfindlich. Es kam gerade in einer Periode in größerem Umfang zum Einsatz, in der die deutsche Luftabwehr insgesamt wieder einem Höhepunkt zustrebte. Die auf dem Boden stationierten Radargeräte waren nicht mehr so empfindlich gegen Störungen durch Düppelstreifen, und gegen *Naxos 2* und *Flensburg* war noch kein Kraut gewachsen. Die Nachtjagd stand auch stärkemäßig auf einem Maximum: nicht weniger als 650 zweimot-Flugzeuge standen zur Verfügung.

In der Nacht vom 19./20. Februar 1944 verlor das britische Bomber Command 78 aus 816 Flugzeugen, die Leipzig angriffen. Ein vom 24./25 März mit 810 Bombern auf Berlin geflogener Angriff kostete wieder 72 Maschinen.

Sechs Tage später erkämpften die deutschen Nachtjäger ihren größten Erfolg, als sie aus den 795 Flugzeugen, die auf Nürnberg angesetzt waren, 94 herausschießen konnten. Es war klar, daß solche Verluste nicht mehr lange verkraftet werden konnten.

Außerdem gingen offensichtlich die *Serrate*-Kontakte zurück. Daraus konnte man nur den Schluß ziehen, daß der deutsche

Gegner über eine neue Form der Radarerfassung verfügen mußte, die gegen die bisherigen Gegenmaßnahmenn unempfindlich war. Aber was war das? Alle Versuche, eine Antwort auf diese Frage zu finden, blieben erfolglos, bis ein amerikanischer Jagdflieger eine verschwommene Schußkamera-Aufnahme mitbrachte, auf der ein Nachtjäger zu erkennen war, den er auf einem feindlichen Flugplatz mit Bordwaffen beschossen hatte. Eine Auswertung der Antennenanlage am Bug der Maschine ergab erste Rückschlüsse auf die Frequenz, mit der das Gerät arbeitete. Am 13. Juli 1944 hat dann der Pilot einer Ju 88G über der Nordsee die Orientierung verloren und landete versehentlich in Woodbridge, Suffolk, anstatt in Holland. Das Geheimnis war gelüftet, denn dieses Flugzeug war mit *Lichtenstein SN-2* und mit *Flensburg* ausgerüstet.

Damit hatte die deutsche Nachtjagd ihr Pulver verschossen. Eine kleine Änderung in der Länge der Düppelstreifen reduzierte die Wirksamkeit von *Lichtenstein SN-2,* mit der einzigen Ausnahme, daß es einzeln fliegende Bomber am Rande eines Pulks und versprengte Maschinen noch orten konnte. Aber selbst dieser kleine Bonus verschwand, als die *Mosquito* der 192. Staffel und die B-17 der 214. und der 233. Staffel im November 1944 mit *„Piperack"* eingesetzt wurden — das war ein Störsender, der die deutschen Bordradargeräte genauso erfolgreich blendete, wie es der alte *Ground Crocer* getan hatte.

Diese neuen RAF-Staffeln gehörten zu einem völlig neuen Verband der RAF. Es handelte sich um die 100. Gruppe. Am 8. November 1943 aufgestellt, war ihre Aufgabe mit dem Motto „Verwirren und Zerstören" auf die kürzeste Formel gebracht, denn ihre Doppelrolle bestand im Stören der Funk- und Radargeräte der deutschen Nachtjäger und im Langstreckenbegleitschutz bei Nacht für die Maschinen des Bomber Command.

Anfänglich waren der 100. Gruppe 12 Staffeln zugeteilt, die

mit sechs verschiedenen Flugzeugtypen ausgestattet waren. *Halifax* der 171. Staffel, *Stirling* der 109. Staffel, B-17 der 214. Staffel und die *Liberator* der 223. Staffel trugen Störeinrichtungen für Funk- und Radargeräte. Die *Mosquito* der 23., 85., 141., 157., 169., 239. und der 515. Staffel waren *Intruder,* die sich bis an die deutschen Nachtjäger heranmachten und im Durchschnitt jede Nacht bis zu drei Maschinen abschießen konnten und die übrigen nervös und damit weniger effektiv zurückließen. Schließlich gab es noch die „Frettchen" der 192. Staffel, deren buntgewürfelter Haufen von *Wellington, Halifax* und *Mosquito* die nicht gerade beneidenswerte, aber entscheidend wichtige Aufgabe hatten, dem Gegner am nächtlichen Himmel über feindlichem Gebiet die Geheimnisse seiner elektronischen Abwehr zu entreißen.
Jede Nacht, ob nun ein Bombenangriff geplant war oder nicht, flogen spezielle mit *Mandrel* ausgerüstete Maschinen an der Grenze des feindlichen Luftraums über sorgfältig ausgewählten Stellen ihre Kreise, um die deutsche Radarfrühwarnung zu stören. Nur acht Flugzeuge, an den richtigen Stellen plaziert, konnten die deutschen Radargeräte für ein Gebiet von 200 km Breite blind machen.
Andere Flugzeuge aus der 100. Gruppe wurden losgeschickt, um bis zu drei verschiedene Ablenkungs- und Täuschungsangriffe zu fliegen und damit den Hauptbomberstrom zu entlasten. 10 bis 20 Flugzeuge konnten durch Abwurf von Düppelstreifen den gleichen Effekt auf den deutschen Radarschirmen erzielen, wie eine große Bomberflotte. Gleichzeitig wurden dann die Funkverbindungen für die „falschen" wie auch für die echten Ziele und Anflugrouten gestört, meist durch Flugzeuge mit *Piperack* und einem Sender mit der Bezeichnung *„Jostle",* der auf den Nachtjagdfrequenzen einen heiseren, blökenden Ton erzeugte – ähnlich dem Klang eines Dudelsacks. Typisch für die Erfolge, die die 100. Gruppe erzielte, war die Nacht vom 4./5. Dezember 1944, als das Bomber Com-

Oben: Halifax B III der 171. Staffel, die zur 100. Gruppe der RAF gehörte und Funkstör-Einsätze flog. Man erkennt die zusätzlichen Antennen unter Bug und Heck, und die offenen Schächte für den Abwurf von Düppelstreifen.

P. J. R. Moyes

Mitte: Vollgepackt mit Elektronik startet eine Mosquito der 100. Gruppe, um ihre Beute über feindlichem Himmel zu jagen.

Unten: Eigenartige Ausbuchtungen, hinter denen sich Störsender verbargen, unterschieden die „Fliegenden Festungen" der 100. Gruppe, von jenen B-17, die die Tagbombenangriffe der USAAF einleiteten.

IWM

Oben: Eine Messerschmitt Me 262 A-1a, die für die Erprobung des Nachtjäger-Bordradar „Lichtenstein SN-2“ in Düsenjägern eingesetzt wurde.

Mitte: Die Gelegenheit, die Geräte „Flensburg“ und „Lichtenstein SN-2“ einer Inspektion zu unterziehen, ergab sich für die RAF, als ein deutscher Nachtjäger mit seiner Ju 88 G-1 irrtümlich in Woodbridge, Essex, landete.

Unten: Nach erfolgreicher Erprobung in der Mosquito, wurden die Flugzeuge der 139. Staffel mit einem speziellen, in der Flugzeugnase installierten Version des H_2S Radargeräts ausgestattet und als Pfadfinder der Nachtbomber eingesetzt.

Die Wirkung eines Angriffs fand ihren Ausdruck oft in dramatischen Fotos, die im riskanten Tiefflug aufgenommen wurden. Dieser Eisenbahnviadukt bei Bielefeld wurde von Lancaster-Bombern der 617. Staffel mit $5\frac{1}{2}$ t und 10 t schweren Bomben angegriffen. IWM

mand die Städte Hagen und Hamm sowie Heilbronn und Karlsruhe angriff. Die 100. Gruppe hat damals mit Düppelstreifen eine Spur ins Ruhrgebiet gelegt und dort auch „Christbäume" gesetzt, was dann über 100 Nachtjäger von den eigentlichen Bomberströmen abgezogen hat. Nur 15 aus 892 Flugzeugen gingen in dieser Nacht verloren.

Göring schob die Schuld an diesen schlechten Ergebnissen den Bodenleitstellen in die Schuhe und behauptete, er selbst habe niemals Schwierigkeiten gehabt, einen Täuschungsangriff von einem echten zu unterscheiden. Wenn er sein Geheimnis des „Zweiten Gesichts“ an General Schmidt weitergegeben hätte, dann wären der deutschen Luftwaffe manche Schwierigkeiten erspart geblieben. Aber so sank dort die Moral immer weiter.

In der Nacht vom 6./7. Dezember 1944 genügte bei einem typischen *Mosquito*-Einsatz der 85. Staffel ein einziger Feuerstoß, um die Bf 110 eines bekannten deutschen Nachtjägers, des Hauptmanns Hans-Heinz Augenstein, abzuschießen. Er

Anfänge der elektronischen Gegenmaßnahmen (ECM): Lancaster-Bomber werfen Düppelstreifen aus Stanniol beim 1000-Bomber-Angriff auf Essen am 11. März 1945. IWM

Die deutsche Luftwaffe hat als erste Düsenaufklärer eingesetzt. Einige einsitzige Arado Ar 234 B sind im Herbst 1944 mit ihrer Geschwindigkeit von 740 km/h durch die britische Luftabwehr ungeschoren hindurchgeflogen.

hatte es auf 46 Nachtjagdsiege gebracht. Ein Kamerad Augensteins, der Hauptmann Hans Krause, hat den Krieg mit 28 Nachtjagdsiegen überlebt, einfach weil er den eigenen Platz bei der Rückkehr nur im Sturzflug aus 3000 m anflog und dann schnell auf einer unbeleuchteten oder nur notdürftig beleuchteten Piste landete.
Anderen Piloten, die diese neue Technik zu imitieren suchten, fehlte es entweder am fliegerischen Können oder ganz einfach am Glück. Sie endeten in einem brennenden Wrack auf dem Boden oder knallten gegen irgendein Bodenhindernis.
In seinem Buch „Die Ersten und die Letzten" schreibt der ehemalige General der Jagdflieger, Adolf Galland: „Die zurückgehenden Erfolge der deutschen Nachtjagd sind in der Hauptsache auf Störaktionen, auf unseren Treibstoffmangel und auf den Einsatz der 100. Bomber-Gruppe zurückzuführen, deren Aufgabe darin bestand, durch findige Täuschungsmanöver unser Luftlagebild zu verschleiern und die Jägerführung irrezuleiten."

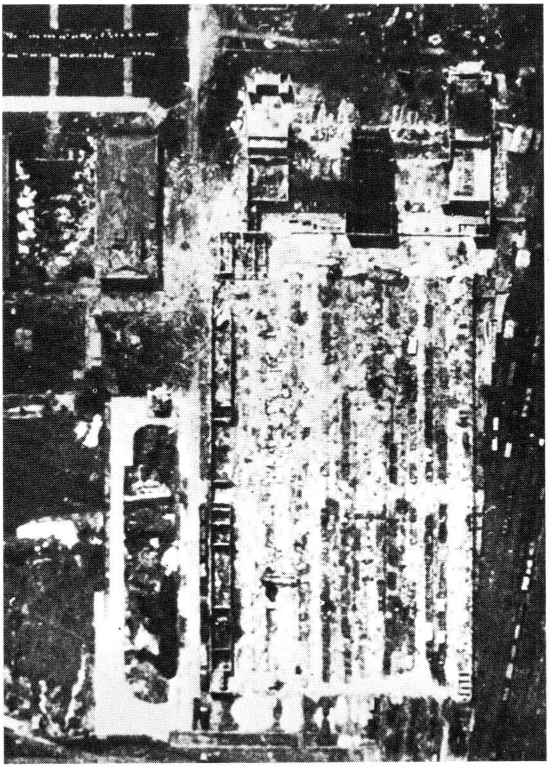

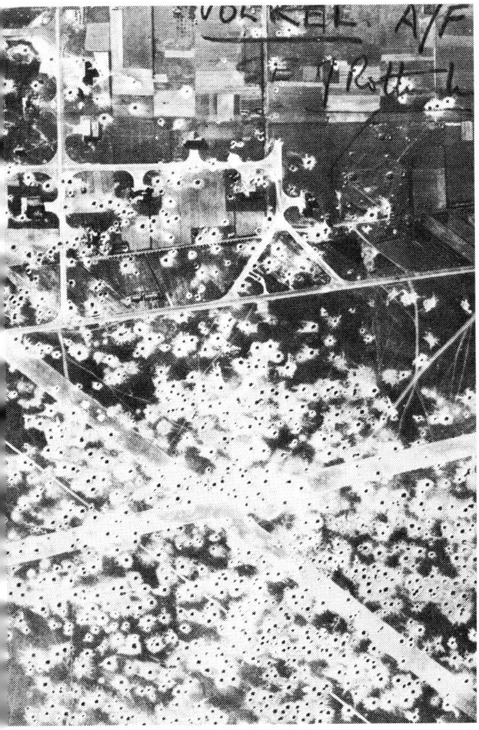

Oben: Werkhallen in Köln-Deutz vor und nach dem 1000-Bomber-Angriff auf Köln im Mai 1942. Eine derartige Bildaufklärung war notwendig, um den Wirkungsgrad der Bomberoffensive nachzuprüfen.

Links: Einige der über 800 Bombenkrater nach dem Angriff der RAF auf den Flugplatz Volkel in Holland (3. September 1944).

So wurde die neue militärische Wissenschaft der elektronischen Gegenmaßnahmen (ECM = electronic countermeasures) geboren, ein Partner aus dem 20. Jahrhundert für die älteren Formen der Aufklärung, dessen Rolle und Bedeutung bei der Erringung des Siegs von 1945 immer noch nicht voll gewürdigt wird.

DER „OFFENE HIMMEL“

Achtundsechzig, neunundsechzig, siebzig . . . er zählte unwillkürlich die Schritte, wenn er sich dem westlichen Ende seines Postenbereiches näherte. Hong Kil-Dong blieb stehen, setzte sein Gewehr mit dem Kolben auf die Erde und lehnte den Lauf gegen seine Brust, um sich die Hände zu reiben. Er fror. Er stampfte mit den Beinen und fragte sich, warum es eigentlich kurz vor Morgengrauen immer so bitter kalt ist.
Eine leichte Brise, ein weiteres Zeichen des anbrechenden Tags, bewegte die Blätter, und langsam zog der erste perlmuttfarbene Schimmer Licht durch die Schwärze der Nacht.
Hong schauderte, schulterte sein Gewehr und machte kehrt, um nun wieder in Richtung Osten zu gehen. Er blickte alle paar Sekunden nach links. Er wollte es genau wissen, wenn das Morgenlicht aufkam, ob die leichte Anhöhe jenseits der Grenze keine Feinde barg. Während der letzten paar Wochen war es immer wieder zu Grenzzwischenfällen gekommen, zu kleineren Schießereien, und man konnte schließlich nicht vorsichtig genug sein.
Ein neues Geräusch war aus Richtung Norden zu hören. Es beruhigte Hong, denn er konnte sich keinen Reim darauf machen. Es klang so wie entferntes Kettengerassel von Panzern. Er lachte im stillen in sich hinein: der Tag mußte erst noch kommen, an dem Hong Kil-Dong solche Monstren im Lande seiner Geburt zu sehen bekam!
Neunundsechzig, siebzig . . . er blieb wieder stehen, als er das andere Ende seines Postenbereichs erreicht hatte, um wieder etwas Wärme in seine Hände und Beine zu bekommen. Er machte kehrt, um wieder in die andere Richtung zu marschieren. Und jetzt blickte er immer wieder nach rechts.

Alles war ruhig. Aber nun war es schon hell genug, um dunklere Umrisse von . . . ja, von was eigentlich? . . . zu erkennen. Die Dinge schienen sich zu bewegen, und plötzlich sah er es ganz deutlich. Der Feind war da.
Hong trabte im Laufschritt auf den Wachunterstand zu, aber bevor er den schäbigen Wachraum erreichte, zerriß ein knatternder Feuerstoß aus einer automatischen Waffe die Morgenstille und beendete alle Sorgen des Soldaten Hong. Auf dem Weg zu seinen Ahnen klang ein Geräusch in seinen Sinnen nach – das Rasseln von Panzern. Er sah sie nicht mehr . . .
Als Hongs Blut die Erde mit der Farbe der aufgehenden Sonne zeichnete, wiederholten sich ähnliche Ereignisse entlang dem 38. Breitengrad. Es war 4 Uhr morgens. Der Kalender zeigte den 25. Juli 1950. Die nordkoreanische Infanterie, mit russischen Panzern als Vorhut, strömte in Tausenden über die Grenze, um die Republik Korea anzugreifen . . .
Fast 32 Jahre vorher war jener Krieg zu Ende gegangen, der das „Ende aller Kriege“ sein sollte. Die Teilung Europas – als Folge dieses Kriegs – war aber so unrealistisch betrieben worden, und die Kontrollfunktionen des Völkerbunds in Genf waren so wirkungslos geblieben, daß 21 Jahre danach Europa schon wieder von einem Krieg erschüttert wurde.
Als der Zweite Weltkrieg dann offiziell zu Ende war, am 2. September 1945, mit der Unterschrift der Japaner unter der Kapitulationsurkunde, da hätte man eigentlich annehmen sollen, daß die Regierungen der Welt nun genügend Erkenntnisse und Erfahrungen gesammelt hatten, um einen dauernden Frieden zu sichern. Es gab daneben einen ganz neuen und einmaligen Grund, warum kein Land sich so ohne weiteres noch einmal zu einem aggressiven Akt verleiten lassen würde: die USA waren im alleinigen Besitz des „großen Prügels“ in der Form der Atombombe.
Aber wir hätten wissen müssen, daß man von einer unvollkommenen Welt keine Perfektion erwarten kann.

Soldaten aus Ost und West hatten sich die Hände gereicht, inmitten von Dreck und Rauch, im Zeichen jenes Kampfes, dessen Endphase auf den international berühmten Prachtstraßen von Berlin getobt hatte. Nun war alles ruhig. Noch hielt sich der Gestank des Kriegs, noch gab es von Trümmern übersäte Straßen. Und es herrschte Hunger. Die Optimisten sagten, dies habe etwas Symbolisches an sich. Von diesem Elendsland des Todes und der Zerstörung, das einmal Hitlers Drittes Reich gewesen war, sollte endlich ein geeintes Europa ausgehen, einig wie nie zuvor. Vielleicht ist es unpassend, hier anzumerken, daß den letzten vier Worten eine schreckliche Prophetie innewohnte. Rauchstreifen hingen immer noch über schwelenden Trümmern; die Straßen gehörten einer Geisterstadt; und keiner von den halbverhungerten Berlinern, die noch am Leben waren, bekam ein richtiges Essen zu sehen, bevor sich die „Genossen" wieder hinter die eisige Grenze zurückzogen, die da Kommunismus heißt.
Mit dem Ende des Kriegs in Europa wurde die RAF auf einen Bruchteil ihrer Kriegsstärke zusammengestrichen. Und als der Tag des Siegs im Fernen Osten verstrichen war, da verlangten die Bürger der Vereinigten Staaten von Nordamerika, daß ihr Mannsvolk schleunigst nach Hause kam – auch von den fernsten Ecken des Pazifik. Innerhalb von vier Monaten waren die einst 2,5 Millionen Mann der USAAF auf weniger als eine Million zusammengeschrumpft. Im Mai 1947 waren noch 303 000 Mann übrig geblieben.
Hinter ihrem Eisernen Vorhang haben die Kommunisten die Entwicklung der Weltsituation mit wachsendem Interesse beobachtet: es gab eine Menge, worüber sie sich ihre Gedanken machen konnten.
Großbritannien hatte einen maximalen Beitrag zur Wiederherstellung des Friedens in Europa geleistet und war nun einfach nicht mehr in der Lage, die traditionelle Rolle des internationalen Friedenswächters weiter zu spielen.

Während den 18 Monaten, die auf das Ende des Krieges folgten, waren die Amerikaner eifrig damit beschäftigt, sich von einer militärischen Verantwortung rund um den Erdball zurückzuziehen und lediglich Truppenkontingente – quasi als Polizeiposten – in Deutschland, Japan und ein paar anderen westlichen Stellen zurückzulassen. Die Streitkräfte der USA waren auf ein Minimum reduziert worden.
Als Ergebnis dieser Situation reiften in vielen Gebieten des Fernen Ostens Bedingungen für die Ausdehnung des Kommunismus, und die Beobachter im Kreml zögerten nicht, ihre Chance wahrzunehmen.
So wurden sich die politischen und militärischen Führer des Westens spätestens 1947 bewußt, daß sich da eine schnell ausdehnende und höchst gefährliche Situation entwickelte, eine deshalb so schwerwiegende Situation, weil es buchstäblich keine Verbindung von Bedeutung zum Ostblock gab. Es war ein Patt entstanden, aus dem sich jetzt der sattsam bekannte „Kalte Krieg" entwickelte.
Mitte 1948 glaubten die Kommunisten den Augenblick für gekommen, die westliche Solidarität einem Test zu unterwerfen. In der Nacht vom 24./25. Juni 1948 erhielten die alliierten Besatzungsmächte in West-Berlin ein Fernschreiben aus der russischen Besatzungszone, in dem stand: „. . . die Sowjetische Militäradministration sieht sich gezwungen, den gesamten Personen- und Güterverkehr von und nach Berlin ab morgen 06.00 Uhr auf Grund technischer Schwierigkeiten zu sperren . . ."
Um die wirkliche Bedeutung dieses Schachzuges zu erkennen, muß man daran denken, daß Berlin praktisch eine Insel in Deutschland war, völlig umgeben von der russischen Besatzungszone. Das bedeutete, daß die Sowjets alle Verbindungen zu Lande kontrollierten. Wenn man den Zugang sperrte – so nahmen sie an – dann bestand eine gute Chance, daß sich die westlichen alliierten Besatzungsmächte zurückzo-

gen und ganz Berlin unter dem Druck des Kreml zurückließen. Die Zündschnur für einen dritten Weltkrieg brannte. Konnte der Westen sie noch rechtzeitig ausstampfen? Glücklicherweise hatten die drei Westmächte freien Zugang durch die Luftkorridore: auf diesem Wege wurden die Bürger der Stadt und die militärische Präsenz des Westens mit Nahrungsmitteln, Brennstoff und allen anderen Versorgungsgütern 10 Monate lang beliefert. Aus diesem Unternehmen, das als *Berliner Luftbrücke* in die Geschichte einging, erkannten die Kommunisten eines ziemlich klar: daß die westliche Welt, koste was es wolle, entschlossen war, den Frieden zu erhalten.

Es herrschte Frieden. Aber es war ein beunruhigender Frieden. Beunruhigend deshalb, weil bekannt war, daß die Sowjets immer noch riesige Summen in ihre militärische Expansion investierten. So wurde z. B. berichtet, daß die Russen 1948 für jedes in den USA hergestellte Militärflugzeug zehn eigene bauten. Wie lange würde es dauern, bis ein neuer Schachzug den Frieden echt bedrohte, der – so unsicher er auch erscheinen mochte – immer noch einem richtigen Krieg bei weitem vorzuziehen war? Es schien, als ob ein neuer Konflikt nicht mehr lange auf sich warten ließe.

Das war die Situation bis zu dem Tag, an dem Hong Kil-Dong zu seinen Ahnen einging. Der einleitende Angriff war äußerst heftig und hatte den Vorteil völliger Überraschung. Der UN-Sicherheitsrat wurde sofort einberufen. Er bat alle Mitgliedstaaten, dazu beizutragen, daß Nordkorea zum Rückzug hinter den 38. Breitengrad gezwungen werde. So haben dann Truppen aus vielen Ländern unter der Fahne der Vereinten Nationen in Korea gekämpft; aber der Krieg aus der Luft war fast ausschließlich eine Angelegenheit der USAF, US Navy und der RAF.

Wer mit der Luftfahrt zu tun hat, weiß natürlich, daß dieser drei Jahre währende lokale Krieg die Rolle des Hubschraubers als Kampf- und Einsatzflugzeug begründete. Weniger be-

kannt ist, daß er auch die Wiedergeburt der Luftaufklärung eingeleitet hat.
Anforderungen an die nationalen Wehrhaushalte hatten jahrelang keine Mittel für die Entwicklung spezialisierter Aufklärungsflugzeuge oder -techniken übrig gelassen. Das hieß, daß man noch genau da stand, wo man mit dem Sieg über Japan aufgehört hatte. Um es noch schlimmer zu machen: die fast bedeutungslos gewordene Notwendigkeit militärischer Luftbildaufklärung hatte dazu geführt, daß eine alles überwuchernde Administration auch noch dazu beitrug, daß die richtigen Aufnahmen, die sogar zur rechten Zeit auf den richtigen Tisch gekommen waren, dort Spinnweben zogen.
Mit Ausbruch des Krieges in Korea wurde den UN-Truppen schnell klar, daß Luftaufklärung jetzt noch wichtiger für sie war als gegen Ende des Zweiten Weltkriegs. Sie war nicht nur entscheidend wichtiger, sondern es waren auch viel mehr Aufklärungsflüge notwendig geworden. Und genau so schnell stellte sich heraus, daß die existierenden Aufklärer-Staffeln nicht in der Lage waren, den Anforderungen nachzukommen.
Die Gründe lagen auf der Hand. Der Konflikt in Korea war ein „begrenzter Krieg“, bei dem die politischen und die militärischen Überlegungen fast das gleiche Gewicht hatten. Aus Furcht vor diplomatischen Verwicklungen mußten viele anderweitige – und sonst attraktive – militärische Ziele ausgeklammert werden. Nur eine wirklich ausreichende Luftbildaufklärung konnte sicherstellen, daß die UN-Streitkräfte im allgemeinen wußten, welche Ziele tabu waren, und daß sie gleichfalls auch – falls notwendig – beweisen konnten, daß sie keine aggressiven Handlungen gegen irgendein bestimmtes Gebäude oder Gebiet begonnen hatten. Daneben hat auch das Gelände die Angreifer begünstigt: eine massive und bis ins Einzelne gehende Luftaufklärung war notwendig, um die sprichwörtlichen (nordkoreanischen) Nadeln im (Dschungel-) Heuhaufen zu finden.

Es gab aber einen Faktor, der noch wichtiger war. Zu den verbotenen Zielen gehörten auch mandschurische Flugplätze auf der anderen Seite des Yalu-Flusses. Eine regelmäßige Erfassung dieser Flugplätze durch Luftaufnahmen vermittelte wichtige Informationen, wie Zuführung von Jagd- und Transportflugzeugen, Hinweise auf Angriffsabsichten verschiedenster Art oder auf die Einführung neuer Flugzeugtypen oder modernerer Ausrüstung. Es mußte sogar möglich sein, aus der Länge der Startbahnen für die neuen, in der UdSSR hergestellten Düsenjäger vom Typ MiG-15 Rückschlüsse auf die Leistungsdaten dieses Flugzeugs zu ziehen.
Soweit also die Anforderungen. Die Beschaffung der richtigen Luftbilder war ein anderes Problem. Zum erstenmal flog man nun mit Düsenflugzeugen Aufklärung und benutzte dazu Kameras und andere Ausrüstung, die auf die langsamer fliegenden Flugzeuge mit Kolbenmotoren zugeschnitten waren. Manche Aufnahmen, aus den Düsenflugzeugen geschossen, waren unscharf bzw. verwischt und damit nutzlos. Wenn aber ein Flugzeug langsamer flog, um scharfe Bilder zu bekommen, dann wurde es zu einer bequemen Beute für die MiG-15.
Zu den gewagtesten Unternehmen gehörten Flüge in dem Gebiet, das unter der Bezeichnung *MiG-alley* (MiG-Allee) bekannt geworden ist und westlich des Chongchon-Flusses verlief. Das normale Verfahren für einen einzeln fliegenden Düsenaufklärer bestand darin, in einer Höhe von 5800 m unter Höhendeckung von F-86 *Sabre* Düsenjägern in das Gebiet einzufliegen. Der Pilot des Aufklärers hatte an sich schon eine schwere Aufgabe mit der Feststellung von Truppenbewegungen und Truppenkonzentrationen, Beobachtung von Brücken und Behelfsflugplätzen unter Vermeidung der Flak und dem wachsamen Absuchen des Himmels nach plötzlich von oben herabstoßenden MiG-15, die mit mörderischem Kanonenfeuer angriffen. Wenn er die MiG rechtzeitig erkannte, dann konnte er im Sturzflug ins „Parterre“ verrauschen und dort kurvend

und eng dem Gelände folgend über die Linien zurückfliegen. Die *Sabre* konnten dann die Sache mit den MiG ausfechten.
Als die Intensität der Kämpfe zunahm, wurde auch Luftaufklärung bei Nacht besonders wichtig, denn die Nordkoreaner hatten schnell herausgefunden, daß es viel sicherer war, bei Nacht zu marschieren. Damit vermehrten sich die Probleme, denn bislang gab es noch nichts, was Aufnahmen aus der Luft bei Nacht ermöglicht hätte. Selbst als das Beleuchtungssystem gelöst war, konnte man mit den damaligen Kameras keine Bilder erzielen, die genügend Einzelheiten enthielten. Erst nach dem Koreakrieg ging eine entsprechende Kamera in Produktion.
Also mußte eine Alternative gefunden werden. Das Einfachste erwies sich gleichzeitig auch als das Wirksamste — die Rückkehr zu der Methode der Sichtbeobachtung. Der für einen bestimmten Auftrag eingeteilte Beobachter verbrachte vorher einige Stunden in völliger Dunkelheit. Wenn es dann Zeit war, an Bord des Flugzeugs zu gehen, wurden seine Augen vor jedem Lichteinfall geschützt, und erst wenn sich das Flugzeug über dem Einsatzgebiet befand, nahm er seine Augenmaske ab. Ausgestreckt in einem völlig abgedunkelten Teil des Flugzeugbugs liegend, konnte er dann in überraschender Klarheit viele Einzelheiten des überflogenen Gebiets unterscheiden. Wenn auch eine genaue Definition selten möglich war, dann konnte der Einsatzstab doch oft mit Informationen versorgt werden, bei denen es sich lohnte, genauer nachzusehen.
Die begrenzte Einsatzdauer der neuen überaus „durstigen" Düsenjagdbomber führte dann zur Einführung einer Einsatztechnik, die als *„Circle 10"*-Flüge bekannt wurden. Nächtliche Beobachtungen feindlicher Truppenbewegungen, und waren sie noch so flüchtig, wurden dem Führungsstab der Truppe gemeldet. Beim ersten Morgengrauen wurden dann herkömmliche Propellermaschinen losgeschickt, die einen Umkreis von 10 Meilen (16 km) um den verdächtigen Punkt herum ab-

suchen mußten. Wenn irgend ein Zeichen des Feindes bemerkt wurde, dann forderten die Aufklärer den Einsatz der Jagdbomber an, die die Gegend mit Raketen, Bomben oder Napalmbehältern eindeckten, wobei sich die letzteren als besonders wirksam in den stärker bewaldeten Gegenden erwiesen.

Eine Ausdehnung dieser Aufklärungstätigkeit kam dann mit der Einführung der taktischen Luftkoordinatoren: ein Pilot und ein Beobachter in einem umgebauten T-6 *Harvard*-Schulflugzeug übernahmen die Augenbeobachtung über dem Gefechtsfeld. Es war keine beneidenswerte Aufgabe. Durch die Extra-Ausrüstung für diese Rolle büßten die Schulflugzeuge auch noch etwas von ihrer Wendigkeit ein und kamen nur auf eine effektive Gipfelhöhe, die noch im Schußbereich der feindlichen Flak lag.

Mit Zickzack- und Kurvenflug, unter ständigem Wechsel der Flughöhe, um dem Flakbeschuß auszuweichen, fast gleichzeitig über die Schulter nach feindlichen Jägern Ausschau halten und sich auf die Kämpfe am Boden konzentrieren, war keine Beschäftigung für Leute, die in erster Linie nach einem langen Leben trachteten. Bis zu drei Stunden hintereinander über dem Gefechtsfeld herumturnend hatten sie Überlebenschancen, die jeden Versicherungsagenten von einiger Selbstachtung veranlaßt hätten, sich einen anderen Beruf zu suchen.

Der Wert dieser Art von Luftaufklärung war enorm. Die „Direktübertragung“ der Vorgänge am Boden befähigte die höhere Führung, auf eine schwierige Situation zu reagieren, bevor sie noch richtig eingetreten war. Ein solches Zwei-Mann-Team konnte nicht nur einen laufenden Kommentar abgeben. Es war auch in der Lage, sofort Unterstützung aus der Luft anzufordern, wenn diese dringend gebraucht wurde, und es konnte auch eine Zielmarkierung mit kleinen Phosphor-Bomben vornehmen. Kein Wunder also, wenn die Nord-

koreaner allen Haß auf diese kleinen Flugzeuge konzentrierten und alles versuchten, um sie vom Himmel zu holen. Wie zu vermuten, hatten diese Aufklärer schwere Verluste. Aber sie hatten die Wirksamkeit dieses Konzepts bewiesen, besonders für den Fall einer solchen Kriegführung, und so entstanden bald Pläne für die Entwicklung einer neuen Flugzeuggattung, die genau auf diese wichtige Aufklärerrolle abgestimmt war.
Der Koreakrieg sah auch die Einführung einer anderen revolutionären Aufklärungstechnik, die dem fotografischen Auge am Himmel neue Möglichkeiten erschloß.
Schon seit längerer Zeit hatte man versucht, einen speziellen Farbfilm zu realisieren, mit dem es möglich war, getarnte Objekte leichter zu erkennen. Es war bekannt, daß der gebräuchliche Infrarot-Film für diesen Zweck benutzt werden konnte — aber seine Belichtungszeit war viel zu lang für eine Verwendung aus einem fliegenden Flugzeug heraus, und außerdem ging es ja auch noch darum, den Staub- und Rauchschleier über dem Gefechtsfeld zu durchdringen.
Der Kodacolor-Luft-Film, der während des Koreakrieges herauskam, war ein ziemlich komplexer Film für höhere Verschlußgeschwindigkeiten und die Überwindung von Lufttrübungen mit Hilfe einer Infrarotschicht und einem Filter, das alles natürliche Wachstum mit Chlorophyll in rot erfaßte, während eine panchromatische Emulsion mit Filter alles, was kein Chlorophyll enthielt, in grüner Farbe darstellte. Das klingt nicht besonders aufregend. Aber die Ergebnisse waren dramatisch. Das Luftbild von einem grün bewachsenen Feld, auf dem sich ein grün angestrichener Panzer befand, zeigte die Bedeckung und die Pflanzen in rot, und den Panzer in grün— auffallender ging es nicht mehr.
Aber das ist nicht alles. Wenn man nun versuchte, den Panzer zu tarnen, dann schied ein Tarnnetz wohl aus. Es war ein vom Menschen gefertigtes anorganisches Produkt. Zweige? Auch nicht gut, denn sie starben schnell ab, und das Chlorophyll

wirkt ja dann nicht mehr. Und wenn der Panzer auf ein Feld gefahren war, dann hatte er ja das Gras niedergewalzt, und das war also jetzt auch tot und zeichnete auf dem Film die Fahrspur deutlich nach.
Man erkennt daraus den Wert dieses Films und kann nun auch ermessen, wie wichtig er in Korea gewesen ist. Es ist wirklich nicht übertrieben, wenn man diesem Film nach seiner Einführung den größeren Teil der Entdeckung feindlicher Stellungen und Depots zuschreibt, mochten sie auch noch so gut gegen Sichtbeobachtung getarnt sein.
Stereo- und Panorama-Kameras waren natürlich nichts Neues mehr; aber ihre Verwendung in einem besonderen Fall verdient Interesse.
Gegen Ende 1950 war eine amphibische Landung hinter den nordkoreanischen Linien geplant. Am besten eignete sich die Gegend von Inchon, des Hafens von Seoul, dazu. Dieser hatte nur einen großen Nachteil, nämlich große Pegelschwankungen zwischen Ebbe und Flut. Die Schwankungen waren so groß, daß amerikanische Marineoffiziere das ganze Unternehmen als zu riskant ablehnen wollten. Sie hatten jedoch die Möglichkeiten der Luftbildaufklärung und erfahrener Fotoauswertung nicht in Betracht gezogen. Während die Marine die Landungen vorbereitete, machten sich Aufklärungsflugzeuge daran, Luftbilder zu beschaffen, aus denen genau hervorging, an welchem Datum und zu welcher Zeit der Wasserstand während des Unternehmens genügend hoch war, um die Marineinfanterie an Land zu bringen.
Fast auf Höhe der Wogenkämme zischten die Düsenaufklärer Tag für Tag bis zum Hafen Inchon und fotografierten die Kaimauern in jeder Phase zwischen Ebbe und Flut und zu genau festgesetzten Zeiten. Als die Auswerter die Stereoaufnahmen studierten, konnten sie mit bemerkenswerter Genauigkeit den optimalen Zeitpunkt für das Unternehmen voraussagen: den 15. September, 17.30 Uhr.

Wenn auch die Marine noch ihre Zweifel hatte, so wurde das Unternehmen doch mit traditioneller Bravour und Exaktheit durchgeführt. Zu ihrem Erstaunen stimmten die vorgegebenen Zahlen fast auf den Zentimeter genau, und die Landungen verliefen ohne Schwierigkeit. Innerhalb weniger Tage war Seoul zurückerobert.

Erst am 27. Juli 1953 war der Friede in Korea wieder hergestellt. Ohne Zweifel hat die Luftaufklärung auch in diesem drei Jahre andauernden Krieg einen wertvollen Beitrag geleistet, wenn es auch keinen Sieger dabei gegeben hat.

Das post mortem, das folgte, ließ keinen Zweifel in den Köpfen der UN-Führer darüber aufkommen, daß der Hauptgrund für diese von den Kommunisten inspirierte Invasion darin zu suchen war, daß die Sowjets wohl meinten, die Westmächte hätten ihre Streitkräfte soweit demobilisiert, daß sie es sich gar nicht erlauben konnten, in einen Krieg einzugreifen.

Sowohl im Osten wie im Westen war nun klar, daß in einer Zeit, in der man mit diplomatischen Verhandlungen allein den Frieden nicht mehr aufrechterhalten kann, die einzige Alternative darin besteht, so starke Streitkräfte aufzubauen und zu unterhalten, daß keine Seite es riskieren kann, einen Krieg vom Zaun zu brechen, ohne im Gegenschlag selbst ausgelöscht zu werden.

Am Ende des Zweiten Weltkriegs hatten die USA eine solche Position, aber Rußland hatte 1949 eine eigene Atombombe zur Explosion gebracht, und der „große Prügel“ war kein amerikanisches Monopol mehr. Es war verlorene Hoffnung, anzunehmen, daß die Vereinten Nationen irgendetwas tun konnten, um die Herstellung und den Einsatz von Atomwaffen zu kontrollieren. Und Amerika mußte erkennen, daß es jetzt nicht mehr wie im Jahre 1919 der Weltpolitik mit isolierter Indifferenz begegnen konnte. So begann die Entwicklung der Wasserstoffbombe. Das nukleare Rennen hatte angefangen. Das Zeitalter der Abschreckung war angebrochen.

Atombombenexplosion im Bikini Atoll. Solche Nachkriegsversuche ließen neben den Erfahrungen von Hiroshima und Nagasaki keinen Zweifel daran, was der Menschheit bevorstand, falls die Politik der nuklearen Abschreckung fehlschlug.

Es gab noch andere Aspekte dieser Situation, die den Führern der USA Sorgen bereiteten. Sie wußten z. B. nicht, ob irgendeine andere Nation bereits Kernwaffen besaß und sie auf irgendeine Weise zum Einsatz bringen konnte. Science-Fiction-Autoren hatten sich ja bereits viele Arten ausgedacht, mit denen intelligente Verbrecher oder skrupellose Regierun-

gen die Welt erpressen konnten. Und Science-Fiction Autoren haben ja schon manchmal Ereignisse der Zukunft verblüffend genau vorausgesehen.
Es gab noch einen anderen nagenden Gedanken. War es denkbar, daß eine andere Nation bereits über neue und noch schreckerregendere Waffen verfügte, von denen auch der amerikanische Geheimdienst bisher noch nichts erfahren hatte?
Vor diesem ungewissen Hintergrund hat der damalige amerikanische Präsident Dwight D. Eisenhower im Juli 1955 eine Gipfelkonferenz in Genf vorgeschlagen. Das war ein ganz neuer und geradezu revolutionärer Weg, ein solches Problem anzugehen und die „Furcht vor einem neuen Krieg überall auf der Welt aus den Herzen der Menschheit zu verbannen". Es war keiner der üblichen und typischen diplomatischen Pferdehändlertricks. Die Furcht war echt. Ehemalige Soldaten aller Völker, die nach dem Zweiten Weltkrieg zur Reserve zählten, mußten während der Koreakrise dauernd Angst vor dem Briefträger haben, weil er eine Einberufung überbringen konnte. Die Frauen auf der ganzen Erde überlegten sich, ob sie Kinder in die Welt setzen sollten in einer Zeit, wo irgendein Halbverrückter einen Akt der Aggression begehen und damit eine Kettenreaktion von Ereignissen auslösen konnte, die zu einem Atomkrieg und damit zu einem Ende der zivilisierten Welt führen mußte. Es war schon zum Fürchten.
In seiner Rede vor der Konferenz hat sich der amerikanische Präsident hauptsächlich an die Delegation der Sowjetunion gewandt. „Ich schlage deshalb vor", sagte er, „daß wir einen praktischen Schritt unternehmen, daß wir erst einmal ein Arrangement unter uns treffen — und zwar schnell." Was er vorschlug, ließ sich auf folgendes konkretisieren:
Die Überlassung von Einrichtungen zur Luftaufklärung innerhalb der Länder, damit sie alles aus der Luft fotografieren können, was sie wollen, um diese Aufnahmen dann mit nach

Hause zu nehmen und dort einer genauen Auswertung zuzuführen. Von seiten der USA wurde dieser Vorschlag unterbreitet, von der östlichen Seite wurde Zustimmung erwartet. Durch einen solchen Schritt wäre die Welt davon zu überzeugen, daß die Atommächte unter sich die Möglichkeit eines großen Überraschungsangriffs ausschalten und so die Gefahr verringern und die Spannungen beseitigen könnten . . .
In einfachen Worten ausgedrückt: der Vorschlag des *„Offenen Himmels"* bedeutete eine Politik der gegenseitigen Luftaufklärung. Wie konnte ein solcher Schritt einen militärischen Angriff wirksam verhindern? Wie konnte er die Ost-West-Spannungen verringern? Funktionierte so etwas überhaupt? Eine Menge Fragen, und keine klare Antwort. Damals. Heute erst beginnen wir, die Weitsicht der Vorstellungen Eisenhowers zu erkennen.
Wie bereits dargestellt, hat der Koreakrieg den Status wie den Umfang der Luftaufklärung angehoben. Aber man kann nun die Frage aufwerfen, ob und wie die Gefechtsfeldaufklärung zum Abbau von Spannungen zwischen Ländern beitragen kann, die sich gegenwärtig nicht über den Weg trauen. Um den potentiellen Einfluß des Plans von Eisenhower verstehen zu können, muß man wissen, wie weit damals die Möglichkeiten einer Aufklärung aus der Luft überhaupt gingen. Zuerst einmal: was leistete ein typischer Fotoaufklärer jener Zeit?
Schauen wir uns als Beispiel den mittleren Aufklärer der USAF, die RB-47 an, die aus dem damals sehr fortschrittlichen und äußerst erfolgreichen sechsstrahligen, mittleren Düsenbomber Boeing B-47 *Stratojet* hervorgegangen war. Speziell für die Aufklärerrolle modifiziert, konnte diese Maschine sieben Präzisionskameras mitführen, die das überflogene Gelände automatisch und ohne Unterbrechung fotografieren konnten. Die RB-47 war in der Lage, aus einer Flughöhe von 12 200 m eine Fläche von 2 590 000 Quadratkilometern in ei-

Die B-47 „Stratojet“ der USAF war die Speerspitze der amerikanischen Atomstreitmacht. Zu den weniger bekannt gewordenen Varianten gehörte die RB-147 H mit drei weiteren Besatzungsmitgliedern und einer Spezialausrüstung im Bomenschacht, mit der sich Radarstationen der „anderen Seite“ ausmachen und lokalisieren ließen. T. Matsuzatki

nem Dreistundenflug luftbildmäßig zu erfassen. In einem einzigen Flug von Küste zu Küste – quer über die USA – konnte ein Streifen von 790 km Breite und 4 350 km Länge in weniger als vier Stunden auf den Film gebannt werden.

Um die Einsatzreichweite noch zu erweitern, konnte die RB-47 in der Luft aufgetankt werden. Damit hatte sie die Eigenschaft, wenn nötig non-stop rund um die Erde zu fliegen.

Man mag sich nun fragen, wieviel brauchbare Information einem Foto zu entnehmen ist, das aus einer Entfernung von über 12 Kilometern aufgenommen wurde. Hier kommt die Befähigung des erfahrenen Luftbild-Auswerters ins Spiel. Nehmen wir an, daß er den Teil einer Luftaufnahme betrachtet, der einen feindlichen Flugplatz zeigt. Er kennt die Höhe, aus der die Aufnahme gemacht wurde, und er kennt die Brennweite des Objektivs, mit dem sie gemacht wurde. Mit Hilfe dieser beiden Werte kann er nun – fast auf den Meter genau – die Länge der Startbahnen, die Größe der Flugzeughangars und der anderen Einrichtungen errechnen. Aufgrund seiner Ausbildung und Erfahrung kann er sagen, für welche Flugzeugtypen die Startbahnen geeignet sind, und er kann eine begründete Schätzung der Einsatzkriterien eines solchen Flugplatzes abgeben. Er kann sagen, wieviel Flugzeuge dieser Platz bewältigen kann, und er kann in den meisten Fällen auch sagen, wieviel Treibstoffvorräte dort maximal gelagert werden können. Und das alles, ohne daß ein einziges Flugzeug auf dem Luftbild zu sehen ist.

Aus einem im Tiefflug aufgenommenen Foto, das notwendig werden kann, weil eine erste Auswertung des anderen Luftbilds Einzelheiten ergab, die man sich nicht nicht erklären konnte und die deshalb eine nähere Untersuchung verlangen – aus einem solchen Foto kann er also mehr entnehmen. Das Bild, aus einem Flugzeug mit einer Geschwindigkeit von 845 km/h in einer Flughöhe von nur 18 m geschossen, zeigt z. B. ein Flugzeug, das auf dem Standplatz gewartet wird. Trotz der hohen Geschwindigkeit und der niedrigen Flughöhe, ist die Vergrößerung so scharf, daß man die einzelnen Nieten auf der Tragfläche des Flugzeugs zählen kann. Es läßt sich also vorstellen, welche anderen technischen Einzelheiten auf einem solchen Foto für einen geschulten Auswerter außerdem noch sichtbar werden.

Die Auswertung beschränkt sich natürlich nicht auf militärische Einrichtungen. Spezialisten aus verschiedenen Fachrichtungen können die Produktionskapazität einer Industrieanlage herauslesen. Das Luftbild eines Walzwerks sagt z. B. einem Stahlexperten genügend über Art, Produkt und Ausstoß aus.

Der Schnappschuß von den Straßen einer Stadt, aufgenommen aus einem Flugzeug, das so hoch flog, daß es vom Boden aus nicht mehr erkannt werden konnte, sagt genügend darüber aus, wo die verschiedenen Einkommensgruppen wohnen, wie es um die Versorgung mit Wasser, um die Kanalisation, um das elektrische Stromnetz und das Telefonnetz bestellt ist. Gelegentlich konnte man sogar feststellen, ob ein Hausbesitzer gerade seinen Rasen gemäht hatte — und zwar mit einer konventionellen Mähmaschine oder mit einem rotierenden Messer.

Tag oder Nacht machte wenig Unterschied, denn neuentwikkelte Kameras und Blitzlichtbomben von einer Leuchtstärke von mehr als 4 Milliarden Kerzen produzierten Bilder bei Nacht, denen lediglich der Schatten fehlte, um auch senkrechte Abstände beurteilen zu können.

Die regelmäßige Überwachung eines bestimmten Gebiets erlaubt Vergleiche; und Einrichtungen, die sich ausdehnen, neue Gebäude, Straßenbauarbeiten, neue Straßen und andere Veränderungen erzählen quasi ihre eigene Geschichte. Ein Militärflugplatz, dem bisher wenig Bedeutung zukam, verdient mehr Interesse, wenn sich zeigt, daß seine Startbahnen verlängert werden oder neue Unterkünfte entstehen.

Aus dem Vorhergehenden wird ersichtlich, was alles mit einer Politik des „Offenen Himmels“ erreichbar wäre. Keiner Nation würden militärische Vorbereitungen eines potentiellen Gegners verborgen bleiben. Wenn als Reaktion auf eine solche Information eigene Vorbereitungen zum Auffangen dieses Angriffs einsetzen und auf dem Wege der gegenseitigen Luftinspektion nun der anderen Seite bekannt würden, dann könnte der Gegner zu der Einsicht kommen, daß sich die ganze Sache nicht mehr lohnt.

Das war die weitsichtige Vorstellung Eisenhowers. Er wußte zwar, daß die Sowjetunion diese Vorschläge nicht in vollem Umfang gutheißen würde. Und so versuchte er, wenigstens eine teilweise Annahme durch eine Zwischenlösung zu erreichen, bei der ein bestimmter Teil jedes Landes, der mindestens einen Seehafen, einen Flugplatz, einen großen Bahnhof und eine militärische Einrichtung ohne geheimen Charakter enthielt, der regelmäßigen Kontrolle durch die andere Seite unterworfen werden sollte. Aus dieser Methode einer Test-Inspektion sollten dann entsprechende Lehren gezogen werden – und während ihrer Laufzeit wäre Gelegenheit gegeben gewesen, eine gegenseitige Vertrauensbasis zu finden. Die Zeit war noch nicht reif für so etwas. Trotz einer weltumspannenden Propaganda für diesen Plan, der im allgemeinen als Schritt in die richtige Richtung verstanden wurde und als geeignete Maßnahme, die Spannungen in der Welt abzubauen, waren die Sowjets nicht dazu zu bewegen, mit irgend jemand das Wissen um den Aufbau und den Stand ihrer eigenen nuklearen Aufrüstung zu teilen.

Am 4. August 1955 bezog sich Marschall Bulganin in einer Rede vor dem Obersten Sowjet auf diesen Plan:

„Die echte Wirksamkeit solcher Maßnahmen würde kaum ins Gewicht fallen", sagte er. „Bei inoffiziellen Gesprächen mit führenden Mitgliedern der US-Regierung haben wir geradeheraus erklärt, daß Luftbildaufklärung allein nicht zu den erhofften Resultaten führen kann, weil beide Staaten über ein riesiges Territorium verfügen, auf dem sich, wenn man nur wollte, alles mögliche verbergen ließe.

Man muß also in Betracht ziehen, daß der erwähnte Plan sich nur auf die beiden großen Staaten bezieht und die Streitkräfte und militärischen Einrichtungen in anderen Ländern nicht berücksichtigt."

Die russische Haltung war vorauszusehen. Das hieß, daß man nun neue Mittel und Methoden finden mußte, damit die westliche Welt genaue Informationen über die sowjetische Rüstung und entsprechende Absichten erhielt.

Diese neuen Maßnahmen waren bereits eingeleitet. Im Dezember 1954 hatte Washington die Zustimmung zur Entwicklung eines revolutionär neuen Aufklärungsflugzeugs gegeben, mit dem dann viele Geheimnisse der Sowjets geklärt werden sollten. Von Kelly Johnson bei Lockheed entworfen, hatte es inzwischen in einer „top secret" Werkhalle in Burbank Gestalt angenommen. Der Erstflug dieses neuen Typs U-2 war erfolgreich. Er fand kurz nach der Ablehnung des Projekts „Offener Himmel" durch Bulganin statt. Er konnte nicht wissen, daß in Kürze der Himmel über der UdSSR für dieses erstaunliche Flugzeug ganz weit offen sein würde.

DIE U-2 STORY

Das plötzliche Tuten von Alarmhupen brach durch die Stille eines ruhigen Frühlingsmorgens: ihr an- und abschwellender Ton gellte so durch die Luft, als müßte er Tote aufwecken. Die russische Fla-Raketen-Bedienung, der dieser Alarm galt, eilte im Laufschritt zur Abschußstelle. Soldaten – welcher Nation sie auch angehören mögen – fragen sich in einer solchen Situation die gleichen Dinge, auf die sie keine Antwort bekommen. „Worum geht die ganze Aufregung?" „Was für ein Ziel kann das sein?" „Ist das wieder bloß ein falscher Alarm?" Und schließlich die schwierigste Frage: „Wo ist überhaupt das Ziel? Die unausgesprochenen Gedanken schwirrten noch durch ihre Köpfe, als die ersten Befehle erteilt wurden. „Raketen gefechtsbereit machen!"

Von einem Ziel war nichts zu sehen und zu hören. Kein scharfer Kondensstreifen zeichnete sich am Himmel ab. Aber die Anzeige auf dem Radarschirm konnte nur eines bedeuten: ein fremdes Flugzeug, lautlos und unsichtbar, flog etwa 21 Kilometer hoch in der dünnen Atmosphäre über ihnen.

Durch Radar und Computer gelenkt erwachten die Schußgestelle der Raketen zu Leben, drehten sich langsam, änderten den Höhenwinkel, wie durch unsichtbare Hände geleitet. Ein weiterer Befehl. Feuerbereitschaft. Ein Knall und ein ohrenbetäubendes Zischen kündete davon, daß die Rakete gezündet hatte. Sie schien einen Augenblick auf einem Kissen aus Feuer und Rauch zu stehen und beschleunigte dann mit einem hohlen Röhren in den Himmel hinein.

Im gleichen Augenblick war der Pilot des in extremer Höhe fliegenden Aufklärers – ganz im Gefühl der Sicherheit – damit beschäftigt, Kurs und Höhe zu kontrollieren.

Plötzlich und ohne Warnung spürte er den Schock einer Explosion. Als sich sein Flugzeug aufbäumte, blickte er vom Gerätebrett weg in den Himmel hinaus. Ein rötlicher Feuerball umgab ihn. Sein Flugzeug ging in einen plötzlichen Sturz über. Er merkte, daß es um sein Leben ging, denn die Maschine fing an, zu trudeln. Bis es ihm gelang, aus der Maschine herauszukommen, war er der Erde um mehr als 12 Kilometer näher gekommen. Dann war es ruhig um ihn herum und schrecklich kalt. Er war von der raschen Folge der Ereignisse und der Anstrengung, aus der Maschine herauszukommen, noch ganz benommen. Kaum ein paar Minuten war es her, daß er in der vermeintlichen Sicherheit der Routine an seine Kindheit im weit entfernten Kentucky gedacht hatte. Jetzt fragte er sich, ob er Amerika wohl jemals wiedersehen würde. In seinem Gehirn lösten sich kaleidoskopartig Erinnerungen an halbvergessene Dinge ab, und darunter war auch etwas Wichtiges . . . ja sogar Dringendes . . . ach: die Reißleine seines Fallschirms. Er hatte vergessen, sie zu ziehen!
Während sein jagendes Gehirn noch der lethargischen Hand den Befehl zu geben versuchte, vor die Brust zu greifen und den Ring zu packen, gab es einen kleinen Knall. Eine barometrische Kontrolle, auf eine Höhe von 4600 m eingestellt, hatte den Fallschirm automatisch geöffnet. Die sich über seinem Kopf blähende orange-weiße Kuppel brachte ein gewisses Gefühl der Erleichterung mit sich.

Nun schwebte er ruhig nach unten, einer Landschaft entgegen, die genau so gut irgendwo in Amerika hätte liegen können: ein paar leichte Hügel, ein See, Bauernhäuser und ein Dorf. Zu schnell kam ihm der Boden entgegen. Und er schlug so hart auf, daß er beinahe k.o. gegangen wäre.

Er kam erst richtig zu sich, als ihm ein Landarbeiter auf die Beine half. Dann sah er, wie Männer, Frauen und Kinder aus dem Dorf auf ihn zu rannten, um sich den sonderbaren Besuch anzusehen, der da aus dem Himmel gefallen war.

Der Kalender zeigte den 1. Mai 1960. Der Amerikaner Francis Gary Powers war in der Sowjetunion gelandet.
Ein paar Stunden später befand er sich bereits im Lubijanka-Gefängnis in Moskau, im Hauptquartier des KGB. Nach wenigen Tagen schon ging die Nachricht von der Gefangennahme um die Welt und löste eine Reihe von internationalen Erschütterungen aus. Die wichtige Gipfelkonferenz, die am 16. Mai in Paris stattfinden sollte, wurde abgesagt. Die Einladung des Präsidenten Eisenhower zu einem Besuch in der Sowjetunion wurde zurückgezogen. Die leichte Entspannung, die die Beziehungen zwischen Ost und West schon zu erleichtern schien, wurde über Nacht gegenstandslos, und die Vereinigten Staaten von Nordamerika befanden sich in einer verteufelt peinlichen Situation.
Die natürliche Frage, die sich jetzt aufdrängte, hieß: „War das Ganze solche Konsequenzen überhaupt wert?" Um die Antwort geben zu können, müssen wir beinahe fünfeinhalb Jahre zurückgehen. Bis zum Dezember 1955, als die USAF die Zustimmung zu der Entwicklung der U-2 gab.
Man wird sich vielleicht erinnern, daß die Führer der Sowjetunion zu jener Zeit trotz äußerster Bemühungen des Westens nicht dazu zu bewegen waren, bei einer gegenseitigen Abrüstungspolitik mitzuarbeiten.
In jener Periode steigender Spannungen hat der amerikanische Präsident seinen Vorschlag des „Offenen Himmels" gemacht. Also zu etwa der gleichen Zeit hat der Chefkonstrukteur von Lockheed, C. L. („Kelly") Johnson, seine Pläne für ein revolutionäres Aufklärungsflugzeug zu Papier gebracht, das seinem Land eine Luftaufklärung ohne politisches und menschliches Risiko ermöglichen sollte. Die Verfügbarkeit solcher Information würde dem Westen endlich eine Art Vorwarnung bei Änderungen der Situation hinter dem Eisernen Vorhang verschaffen.
Wenn ein solches Flugzeug Zugang zu den erwarteten Infor-

mationen verschaffen sollte, dann mußte es anders sein als alles, was es bisher gab. Es mußte in solch großen Höhen fliegen können, daß es durch kein anderes Flugzeug abgefangen werden konnte. Außerdem mußte es eine extreme Reichweite haben, um das ganze Territorium der Sowjetunion non-stop überfliegen zu können.
Unglücklicherweise ließen sich solche Wünsche mit konventionellen Flugzeugtypen nicht erfüllen. Große Flugleistung erfordert Motorleistung, und große Motorleistung bedeutet Gewicht, und die Kombination von Leistung und Gewicht ist der Feind der Reichweite. Außerdem erforderten konventionelle Lösungen auch entsprechende Mengen von Treibstoff, und das bedeutete wiederum Gewicht.
Mit einer nahezu unlösbaren Aufgabe konfrontiert, kam Johnson mit Antworten an, die in den Augen von bestinformierten Alleswissern völlig unmöglich waren. Er behauptete nämlich, sein Flugzeug würde in der Lage sein, in Höhen von 21 Kilometern und darüber zu operieren. Das war für den Anfang schon so etwas wie ein unerfüllbarer Wunschtraum. Der Welthöhenrekord für Flugzeuge stand damals bei 17 083 m, gehalten von dem Italiener Mario Pezzi in einer Spezialausführung einer Caproni 161 bis.
Johnson sagte, sein Flugzeug würde ein Düsenflugzeug sein. Und das war wohl der größte Hohn: selbst ein blutiger Laie wußte schließlich, daß Düsenflugzeuge einen Durst entwickelten, der einer größeren Reichweite derart entgegenstand, daß man nur noch lachen konnte.
Johnson hat wahrscheinlich mit amüsiertem Lächeln zugehört. Er wußte – und nur er allein – daß seine Ideen, mochten sie noch so weit hergeholt sein, zum Erfolg führen mußten. Er war aus dem Holz geschnitzt, aus dem große Konstrukteure gemacht werden: hohe technische Integrität und das Wissen um die Lösung von Problemen bringt eine Art von Sonderbegabung hervor, einen sechsten Sinn, eine Sicherheit.

Als er seinen Vorschlag 1954 der USAF unterbreitete, wurde er abgelehnt. Wir wissen nicht, warum. Und wir können nur annehmen, daß die höhere Führung damals die Notwendigkeit von Informationen, die ein solches Flugzeug verschaffen konnte, nicht einsehen wollte und daß sie kalte Füße bekommen hatten, als erkennbar wurde, was die Entwicklung eines solchen Flugzeugs kosten würde. Ja, und schließlich war den Leuten wohl auch das Ungewöhnliche an diesem Flugzeug suspekt.

Nur die nackte Notwendigkeit, herausfinden zu müssen, was hinter dem Eisernen Vorhang vor sich ging, brachte eine Änderung der Ansichten. Gefördert wurde dieser Prozeß von den Weitsichtigeren, die erkannt hatten, daß die zu erwartenden Informationen für die Sicherheit der westlichen Welt ausschlaggebend waren. Im Dezember 1954 gab die USAF ihre Zustimmung, und im Lockheed-Zweigwerk in Burbank begann Johnsons „Mirakel" Gestalt anzunehmen.

Diese Gestalt war nicht gerade ungewöhnlich, denn sie zeigte die Konfiguration eines ziemlich normalen Mitteldeckers. Das Unkonventionelle lag in der Konstruktion.

Die erste Forderung hieß leichtes Gewicht, so daß ein einziges Strahltriebwerk dieses Flugzeug in bisher unerreichte Höhen tragen konnte. Dies bedeutete, daß die Bauteile für die Flugzeugzelle aus dem dünnsten Material hergestellt werden mußten, mit dem noch strukturelle Festigkeit zu erreichen war. Da blieb kein Lastvielfaches für harte Landungen und heftige Flugmanöver. Damit war auch die Auslegung des Fahrwerks vorgegeben, nämlich eine Tandem-Anordnung mit je einem Einzelrad vorne und hinten. Um es auf dem Boden auszubalancieren, waren leichte Stützen mit Laufrollen in die Tragflächenenden eingebaut. Es gab auch keinen Schleudersitz. Bei einem Notfall mußte der Pilot auf „klassische" Weise aussteigen.

Das alles überwiegende Problem der extremen Reichweite

wurde dadurch gelöst, daß das Flugzeug in Wirklichkeit ein Motorsegler war. Durch Abstellen des Triebwerks und Überwindung großer Strecken im Segelflug war die U-2 in der Lage, beachtliche Distanzen in Höhen zurückzulegen, die den zeitgenössischen Jagdflugzeugen und auch den Fla-Raketen noch verwehrt waren.
Das war also der Flugzeugtyp, der eine der wichtigsten Waffen darstellte, die jemals für Geheimoperationen gebaut wurden. 1956 wurde die U-2 in Dienst gestellt.
Die Verfügbarkeit eines solchen Flugzeugs wäre natürlich sinnlos gewesen, hätten nicht gleichzeitig auch die Mittel zur Verfügung gestanden, das aufzuzeichnen, was sich tief unter dem durch die obere Stratosphäre schwebenden Flugzeug auf der Erdoberfläche abspielte oder zeigte.
In erster Linie war Dr. Edwin Land für die Entwicklung der äußerst komplizierten Kameras verantwortlich, die die U-2 mit sich führen sollte. Er war es auch gewesen, der einen revolutionären Fotoapparat der Allgemeinheit zugänglich gemacht hatte, nämlich die Polaroid-Land-Kamera, die Fotos liefert, die man kurz nach der Aufnahme gleich betrachten kann. Heute wird manches Familienfoto bereits farbig mit solchen Kameras gemacht.
Dr. Land hat für die U-2 eine Spezialkamera mit langer Brennweite entwickelt, die durch sieben Öffnungen hindurch fotografierend einen 200 km breiten Streifen Land unter dem Kurs des Flugzeugs aufnehmen konnte. Die Kamera war in der Lage, noch die kleinsten Details zu erfassen. Ein in den frühen Tagen des U-2-Programms gemachtes Luftbild, das veröffentlicht wurde, zeigte einen Golfplatz, der 16 800 m unter dem Flugzeug lag, aus dem die Aufnahme gemacht wurde. Man konnte die einzelnen Golfbälle (!) auf dem Golfplatz erkennen.
Aber Kameras allein genügen nicht, um im elektronischen Zeitalter alle benötigten Informationen zu erfassen. Die U-2

trug demzufolge auch eine volle Serie von schwarzen Kästchen, um unter anderem Angaben über Funk- und Radarfrequenzen zu erfassen, die auf dem überflogenen Gebiet benutzt wurden.
Nachdem das Flugzeug selbst und die adäquate Ausrüstung zur Verfügung standen, mußte eine Entscheidung gefällt werden. Es ging um die Frage, ob es ratsam war, mit einem solchen Flugzeug das Hoheitsgebiet der Sowjetunion zu überfliegen. Dies war keine einfache Entscheidung. Einer der Hauptgründe, die Präsident Eisenhower veranlaßten, seine Zustimmung zu geben, lag in der russischen Ablehnung des Vorschlags „Offener Himmel". Als größere Militärmacht der westlichen Welt vertraten die USA auch den Standpunkt, daß Amerika im lebenswichtigen Interesse der Erhaltung des Weltfriedens gar keine Wahl hatte, als jede nur denkbare Informationsmöglichkeit zu nutzen, die Auskunft über das militärische Potential der Sowjetunion versprach. Nur auf diese Weise war es möglich, Gewalt mit mindestens gleich viel Gewalt zu begegnen.
Spezialflugzeuge benötigen Spezialpiloten. In mehr als einer Hinsicht. Die für die U-2 mußten nicht nur außergewöhnliche Fähigkeiten in ihrem Beruf vorweisen können, sondern Belastungsfähigkeit, Schneid und Hingabe an ihren gefährlichen Auftrag. Und wichtiger als alles andere war — wegen der geheimen Natur der anstehenden Einsätze — daß sie die Sicherheitsanforderungen vorbildlich erfüllten. Einige kamen von der USAF, andere aus dem zivilen Bereich. Die Leute von der USAF mußten ihren Abschied nehmen und wurden wieder zu Zivilisten für die Dauer ihres Vertrags. Alle unterstanden der CIA, dem amerikanischen Geheimdienst.
Ihre erste Aufgabe bestand darin, die U-2 fliegen zu lernen. Dies hörte sich einfacher an, als es war. Der Start war ohne Probleme, denn das Tandem-Fahrwerk wurde ja durch die Stützrollen an den Flächenenden im Gleichgewicht gehalten,

bis die Abhebegeschwindigkeit erreicht war. Wenn das Flugzeug abhob, fielen auch diese Stützen ab. Sie waren allerdings an einem tödlichen Unfall schuld, der ganz am Anfang der Ausbildung passierte. Als das betroffene Flugzeug abhob, blieb eine Stütze stecken. Der Pilot flog den Platz noch einmal in niedriger Höhe an und versuchte durch Wackeln mit der Tragfläche, das Ding abzuschütteln. Dabei verlor er die Herrschaft über das Flugzeug und machte Bruch.

Wenn die U-2 abgehoben hatte, dann stieg sie wie ein Vollblut. In extremer Höhe zeigte sie dann auch die temperamentvollen Eigenschaften eines Vollbluts, denn der Grenzbereich zwischen Höchstgeschwindigkeit und Abschmieren war erschreckend schmal. Ein Pilot benötigte eine hohe Konzentrationsfähigkeit, um diesen Drahtseilakt hoch am Himmel durchzuhalten.

Die Landung stellte den Piloten dann vor ganz andere Probleme. Wenn er seinen Treibstoff aufgebraucht hatte, bedeutete die Kombination von leichtem Gewicht und großer Tragfläche, daß die U-2 wenig Neigung zeigte, ihr Element zu verlassen und wieder zur Mutter Erde zurückzukehren. Sie mußte in einen überzogenen Zustand gebracht werden — in der genau richtigen Höhe, wenn man vermeiden wollte, daß sie immer wieder vom Boden hochsprang. Wenn sie dann auf dem Boden rollte, waren die Schwierigkeiten noch nicht vorbei, denn die U-2 mußte auf ihrem Tandemfahrwerk kritisch ausbalanciert werden, und erst wenn sie langsam genug war, durfte eine Flächenspitze den Boden berühren und die Maschine ohne Schaden zum Stehen kommen.

Weil das Gewicht auf ein absolutes Minimum beschränkt werden mußte, hatte die U-2 auch keine Druckbelüftung für extreme Flughöhen. Das hieß also, daß der Pilot einen unbequemen Druckanzug tragen mußte, mit seinem Kopf in einem „Goldfischglas“, das hermetisch mit dem Anzug verbunden war. Er atmete reinen Sauerstoff unter Druck — leicht

Eine U-2 bei der Landung. Da die Stützräder an den Flächenenden nach dem Start abgeworfen wurden, mußte der Pilot bei der Landung die Tragflächen so lange wie möglich waagrecht halten, damit die ungeschützten Flächenspitzen nicht beschädigt wurden. Robert Archer

einzuatmen, aber sehr schwer wieder auszuatmen – er mußte also eine ganz neue Atemtechnik lernen und diese stundenlang durchhalten können.

Schließlich waren die Männer und die Flugzeuge für die aufregende Aufgabe bereit, die so viel Vorbereitung verlangt hatte. Ende 1956 wurden sie – offiziell als meteorologische Beobachtungsstaffel – nach Incirlik AFB, nach Adana in der Türkei und nach Wiesbaden versetzt.

Die Einsätze begannen mit elektronischer Überwachung entlang der russischen Grenzen, und man könnte sich vorstellen, daß diese Flüge nicht mehr waren, als erste Versuche unter angenäherten Bedingungen und daß mit ihnen eigentlich die Ausbildung ihren Abschluß fand. Das war aber nicht so. Sie waren – und gleichgeartete Flüge sind es heute noch – von höchstem Wert, denn sie vermittelten eine Vielzahl von wesentlichen Informationen, die auf anderem Wege nicht zu beschaffen waren.

In großer Höhe fliegend, lautlos und unsichtbar, sammelten die U-2 Einzelheiten, mit deren Hilfe sich eine große Zahl von militärischen Anlagen und Einrichtungen genau dislozieren ließen. Auf diese Weise erfuhr man auch eine Menge über die sowjetischen Raketenversuche. Durch Entnahme von Luftproben aus der oberen Stratosphäre nach Atomversuchen wurden die amerikanischen Wissenschaftler in die Lage versetzt, mit einer großen Zahl von Daten zu einer Auswertung zu kommen, die den Typ der Atomwaffe, seine Zerstörungskraft und den Ort der Explosion genau festlegte. Dies war für den Westen von höchstem Wert in einer Zeit, in der man dringend daran interessiert war, den Stand der Sowjets im Rennen um die Atomwaffen zu erfahren.
Nach geraumer Zeit ging man dann dazu über, das sowjetische Territorium selbst zu überfliegen. Die Flüge entlang den Grenzen hatten zu wertvollen Erkenntnissen geführt, aber nur die Erfassung durch das Luftbild konnte zusätzlich zu der elektronischen Aufklärung ein vollständiges und zufriedenstellendes Bild davon vermitteln, was hinter dem Eisernen Vorhang vor sich ging.
Um diese Zeit war auch die aus der Türkei heraus arbeitende U-2 Einheit durch den Teil ergänzt worden, der bisher in Wiesbaden stationiert war. Diese Gruppe war schon einmal aus Sicherheitsgründen nach Giebelstadt verlegt worden. Als dann die Piloten berichteten, daß sich ein verdächtiger Kraftwagen zu oft in der Nähe des Startbahnendes aufhielt, und als sich herausstellte, daß dieses Kfz zum Bestand einer Botschaft der „anderen Seite“ gehörte, hielt man es für angebracht, von nun an von Adana aus zu operieren. Eine dritte Einheit wurde 1957 in Atsugi in Japan stationiert.
Die Piloten, die für die ersten Flüge über sowjetisches Gebiet eingewiesen wurden, standen vor einer Reihe von unbekannten und beunruhigenden Faktoren. Es war zum Beispiel nicht bekannt, ob die russische Luftabwehr zu jener Zeit die Mög-

lichkeit hatte, ein solches Spionageflugzeug zu orten und anzugreifen. Es bestanden keine Zweifel mehr daran, daß sie auf dem Radargebiet beachtliche Fortschritte gemacht hatten und daß sie über eine größere Zahl von Boden-Luft-Lenkwaffen verfügten. Aber die Gipfelhöhe und Genauigkeit dieser Lenkwaffen waren völlig unbekannte Größen.

Weil nun ihre extreme Flughöhe auch ihre einzige Verteidigung darstellte, war es notwendig, den Piloten eine Überlebensausrüstung mitzugeben — für den Fall, daß eine U-2 mit Erfolg angegriffen wurde. In einem Sitzpack am Fallschirmgurt waren die gebräuchlichsten Dinge untergebracht: Wasser, Nahrungsmittel, Fackeln, und eine Erste-Hilfe-Ausstattung. Jeder Pilot hatte ein Jagdmesser und eine Pistole. Außerdem wurde ihm eine Giftkapsel angeboten. Für den Fall, daß . . .

Um die geheimere Ausrüstung des Flugzeugs vor Entdeckung zu sichern, war eine Sprengladung vorhanden, die der Pilot zur Explosion bringen konnte, wenn er abspringen mußte. Es war eine Zündverzögerung eingebaut, so daß dem Piloten genügend Zeit blieb, vom Flugzeug wegzukommen, bevor dieses zerstört wurde. Jeder Pilot war sich im klaren darüber, daß ein solcher Mechanismus selten zuverlässig arbeitet. Die extreme Höhe konnte auch hierbei einen Streich spielen.

Aber die Flüge über sowjetisches Gebiet hinweg verliefen von Anfang an ohne besondere Vorkommnisse. Von Erfassung und Bekämpfung keine Rede. Das wirkliche Problem lag in der physischen und psychischen Belastung der Piloten. Bis zu zehn Stunden in einen Druckanzug eingepreßt zu sein, eingesperrt in einem engen gerammelt vollen Cockpit und dazu gezwungen, in einer völlig unnatürlichen Weise zu atmen.

Wenn die Piloten etwas von dem Gelände unter ihnen sahen, dann bestimmt nicht viel. Sie mußten sich völlig darauf konzentrieren, einen genauestens vorgeschriebenen Kurs zu fliegen, Kameras und andere Spezialeinrichtungen zu betätigen

— und zwar genau an den Punkten, auf die sie bei der Einsatzbesprechung mit großer Sorgfalt hingewiesen worden waren. Sie erfuhren wenig über die Ergebnisse ihrer Flüge bzw. ob die erhofften Resultate erzielt wurden oder nicht.
Sie hörten erst viel später, daß und wie erfolgreich sie gewesen waren. Das ging sogar soweit, daß der Chef der CIA einmal im Rückblick auf jene Zeit sagen konnte, daß die U-2 „. . . Erkenntnisse brachten, wie man sie sonst nur in den technischen Dokumenten findet, die direkt in den Büros und den Labors der Russen unter Verschluß gehalten werden . . . es war in mehr als einer Hinsicht ein neuer Höhepunkt in der Beschaffung wissenschaftlich-technischer Informationen".
Zum Beispiel hatte es eine lange und erbitterte Kontroverse in westlichen Militärkreisen darüber gegeben, ob der bemannte Bomber oder die ballistische Rakete im Falle eines neuen Kriegs die beste Waffe für einen gezielten Gegenschlag sei. Der Streit endete dann meist mit der Feststellung, daß die Russen bekanntermaßen sehr stark mit dem Aufbau ihrer Bomberwaffe beschäftigt seien, und daß man sich deshalb die astronomischen Kosten ersparen könne, die die Entwicklung und der Bau einer größeren Anzahl von Interkontinental-Raketen bedingen würde.
Im Juli 1956 haben U-2-Flugzeuge von oben her den Flugtag von Tuschino mit den Luftparaden über Moskau erfaßt. Den Beobachtern am Boden blieb langsam die Luft weg, als eine Staffel schwerer Bomber nach der anderen vorbeiflog. Die Zahlen gingen weit über das hinaus, was die westlichen Geheimdienste bisher an Schätzungen geliefert hatten. Das Erstaunen wurde zur Besorgnis, als der Strom der Bomber nicht enden wollte und die Ohren längst taub waren vom wabernden Donnern der Düsentriebwerke.
Nur die U-2 kannten die wahre Geschichte und konnten den Beweis führen, daß es sich um eine begrenzte Zahl von Maschinen gehandelt hatte, die — wenn sie außer Sicht der Zu-

schauer waren – einen Kreis flogen und sich hinten wieder anschlossen.
Die U-2 hatten bewiesen, daß die Sowjetunion – weit entfernt davon, alles in den Bau einer großen Bomberflotte zu investieren – in Wirklichkeit an der Entwicklung von Weitstreckenraketen arbeitete.
Der Westen war allzulange vertrauensselig gewesen. Die U-2 lieferten nun die Tatsachen. Glücklicherweise, bevor es zu spät war. Wenn jemand Zweifel an den Informationen hegte, die die „Spionage-Flugzeuge" geliefert hatten, dann konnte er seinen Irrtum einsehen, als die Russen im August 1957 bekanntgaben, daß sie im Besitz einer Interkontinentalrakete seien. Und sie waren dann wohl mehr als verdattert, als am 4. Oktober des gleichen Jahres der Sputnik I in eine Erdumlaufbahn geschossen wurde.
Die U-2 Flüge gingen weiter. Im Laufe der Zeit wurden Modifikationen an den Flugzeugen selbst vorgenommen. Weil Schwierigkeiten beim „Aussteigen" aus der Maschine aufgetreten waren, wurde ein Schleudersitz eingebaut. Und als sich die Notwendigkeit zusätzlicher elektronischer Überwachung ergab, mußten auch mehr von den schwarzen Kästchen untergebracht werden. Damit nahm unweigerlich auch das Startgewicht zu, so daß ab 1959 ein stärkeres Triebwerk Verwendung fand, um auch weiterhin die großen Flughöhen zu garantieren, die allein Sicherheit verbürgten.
Eine dieser neuen U-2 mußte in der Nähe ihres japanischen Stützpunktes notlanden und war natürlich schnell von naseweisen Zuschauern umrundet, die dieses ungewöhnliche Flugzeug immer wieder fotografierten. Als die amerikanische Militärpolizei eintraf und die Leute mit schußbereiter Waffe vertrieb, wurden Fragen laut.
Der prominente japanische Luftfahrtjournalist Eiichiro Sekigawa *) stellte einige impertinente Fragen in einer Luftfahrt-

*) Autor einer Geschichte der japanischen Luftfahrt in Bildern (in Vorbereitung).

zeitschrift: warum dieses Flugzeug keine Zulassungsbuchstaben oder sonstige Identifizierungsmerkmale trug, und warum die MP eine solch übertriebene Haltung gegenüber Zivilisten eingenommen hatte. Er stellte fest, daß es sich also nur um ein Flugzeug zu Spionagezwecken handeln könne.
Das Geheimnis der U-2 begann auch an anderen Stellen durchzusickern. Am überraschendsten war vielleicht die Feststellung in einer Modellbau-Zeitschrift, die U-2 habe die Aufgabe, hinter den Eisernen Vorhang zu fliegen, um dort Luftaufnahmen von sowjetischen Militärobjekten zu machen.
Man mußte jetzt annehmen, daß auch die Russen die Überflüge und ihren Zweck kannten. Das war nicht dazu angetan, die Belastung, unter der die Piloten standen, zu erleichtern. Bald stellte sich auch heraus, daß die Russen die U-2 auf ihren Flügen auch mit Radar verfolgten. Einige Piloten berichteten sogar, sie hätten bemerkt, daß sowjetische Boden-Luft-Raketen auf sie abgeschossen worden seien. Allerdings seien diese nicht so hoch heraufgekommen, daß man sich vor ihnen fürchten müsse. Die einzige Abhilfe dagegen war, jene Gegenden zu meiden, wo sich bekannte SAM-Stellungen befanden (SAM = *s*urface-to-*a*ir *m*issile = Boden-Luft-Lenkwaffe). Die Zeit für die U-2 lief ab.
Am 1. Mai 1960, um 05.30 Uhr, bestieg der Pilot, dessen Name in Kürze international bekannt werden sollte, sein Flugzeug in Peschawar, Pakistan. Vor ihm lag eine Flugroute, die 6120 km zuerst über Afghanistan und dann quer über die UdSSR nach Murmansk und von dort die Nordküste von Finnland und Schweden entlang bis nach Bodö, seinem geplanten Landeplatz in Norwegen führen sollte. Es sollte die erste Überquerung der Sowjetunion von Süd nach Nord werden. Und es lag nicht etwa an mangelnder Reichweite der U-2, wenn ein solcher Flug nicht schon früher versucht worden war. Die Probleme, die ein Start an einem Ort und die Landung an einem ganz anderen Ort, einige tausend Kilometer

entfernt, aufwarfen, hatte man bisher einfach als zu groß beurteilt, als daß sich diese Mühe gelohnt hätte.
Trotz der frühen Morgenstunde war es drückend heiß, als Powers in seinem Cockpit Platz genommen hatte und die Vorflugüberprüfung vornahm. Obwohl er um 06.00 Uhr starten sollte, bekam er die Startfreigabe erst um 06.20 Uhr. Bis dahin klebte ihm seine wollene Unterwäsche bereits völlig verschwitzt am Leib. Von seinem Kopf, der bereits in der hermetisch abgeschlossenen Glaskugel steckte, rannen Schweißbächlein den Nacken hinunter und trugen auch nicht gerade zum Wohlbefinden bei.
Um 06.26 Uhr hob er ab. Als er Höhe gewann, fing er dann zu frösteln an. Nach kurzer Zeit hatte er die Grenze hinter sich. Außer einer Störung am Autopiloten verlief der Flug routinemäßig. Als er sich Swerdlowsk näherte, hatte er die Hälfte der Strecke hinter sich, und es sah so aus, als ob auch der restliche Teil ohne Zwischenfall verlaufen würde. Aber dann kam der entnervende Augenblick, als eine russiche SAM seine Machine flugunfähig schlug.
Powers war ein seltener Fang für die Kommunisten. Bis in die letzten Tage des Juni wurde er endlosen Verhören unterworfen. Am 17. August stellte man ihn dann in Moskau vor Gericht. Man hatte alles Erdenkbare getan, um eine größtmögliche Publizität zu erreichen, denn endlich hatte Chruschtschow genau das in der Hand, was er brauchte, um die USA weltweit in Mißkredit zu bringen. Er konnte vor der Weltöffentlichkeit diesen Akt als offene Provokation der UdSSR darstellen, die „einzig und allein dem Zweck diente, die geplante Gipfelkonferenz platzen zu lassen".
Roman Rudenkow, der sowjetische Ankläger, hatte eine Menge Ähnliches zu dem Thema beizutragen und konnte behaupten, daß die Sowjetunion die kommunistische Gesellschaft darstellt, die in friedlicher Arbeit lebt und aus Menschen besteht, die den Krieg verabscheuen, wähernd die USA eigen-

sinnig in Gegnerschaft zu einer allgemeinen Abrüstung verharren. Die Phantasterei ging weiter bis zum 19. August. Powers erhielt 10 Jahre Gefängnis zudiktiert.
Glücklicherweise konnte er nach 20 Monaten Haft am 10. Februar 1962 in einem dramatischen Akt gegen den sowjetischen Spion Oberst Rudolf Abel, den die Amerikaner eingesperrt hatten, ausgetauscht werden.
Sind nun die Ergebnisse der U-2-Flüge die ganze Peinlichkeit der Affäre Powers und die erneute Verschärfung der Spannungen zwischen Ost und West wert gewesen? Natürlich sind sie das. Präsident Eisenhower hat das einmal zum Ausdruck gebracht, als er sagte: „Die Luftbildaufklärung war eine der vielen Methoden, die wir eingesetzt haben, damit wir und die freie Welt den sowjetischen militärischen Entwicklungen voraus bleiben konnten. Die Frucht der Anstrengungen dieser vier Jahre ist ein beachtliches Ergebnis gewesen. Die Sowjets wußten das. Die einfache Wahrheit ist doch: wenn eine Nation auf geheimdienstliche Informationen angewiesen ist, dann kann sie sich kein Nachlassen der Wachsamkeit leisten."
Obwohl die Flüge über das Territorium der UdSSR mit der Gefangennahme von Powers ihr Ende fanden, hatte die U-2 den Höhepunkt ihrer Bedeutung noch nicht erreicht. Zusätzlich dazu, daß sie die Geheimnisse der sowjetischen Raketenstarts gelüftet hat und die Entwicklung der rotchinesischen nuklearen Potenz, — auch daß sie wissenschaftliche Studien über Höhenwinde und Wetterphänomene ermöglichte — steht die U-2 auch heute noch im Einsatz. Für andere Zwecke. Und ihre Leistungsdaten sind immer noch Verschlußsache.
Im folgenden Kapitel werden wir sehen, wie „Kelly" Johnsons Geisteskind eine Rolle in der Verhinderung des möglichen dritten Weltkrieges gespielt hat: keine schlechte Leistung für ein Aufklärungsflugzeug.

Rechte Seite: Fotos, Personalpapiere, persönliche Belege, die dem U-2 Piloten Gary Powers nach seiner Gefangennahme abgenommen wurden.

ЛЕТЧИК СБИТОГО САМОЛЕТА США
ФРЕНСИС ГАРРИ ПАУЗРС
POWERS FRANCIS GARY. THE PILOT OF THE SHOT AMERICAN PLANE

ОКУМЕНТЫ
РИ ПАУЗРСА
GROSSGARAGE
AUTOSILO
Kranzplatz 10 Ruf 22345
Einstellschein
ACHTUNG!
Während der Parkzeit: BV-Wagenpflege
Wir erwarten Ihren Auftrag!
Wagenpflege: Auftrag Nr.
Bitte wenden!
AIR MAIL
STAMPS
ZONE
GIBSON
SOCIAL SECURITY ACT

AM RANDE DES DRITTEN WELTKRIEGS

An einem Herbsttag des Jahres 1962 lag ein besonderes Beweisstück auf einem Tisch des Geheimen Nationalen Luftbildauswertungszentrums der USA. Es war ein Hinweis auf eine Konfrontation, die seit jenem Tag vor 14 Jahren unvermeidlich schien, als die Sowjetunion die Zufahrtswege von und nach Berlin gesperrt hatte.
Eine oberflächliche Überprüfung der Fotos, die den ganzen Tisch bedeckten, hätte einem Laien nicht viel gesagt. Aber das erfahrene Auge eines tüchtigen Luftbildauswerters konnte daraus entnehmen, daß man hier Abschußstellen von Mittelstreckenraketen vor sich hatte. Die Tatsache, daß diese Raketen auf der kommunistisch gelenkten Insel Kuba installiert waren, und sich gegen das Industriezentrum im Nordosten der Vereinigten Staaten von Nordamerika richtete, führten zu einer nationalen Krise in den USA.
Die Vergrößerungen wurden schleunigst ins Weiße Haus zur Vorlage bei Präsident J. F. Kennedy gebracht, der sie nach sorgfältigem Studium an einen Spezialisten weitergab, um sich von diesem bestätigen zu lassen, was er mit seinen eigenen Augen erkannt hatte. Gab es den leisesten Zweifel, daß die Stellungen, die auf diesen Luftbildern zu sehen waren, etwas anderes darstellten als Raketenstellungen? Nein!
In seiner Antrittsrede im Januar 1961 hatte Kennedy gesagt: „In der langen Geschichte der Welt waren es nur wenige Generationen, denen die Rolle zukam, die Freiheit in der größten Stunde der Gefahr zu verteidigen. Ich schrecke vor einer solchen Verantwortung nicht zurück . . . “
Die Stunde der höchsten Gefahr war da. In einer Welt, die über schreckerregende Waffen verfügte. Wenn diese ohne

gerechten Anlaß in einem Augenblick der Panik ausgelöst wurden, dann war der mühsam gewonnene, lange andauernde Prozeß der gesellschaftlichen Entwicklung, den wir Zivilisation nennen, zu Ende.
Etwas von der neueren Geschichte Kubas muß hier angeführt werden, um das Warum und Wofür der Situation zu erfassen, die plötzlich entstanden war. In den Jahren 1940–1953 hatte Kuba, die größte und am dichtesten bevölkerte Insel Westindiens unter der korrupten und unfähigen Diktatur von Fulgencio Batista Saldivar gelitten. Der Mann war bei Kubanern aller Klassen verhaßt. Eine Revolte, durch Fidel Castro im Juli 1953 eingeleitet, hat schließlich das System auf der Insel gestürzt. Castro war im Triumphzug in Havanna eingezogen. Ohne viel Zeit zu verlieren, errichtete er ein stark links eingestelltes Regime mit Bindungen an die Sowjetunion und deren Ideologie. Castro versicherte sich damit der Loyalität der Mehrheit der Bauern: ein großer Teil der Minorität des Mittelstandes der oberen Klassen suchte Zuflucht in den USA. Mit amerikanischer Unterstützung planten sie eine Gegenrevolution und versuchten im April 1961 von Florida aus eine Invasion von Kuba. Ihre Landung in der Schweinebucht war von kurzer Dauer und endete blutig. Kein Wunder, daß die Beziehungen zwischen den USA und Kuba immer gespannter und verbitterter wurden.
Die U-2, die vorher von türkischen und japanischen Stützpunkten aus wichtige Geheiminformationen gesammelt hatten, wurden nun durch die U-2 des strategischen Bomberkommandos der USAF ergänzt. Auf ihrem Flugplatz Langlin AFB in Del Rio, Texas, standen sie ständig einsatzbereit, um ein wachsames Auge auf Unruheherde wo auch immer auf der Welt zu werfen.
Am 29. August 1962 war eine U-2 eingeteilt worden, um Bildaufklärung über Kuba zu fliegen. Das war seit der Machtübernahme von Castro zur Routineaufgabe geworden. Als die

Luftaufnahmen entwickelt waren, identifizierten die Auswerter kurze Zeit später die Raketenstellungen. Weitere Einsätze, in niedrigen Höhen geflogen, brachten die Bestätigung, daß es Boden-Luft-Lenkwaffen russischen Ursprungs waren.
Da es sich bei diesen Flugkörpern um Abwehr- und nicht um Angriffswaffen handelte, so lösten sie wenig Beunruhigung in amerikanischen Militärkreisen aus. Nur der Chef der CIA hatte den Finger am Puls der Geschehnisse, als er bemerkte: sie seien kaum eine Gefahr für die USA . . . „ausgenommen natürlich, wenn sie die Einführung offensiver Waffen ermöglichen sollten."
Es war nur klug, nach diesen Feststellungen ein noch wachsameres Auge auf die Insel zu haben, die von den USA nur durch die Straße von Florida getrennt ist. Und diese hat nur eine Breite von 240 Kilometer.
Das war also die Situation, als seltsame Gerüchte in Amerika zu zirkulieren begannen. Durch gute Abwehrarbeit bis zu den Quellen zurückverfolgt, stellte sich allmählich heraus, daß kubanische Flüchtlinge sonderbare Objekte erwähnt hatten, die mit Planen abgedeckt aus fremden Schiffen ausgeladen worden waren. Bei weiteren Nachfragen gaben diese Leute an, daß die geheimnisvollen Objekte ziemlich lang und wahrscheinlich von rundem Querschnitt waren. Andere Gerüchte sprachen von Bauarbeiten an isolierten Stellen. Leute, die sich diese Baustellen aus der Nähe ansehen wollten, sollen nie wieder gesehen worden sein. Wieder andere wollten wissen, daß russische Frachter nur bei Nacht gelöscht wurden. Alles klang nach „Räuber und Gendarm".
Die U-2 Flüge, die routinemäßig zweimal im Monat angesetzt waren, wurden auf diese Gerüchte hin häufiger durchgeführt, aber auch weil man durch die SAM-Stellungen stutzig geworden war. Anfang Oktober lag eine fast komplette luftbildmäßige Erfassung der Insel vor. Die Aufnahmen zeigten neue SAM-Stellungen, MiG-Flugzeuge, deren Vorhandensein schon

länger bekannt war, aber nichts sonst. Es schien, als ob die Meldungen nur Aufbauschungen von Gerüchten waren; und die Spannung ließ wieder nach.
Dann aber fiel einem Luftbildauswerter, der die Fotos aus den U-2 Einsätzen von Adana aus genauer kannte, etwas Besonderes auf. Eines der Bilder zeigte die Gegend in der Nähe von San Cristobal. Dort gab es SAM-Stellungen, die in ähnlicher Weise angeordnet waren wie in Rußland. Und in Rußland diente eine solche Anlage immer als Hinweis auf eine in der Nähe befindliche Abschußstelle für offensive ballistische Raketen mit großer Reichweite.
Der Mann schlug vor, das Gebiet einer genaueren Erfassung zu unterziehen. Nach Genehmigung durch höhere Stellen wurden zwei U-2 eingeteilt, um komplette Luftbilder der infrage kommenden Gegend aufzunehmen.
Am 14. Oktober machten sich die beiden Aufklärer ans Werk; sie flogen in einer Höhe von 24 km. Es bestand natürlich die Gefahr – und sie schwirrte seit der Affäre Powers durch alle Köpfe – daß sie bei Durchführung ihres Auftrags auf „Opposition" stoßen könnten. Sie erledigten jedoch den Flug ohne feststellbaren Alarm. Nach Rückkehr zu ihrem Stützpunkt wurden die Filme schnell aus den Kameras genommen und mit einem Düsenflugzeug nach Washington gebracht, wo man bereits gewartet hatte. Es waren die Bilder, die dann ihren Weg auf den Tisch des Präsidenten finden sollten.
Man könnte sich nun vorstellen, daß dem Präsidenten unzählige Fragen durch den Kopf gingen, auf die er eine positive Antwort haben wollte und mußte. Fragen der Art, wieviel andere ähnliche Stellungen es noch gab, wieviele Raketen vorhanden waren, und – wann sie frühestens gegen die USA einsatzbereit waren.
Auch diese Antworten konnten nur Aufklärungsflugzeuge liefern. Zum ersten Mal, seit der Osten wie der Westen über Atomwaffen verfügte, hing das Schicksal der Welt von dem

Die Decklast des Frachters „Komsomol“ (von einem Aufklärer der USAF aufgenommen) enthielt Mittelstreckenraketen — für Kuba bestimmt. Andere Schiffe hatten Il-28 Düsenbomber an Bord.

Können und dem Mut der Piloten ab, die ein unbewaffnetes Flugzeug flogen, und natürlich von den alles sehenden Augen der Kameras. Unbewaffnete Flugzeuge waren ja eigentlich etwas für einen schönen Sport oder schließlich für Beförderungszwecke, und Fotoapparate hat man ja auch zuerst gebaut, um die Schönheit der Dinge einzufangen. Der Mensch hat immer wieder rebelliert gegen den Mißbrauch friedlicher Erfindungen. Nun war die Zeit gekommen, wo diese Dinge ihre Fähigkeit beweisen durften, die Zivilisation zu bewahren. Eine massive Aufklärungsaktion wurde gestartet. Tag und Nacht durchkreuzten Spezialflugzeuge der USAF und US Navy den Himmel über Kuba und die Seewege nach Kuba, und sie fotografierten und berichteten alles, was von Bedeutung sein konnte.

Am 21. Oktober war dann unmißverständlich, daß die Situation kritisch war, und Präsident Kennedy erkannte, daß er nun der Sowjetunion klarmachen mußte, daß die USA entschlossen waren, Gewalt mit Gewalt zu beantworten. Bevor er eine so schwerwiegende Feststellung traf, war es notwendig, die Streitkräfte der USA auf den Stand zu bringen, daß sie eine so vernichtende Vergeltung üben konnten, daß nur ein Verrückter das Streichholz an die Zündschnur halten konnte. Kennedy glaubte fest daran, daß die Herren des Kreml ein solches Risiko nicht eingehen würden. Er glaubte daran. Beweisen konnte er es nicht. Wenn mancher unter uns einem Präsidenten seine Prachtentfaltung, sein Privileg des Reichtums neidet, dann möchte doch kaum einer die Bürde der Entscheidung in einem solchen Augenblick auf sich nehmen.

Als Vorbereitung erhielten die Offensiv- und die Defensivstreitkräfte der USA den Befehl, die für einen solchen Fall bestimmten Vorbereitungen einzuleiten. Der Termin für den Abschluß dieser Phase wurde auf den 20. Oktober festgelegt. Drei Tage vor diesem Datum war Amerika erfüllt von Truppenbewegungen, Schiffsbewegungen und Verlegungen von Flugzeugen. Die B-47 *Stratojet* und B-52 *Stratofortress* des Strategischen Bomberkommandos vereinten sich mit der Navy, um die Bewegungen einiger 2 000 Schiffe zu erfassen, die auf dem Atlantik von Ost nach West fuhren. Sie führten damit nicht nur eine wichtige Aufgabe durch, indem sie entweder nach Sicht berichteten oder die Schiffsbewegungen in diesem riesigen Gebiet fotografisch festhielten: sie befanden sich gleichzeitig in der Luft und hielten damit die Fähigkeit des SAC aufrecht, unabhängig von dem, was auf dem Boden geschah, jederzeit einen nuklearen Schlag zu führen. Ein Ziel, das sich in drei unbekannten Dimensionen bewegt, ist doch etwas ganz anderes als ein Flugzeug, das auf einem Flugplatz auf der Erde steht, der dem feindlichen Geheimdienst längst genau bekannt ist.

Auch die große achtstrahlige B-52 „Stratofortress“ hatte ihre spezielle Aufklärer-Version. Diese druckbelüftete Kapsel, die in den Bombenschacht gehievt wird, kann zwei Mann und Kameras oder elektronische Störausrüstung aufnehmen.

Das Taktische Luftkommando stand vor einer so enormen Aufgabe, daß drei Tage noch nicht einmal für die Planung auszureichen schienen. Diese Aufgabe bestand darin, Tausende von Männern samt ihrer Ausrüstung, dem Nachschub und den Waffen auf Basen zu transportieren, die in Florida lagen. Außerdem mußte gewährleistet werden, daß Erste-Hilfe-Einrichtungen und Lazarette zur Verfügung standen und daß eineinhalbtausend Blutkonserven sofort bereit lagen.

Das Luftverteidigungskommando überprüfte noch einmal, ob alles getan war, alles was vielleicht aus Richtung Kuba heranflog, abzufangen oder rechtzeitig anzugreifen. Humoristen – der Pfeffer jeder Krise – machten Andeutungen, es seien soviel Flugzeuge in die Südostecke der USA verlegt worden, daß Florida nun 50 cm tiefer im Wasser liege.
Auch die US Navy war zur See und zur Luft weitgehend aktiviert worden: ihre Aufgabe war es, die jetzt „zu schmal gewordene" Straße von Florida und alle Wasserwege zu den USA als Polizei zu patroullieren.
Jetzt war es auch dringend notwendig geworden, die Alliierten über die wahre Situation zu unterrichten. Am 21. Oktober entsandte Präsident Kennedy Sonderkuriere nach Frankreich, Westdeutschland und England. Mit einer Auswahl von Luftbildern ausgestattet, konnten sie die führenden Persönlichkeiten dieser Nationen vom Ausmaß des sowjetischen Einflusses in Kuba und von der Schwere der Situation überzeugen. Niemand hegte mehr Zweifel; alle waren sich darin einig, daß Amerika die Russen zwingen mußte, Farbe zu bekennen – falls sie geblufft hatten.
Am 22. Oktober sorgte das SAC (das Strategische Bomber-Kommando) dafür, daß die maximale nukleare Schlagkraft vorhanden war. Die einsatzfähige Flotte der B-52 wurde in zwei Teile geteilt: die eine Hälfte war dauernd in der Luft, und die andere Hälfte löste ab, wenn das notwendig war. Zur selben Zeit waren alle Abschußstellen interkontinentaler Raketen alarmiert. Die ganze offensive und defensive Stärke der USA stand bereit – auf alles gefaßt.
An diesem Tag – Montag, 22. Oktober 1962 – sagte Präsident Kennedy der Sowjetunion in einer historischen Fernsehansprache Bescheid. Er kündigte dabei an, daß er zur Untersuchung und Überwachung aller Schiffe, die Kuba anlaufen, gleich welcher Nation, entschlossen sei. Alle Schiffe würden grundsätzlich angehalten und auf ihre Ladung untersucht:

falls diese Angriffswaffen enthielten, werde man die Weiterfahrt verweigern.
Er wies darauf hin, daß er die Streitkräfte angewiesen habe, „sich auf jeden Fall einzurichten“. Er sagte: „Ich glaube, daß es sowohl im Interesse des kubanischen Volkes wie auch der sowjetischen Techniker an den Raketenabschußstellen ist, die Risiken zu kennen, die mit einer Fortdauer der bestehenden Drohung verbunden sind . . . “
Um den sowjetischen Führern klar zu machen, zu was er entschlossen war, schloß er seine Rede mit den Worten: „Unsere Nation wird jede nukleare Waffe, die vom kubanischen Boden gegen irgendeine Nation der westlichen Hemisphäre abgeschossen werden sollte, als eine Tat empfinden, für die die Sowjetunion die volle Vergeltung treffen muß . . . “
Die Karten lagen auf dem Tisch.
Die Spannung stieg. Auf der ganzen Welt. Die Erhaltung des Friedens stand auf des Messers Schneide. War die Abschrekkungspolitik imstande, die zwei großen Militärmächte davon abzuhalten, sich gegenseitig an die Gurgel zu fahren?
Es war vielleicht zum erstenmal in der Geschichte eine Lage entstanden, in der Waffen gar nichts ausrichten konnten. Nichts außer der Vernichtung der Menschheit. Nur die Aufklärungsflugzeuge der USA waren in einer Position, die Entwicklung der Dinge zu erfassen. Ohne Pause. Nur das Auge der Kamera konnte feststellen, ob der sowjetische Druck sich dem Punkt näherte, wo der amerikanische Präsident – ohne Rücksicht auf die Folgen – gezwungen war, zur unwiderruflichen Tat zu schreiten.
Die Höhenaufklärung durch U-2 wurde verstärkt; und um mehr Details erfassen zu können, wurden RF-101 *Voodoo* der USAF und RF-8A *Crusader* der USN im Tiefflug eingesetzt. Die letzteren, von der VFP-62-Staffel der Marine, hatten die wenig beneidenswerte Aufgabe, die Raketenabschußstellen unter laufender Kontrolle zu halten – in einem Versuch, her-

auszufinden, ob sie nur alarmbereit waren bzw. wann Zeichen darauf hindeuteten, daß die Raketen in ein fortgeschrittenes Stadium der Gefechtsbereitschaft gebracht wurden.

Die *Crusader* mit ihrer Höchstgeschwindigkeit von über 1 600 km/h hatten schon einmal einen beachtlichen Aufklärungsrekord aufgestellt. Eine RF-8A mit John Glenn als Pilot (der später als der erste Amerikaner in eine Erdumlaufbahn geschossen wurde) war das erste Flugzeug gewesen, das den ganzen amerikanischen Kontinent schneller als der Schall überquert und dabei eine Luftbildkarte quer über das ganze Land aufgenommen hat.

Bevor die *Crusader* zu einem Einsatz dieser Art starten konnten, hatten Elektronikspezialisten die automatischen Kameras so einzustellen, daß sie mit dem richtigen Zeitabstand arbeiteten, daß Aufnahmewinkel und Verschlußgeschwindigkeiten stimmten und daß die Kassetten mit dem richtigen Film für dieses Vorhaben geladen waren.

Trotz des U-2-Zwischenfalls wurde der Einsatz dieses Typs völlig rehabilitiert, als U-2 Flugzeuge den Aufbau sowjetischer Raketenbasen auf Kuba feststellten. Die Bestätigung wurde durch gewagte Tiefflug-Aufklärung mit RF-8A „Crusader" erbracht, die von Flugzeugträgern aus eingesetzt wurden.

Die Piloten hatten beim Tiefflug über kubanischem Gelände keine leichte Aufgabe. Trotz der hohen Geschwindigkeit mußten sie einen exakten Kurs einhalten, und dies oft in Flughöhen, die niedriger waren als die Wipfel der Bäume, die in der Nähe standen. Dabei mußten sie dauernd darauf gefaßt sein, daß der Gegner zu schießen begann. Wer ein solches Flugzeug fliegt, muß präzis und positiv handeln können. Wenn die Tragflächenspitzen nur ein paar Meter vom Erdboden entfernt sind, dann kann man sich keinen Datterich leisten.

Während des Überflugs der Insel Kuba machten die Kameras in den *Crusader* mehrere Aufnahmen pro Sekunde, und zwar so, daß sich die einzelnen Bilder leicht überlappten und Einzelheiten aus verschiedenen Blickwinkeln zeigten. Die Bildauswerter konnten die Vergrößerungen dann mit einem Stereobetrachter untersuchen – manche erfahrene Experten können auch ohne ein besonderes Gerät stereoskopisch sehen, d. h. die Bilder werden vor ihren Augen dann plastisch.

Normalerweise läßt ein Auswerter eine Rolle Film durchlaufen, bis er eine bestimmte Gegend entdeckt, die er im Detail studieren möchte. Das wiederholt sich bei weiteren Filmrollen, bis er genügend Luftbilder beisammen hat, um ein Mosaik dieses Gebiets und der unmittelbaren Umgebung zusammenzusetzen. Erst dann kann er mit der mikroskopischen Untersuchung beginnen und hier ein Stückchen und da einen Hinweis zusammenfügen, die dann eine vernünftige Auslegung der feindlichen Aktivitäten in einem bestimmten Gebiet zulassen.

Eine Erdaufschüttung kann Hinweis sein, daß unterirdische Raketen- oder Munitionsbunker angelegt werden. Tiefe Spuren auf einem Feldweg lassen Schlüsse auf die beförderten Fahrzeuglasten zu. Wenn auf einem Luftbild zu erkennen war, daß ein bestimmter Flugkörper abgeladen wurde, dann konnte man auch Schätzungen über dessen Reichweite anstellen. Das alles ist eben die Aufgabe des Luftbildauswerters.

Bei der Kuba-Krise hing viel allein von diesen Männern ab. Sobald die *Crusader* von einem Flug zurück waren, wurden die Filme sofort zur Entwicklung gegeben. Das in einem mobilen Speziallabor arbeitende Team konnte in einer Stunde 183 Meter Film entwickeln und bis zu 30 000 Vergrößerungen pro Tag anfertigen.
Bei einem derart hohen Anfall von Bildmaterial kamen die Bildauswerter immer wieder in Rückstand; das kleine Heer von Spezialisten schuftete während der Kuba-Krise Tag und Nacht. Aber trotz der großen Zahl von Luftbildern, die verarbeitet und ausgewertet wurden, und trotz der sorgfältigsten Interpretation dessen, was aus ihnen hervorging, blieb die Lage unverändert.
Auf der ganzen Welt war auch dem Mann auf der Straße – ohne Spezialkenntnisse und ohne das Verständnis für die feineren Nuancen der hohen Diplomatie – klargeworden, daß sich die Situation bedrohlich festgefahren hatte. Wieder und wieder hörten die Menschen die Rundfunknachrichten ab, immer in der Hoffnung, daß irgendwo die Andeutung eines Nachgebens der Kommunisten fiel. Aber die Russen blieben stumm. In diesem Fall war keine Nachricht eine schlechte Nachricht: es gab kaum jemand, der nicht befürchtete, daß sich die Sowjetunion darauf vorbereitete, die amerikanische Herausforderung anzunehmen – und wenn sie das tat: ob dann die Amerikaner wirklich kämpfen würden.

Fast eine Woche lang blieb das Fragezeichen in der Luft. Es war eine Woche, die sich wie auf bleiernen Flügeln dahinschleppte. Am Samstag, dem 27. Oktober, gab es immer noch keine Stellungnahme seitens der Russen. Während des Vormittags kam es dann zu einem Geschehnis, das das Weiße Haus schockte. Eine der Aufklärung fliegenden U-2, die routinemäßig die kubanischen Raketenstellungen überwachte, um Veränderungen im Zustand der Einsatzbereitschaft festzustellen, war durch eine Boden-Luft-Rakete abgeschossen worden.

Die U-2 war auf ihrem Flug vom Start weg auf der McCoy AFB in Florida unter Radarüberwachung geflogen. Die Männer an den Radarschirmen, die den Kurs der U-2 verfolgt hatten, waren sich von dem Augenblick an, in dem es passierte, auch im klaren darüber, was da passiert war. Die Meldung ging direkt an das Weiße Haus.
War das nun der Anfang des dritten Weltkriegs? War die U-2 zu nahe an Raketenbasen herangekommen, auf denen Waffen für einen alles verheerenden Angriff vorbereitet wurden? Waren die Raketen auf ihre Ziele eingestellt? Oder waren sie womöglich schon unterwegs? Mit überlegener Ruhe ließen die Amerikaner die Dinge auf sich zukommen.
Das war der klassische Zwischenfall, den man eigentlich seit dem Anfang des Abschreckungs-Konzepts befürchtet hatte. Wenn die USA als Vergeltung auf eine solche, vielleicht gedankenlose Handlung eine Reflex-Offensive von einiger Bedeutung ausgelöst hätten, dann wäre es denkbar gewesen, daß ein Atomkrieg sich auf die ganze Erde ausgedehnt hätte.
Kennedy entschloß sich stattdessen, das Potential der amerikanischen Schlagkraft zu verstärken. Noch am gleichen Abend wurden Bomber auf amerikanischen Stützpunkten rund um die Erde mit Atomwaffen beladen und in Alarmbereitschaft gehalten.
Jetzt war nur noch die geringste provokative Handlung einer schießwütigen Figur notwendig, um die Hetzhunde des Kriegs loszulassen.
Aber am folgenden Morgen kam die Erlösung, um die die ganze Welt gebetet hatte. Chrustschow verkündete über den sowjetischen Rundfunk, er habe den Befehl zum Abbau der Raketenabschußstellen auf Kuba gegeben. Die Waffen sollten wieder auf die Frachter verladen und in die Sowjetunion zurücktransportiert werden. Er fühlte sich zu der Bemerkung veranlaßt, die Waffen seien schließlich nur als Verteidigungswaffen nach Kuba entsandt worden.

Unglücklicherweise durften der amerikanische Präsident und seine Berater das Gefühl der Erleichterung nicht teilen, das um den ganzen Erdball ging. Und sie teilten es auch nicht. Ihre Position an der Spitze der westlichen Welt verpflichtete sie zur Aufrechterhaltung äußerster Wachsamkeit, bis die russische Absichtserklärung durch Tatsachen erhärtet war. Nach allem gab es keinen Beweis dafür, daß die Russen ihr Wort auch halten würden. Es konnte ein Bluff sein, mit dem einzigen Zweck, Zeit für ein unerwartetes Gegenmanöver zu finden.

Wieder einmal konnten nur Aufklärungsflugzeuge die echten Zustände und Tatsachen feststellen. Und so dauerte es nicht lange, bis sie kreuz und quer vom Himmel über Kuba aus nach Zeichen überzeugender Beweise suchten – nach Beweisen, daß die Russen ihrem Wort nun auch die Taten folgen ließen.

Eine Rotte RF-101 *Voodoo* der 29. Taktischen Aufklärungsstaffel der USAF erhielt den Auftrag, die wichtigen Stellungen in der Nähe von San Cristobal unter die Lupe zu nehmen. Bei der Einweisung der Piloten befleißigte man sich der größten Sorgfalt: wenn alles gut ging, dann war das ein Spazierflug. Wenn nicht, dann flogen sie direkt in konzentriertes Flakfeuer hinein.

Die beiden Flugzeuge näherten sich der Insel im Tiefflug und hofften, auf diese Weise der kubanischen Radarerfassung ein Schnippchen zu schlagen. Als sie die Küste überflogen hatten, machten sie sich heckenspringend an das Ziel heran. Der Donner ihrer Düsentriebwerke verscheuchte Mensch und Tier nach allen Himmelsrichtungen. Während sie über die Stellungen hinwegrasten, arbeiteten die automatischen Kameras. Die Flak schoß. Glücklicherweise wurden sie nicht getroffen und waren sekundenschnell wieder außer Sicht und auf dem Weg nach Hause.

Was hatte dieser Einsatz erbracht? Die Information ging über

Funk an den eigenen Stützpunkt, und die Spannung stieg wieder merklich an. Als die *Voodoo* landeten, flitzten Pkw's auf sie zu, um die Filme so schnell wie möglich ins Labor zu bringen. Endlich waren die Negative entwickelt, und die Vergrößerungen standen zur Verfügung. Aus den Bildern ging zweifelsfrei hervor, daß die Russen Wort gehalten hatten. Die Raketenstellungen wurden abgebaut.

Die Abschreckung hatte funktioniert. Bald wurden auch die US-Einsatzverbände wieder zu ihren normalen Stützpunkten zurückbeordert. Die Welt nahm zur Kenntnis, daß der dritte Weltkrieg um Haaresbreite vermieden wurde.

Es blieb jetzt nur noch notwendig, durch Luftaufklärung festzustellen, daß der Abbau der russischen Waffen fortgesetzt und ihre Verladung zum Rücktransport nach Rußland unverzüglich weitergeführt wurde.

Seit jener Zeit unterliegt die Insel einer konstanten Überwachung durch amerikanische Aufklärer, die sicherstellen, daß dort kein neuer Aufbau von Angriffswaffen mehr stattfinden kann. Wenn etwas Verdächtiges auftaucht, dann wird das wieder und wieder überprüft durch Luftbilder aus großer wie aus niedriger Höhe. Auf diese Weise sorgt Amerika dafür, daß eine solche Bedrohung ein zweites Mal nicht mehr erfolgen kann.

Im Rückblick auf die Kuba-Krise muß man sagen, daß sie die friedenbewahrende Kraft der Luftaufklärung unübersehbar dargelegt hat. Sie hat der Welt auf eindrucksvolle Weise demonstriert, welche Möglichkeiten in der Politik eines „Offenen Himmels“ liegen können, wie Eisenhower dies vorgeschlagen hat. Man konnte jetzt nicht mehr weiter behaupten, daß Aufklärungsflugzeuge nur im Krieg eine Rolle spielen. Die großen Pioniere der Luftfahrt würde es sicher freuen, wenn sie erfahren könnten, daß ihr Geisteskind, das sie der Welt in erster Linie doch als ein Instrument der Kommunikation geschenkt hatten, die Menschheit in einem wesentlichen Fall vor einem schrecklichen Ende bewahren konnte.

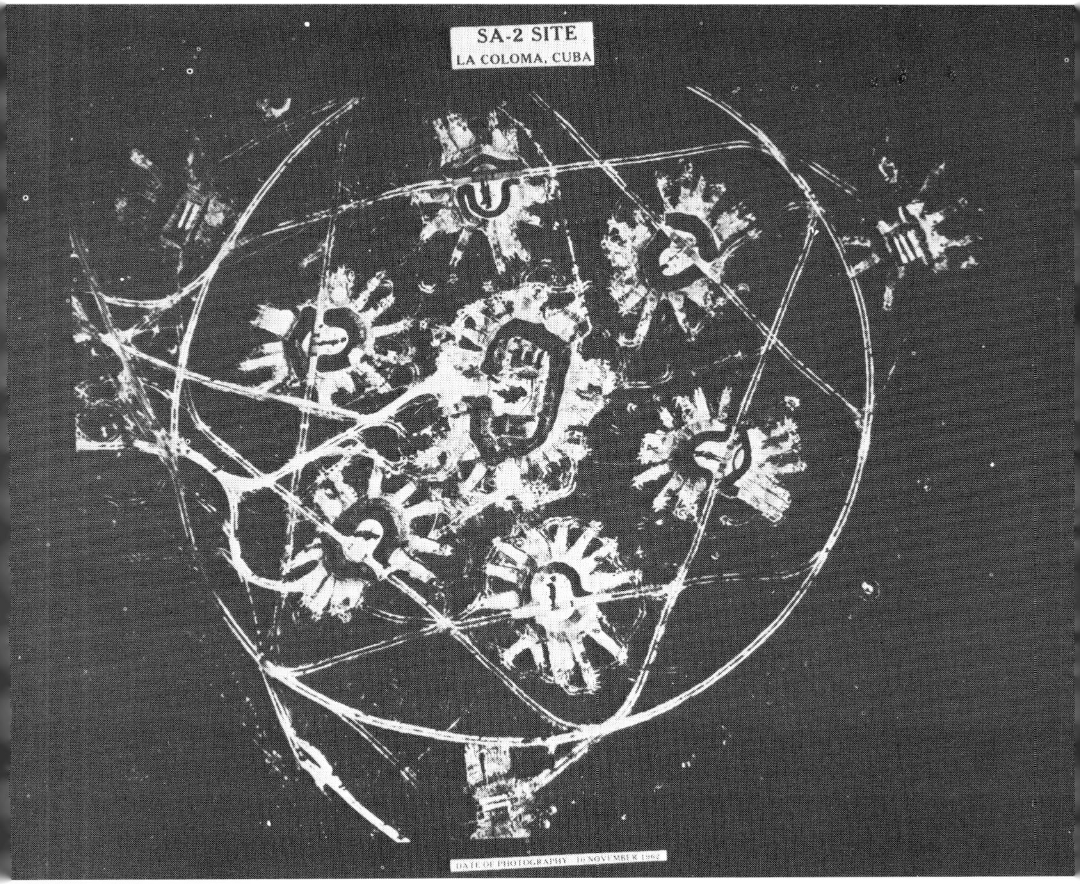

Diese für die Luftaufklärung über Kuba typische Aufnahme zeigt SA-2 („Guideline") Boden-Luft-Raketen in Stellung. Zweck solcher Raketenstellungen war der Schutz von Gebieten, in denen Langstreckenraketen-Abschußbasen lagen.

VIETNAM UND DIE UNHÖRBAREN

Einsam und ruhig flog das kleine Flugzeug über dem Land, das so grün und reich schien. Sonnenschein und ein wolkenloser Himmel, verstärkten nur noch die Illusion eines friedlichen Daseins. Das Flugzeug, eine *Bird Dog* von Cessna, sah aus wie fast jedes andere leichte Sportflugzeug, für deren Produktion die amerikanische Firma bekannt ist.
Bei näherem Hinsehen hätte man allerdings entdeckt, daß es nicht für Sonntagsflieger gebaut war. Kriegsmäßige Tarnbemalung und militärische Kennzeichen deuteten auf ernsthaftere Verwendung hin. Und so war denn der Pilot auch das, was man einen Vorgeschobenen Luftbeobachter (Forward Air Controller = FAC) nennen konnte. Er hatte die Aufgabe, ein bestimmtes Gebiet aus der Luft zu überwachen. Jede kleinste Einzelheit „seiner" Landschaft da unten war ihm so bekannt wie der Rücken seiner Hand. Bei Tag oder Nacht konnte er jede Veränderung, und schien sie noch so unbedeutend, feststellen – oder mehr noch: erspüren.
Im Augenblick befand er sich auf seinem täglichen Routineflug und klapperte sorgfältig jeden Geländeabschnitt ab. Ein metallisches Glitzern auf einer Waldlichtung erregte seine Aufmerksamkeit. Er legte die *Bird Dog* in eine leichte Linkskurve und fing an, zu kreisen. Er beobachtete weiter. Es sah so aus, als habe er sich geirrt. Aber es konnte ja nichts schaden, wenn er einen Rauchkörper warf und aufpaßte, was dann geschah.
Er kurvte steiler und flog die Lichtung an: den Rauchkörper in der einen Hand, zog er den Sicherungsstift mit den Zähnen heraus und warf das Ding zum linken Kabinenfenster hinaus. Kurz darauf stieg roter Rauch über den grünen Blättern des Waldes auf. Diese Technik, allgemein als „Rauchaufklärung"

bekannt, genügte meistens, um den Feind zum davonrennen zu bringen – aus Angst, der Rauchkörper sei die Markierungsbombe für einen ernsthaften Angriff. Diesesmal erfolgte jedoch keine Reaktion.

Um sicher zu gehen, flog der FAC eine 180°-Kurve und ging mit der kleinen Maschine in einen leichten Sturzflug, so daß er sich die Lichtung etwas mehr aus der Nähe ansehen konnte.

Und siehe da: Mündungsfeuer eines MG bestätigte seinen Verdacht. Auf blitzschnelles Reagieren getrimmt, ging er in einen steilen Turn. Leuchtspur zog an ihm vorbei, unangenehm nahe, aber geschickte Ausweichmanöver brachten ihn schnell aus der Reichweite des MG.

Er ging wieder in eine leichte Kurve und kreiste weiter über dem Gebiet. Gleichzeitig verständigte er seinen Stützpunkt über Sprechfunk und bat um den Einsatz von F-100 Super Sabre Jagdbombern. Wenige Minuten später wies er sie bereits über der Stelle ein.

Hier im Einsatz über Korea gezeigt, hat die kleine Cessna O-1 „Bird Dog" dann später über Vietnam echte Pionierarbeit bei gefährlichen aber erfolgreichen vorgeschobenen Luftüberwachungseinsätzen geleistet.

„Können Sie mich sehen?", fragte er. Eine Stimme in seinem Kopfhörer piepte ein kurzes „Roger". „Gut, dann fliege ich in zehn Sekunden das Ziel an." „Roger".
Nach genau zehn Sekunden nahm er die Nase seiner *Bird Dog* ein wenig hoch, kippte nach links ab und ging in steilem Sturzflug auf die ihm bekannte Stelle zu. Als er sie im Visier hatte, drückte er auf den Knopf am Steuerknüppel. Mit deutlich hörbarem Zischen machte sich eine Phosphor-Rakete auf den Weg und schlug etwas links von der Lichtung ein.
„Ziel: auf drei Uhr, etwa 15 Meter vom Rauchzeichen entfernt." Ein weiteres „Roger" war die Antwort. Während er noch beobachtete, kamen zwei Super Sabre heulend von oben und fingen ab. Im gleichen Augenblick lösten sich silbrig glänzende Napalm-Kanister und fielen quer über die Lichtung. Der Wald verschwand in einer riesigen Wolke von Feuer und Rauch. Die beiden F-100 kamen auf Gegenkurs zurück, drückten an und schossen mit 20-mm-Bordkanonen auf die Stelle. Dann war ihre Aufgabe erledigt. Sie wackelten mit der Tragfläche und machten sich mit Kurs auf den Stützpunkt im Tiefflug davon.
Der FAC war nicht so glücklich dran. Wie ein Soldat auf Wache mußte er seine Patrouille weiter abspulen, bis auch er sich mit eher gemächlichen hundertundsoundsoviel Kilometer per Stunde auf den Weg nach Hause machen und diesen ewigen Buschkrieg in der so täuschend friedlich wirkenden Landschaft vergessen konnte: den Krieg in Vietnam.
Um den Ursprung dieses Konflikts zu finden, muß man bis in die Zeit vor dem Zweiten Weltkrieg zurückgehen. Damals hat Frankreich Kolonialbesitz in Indochina unterhalten. Er betraf die Länder Kambodscha, Laos, und die drei Provinzen Annam, Cochinchina und Tonking.

Während des Kriegs wurden diese Länder von den Japanern besetzt, und die starke nationale Bewegung, die sich in dieser Periode entwickelt, wurde vom Viet-minh angeführt.

Frankreich mußte nach 1945 feststellen, daß es um seine Kolonien kämpfen mußte, wenn es diese halten wollte. Aber das französische Interesse ließ nach, als sich herausstellte, daß die zielbewußten Kommunisten den kriegsmüden Truppen der Franzosen mehr als gewachsen waren. Die schmähliche Kapitulation von 16 000 Mann in Diên-Biên-Phu am 7. Mai 1954 war der Anfang vom Ende.
Eine Konferenz von 14 Nationen, die zwei Monate später in Genf stattfand, brachte den Waffenstillstand und formte aus den drei früheren französischen Provinzen zwei neue Staaten – Nordvietnam und Südvietnam – mit dem 17. Breitengrad als gemeinsamer Grenze. Was nördlich lag, gehörte nun den Viet-minh. Der Süden blieb unter französischer Oberhoheit.
In der naiven Art aller Konferenzen hatte man angenommen, daß damit nun der Friede sichergestellt sei und daß die nachfolgenden Wahlen das Land wieder einen würden.
Der Rückzug der französischen Streitkräfte aus Südvietnam bildete 1955 das Startziel zur Infiltration aus dem Norden. Es wurde den Westmächten klar, daß es nicht mehr lange dauern konnte, bis die Kommunisten ganz Vietnam in ihrer Hand hatten. Nur die USA waren bereit und in der Lage, sich gegen diese Entwicklung zu stellen. Es begann eine Politik, die mit der Entsendung von Ratgebern und Ausrüstung anfing und im Verlauf von zehn Jahren zu einem bitteren Krieg führte. Mit dem Waffenstillstand von 1973 ist man einer Lösung des Problems an sich wohl kaum näher gekommen.
Die Kuba-Krise und der Korea-Krieg, der Vietnam vorausgegangen war, hatten den Wert und die Bedeutung der Luftaufklärung deutlich gemacht. Der Krieg in Vietnam fand in einem Gelände statt, das der Guerrilla-Taktik des Vietcong entgegenkam, der mit leichtem Gepäck unter der Deckung des Dschungels und äußerst geschickter Anwendung des Überraschungselements marschierte und kämpfte. Es ist keine Übertreibung, wenn man sagt, daß praktisch jede Bewegung

der Arvin (Armee von Vietnam) Luftaufklärung verlangte, und diese Forderung hat einen entscheidenden Anstoß zur Erweiterung von Ideen und Gerät geführt.
Der FAC, dessen Geschichte am Anfang dieses Kapitels stand, war nur das moderne Gegenstück zum Artilleriebeobachter früherer Zeiten, der die Entwicklung der Militärluftfahrt eingeleitet hat.
Im Grunde lag seine Aufgabe immer noch in reiner Beobachtung. Die Waffen, die er mitführte, waren nicht für Angriffshandlungen bestimmt, sondern er brauchte sie, um erkannte Ziele klar und unmißverständlich zu markieren, damit diese dann je nach gegebener Situation bekämpft werden konnten. Aber auch unter diesen Beobachtern gab es Leute, für die Worte wie „beabsichtigt, „unmöglich" oder „gefährlich" nicht existierten. Dies traf auch auf Captain H. J. Pawlak von der 19. Taktischen Luftunterstützungsstaffel zu, die in Biên Hoa stationiert war.
Auf Patrouille in seiner *Bird Dog,* die die militärische Bezeichnung 0-1 hatte, erkannte er feindliche Truppenbewegungen in der Nähe eines eigenen vorgeschobenen befestigten Stützpunkts. Als er sich das näher betrachten wollte, schlug ihm ein Hagel von Feuer aus Handwaffen entgegen, so daß er auf mehr Distanz ging. Er überlegte sich die Situation. Über Sprechfunk informierte er seinen eigenen Platz und forderte sofort Unterstützung an. Aber er war sich im klaren darüber, daß hier etwas unmittelbar geschehen mußte, wenn der Stützpunkt nicht einfach von den Vietcong überrannt werden sollte.
Seine Bewaffnung bestand aus vier Phosphor-Raketen zur Zielmarkierung und einem Karabiner. Er entschloß sich, diese einzusetzen, um dadurch so viel Zeit wie möglich zu gewinnen. Als sich die Vietcong zum Angriff bereit stellten, griff er im Tiefflug an und schoß eine Rakete mitten in sie hinein. Während sie nach allen Richtungen auseinanderstoben, schoß er

mit seinem Karabiner. Durch Wiederholung dieser Taktik ging er den Vietcong fast eine halbe Stunde lang auf die Nerven, bis eine Gruppe Skyraider erschien und ihm die Aufgabe abnahm.

Aber die echte Rolle des FAC als reiner Beobachter war in einem solchen unbehaglichen Krieg von großer Bedeutung.

Dieses Aufklärerfoto aus dem Bereich der 2. Flieger-Division zeigt eine befestigte Stellung in Vietnam, 45 Kilometer von Saigon entfernt, die nach einem nächtlichen Vietcong-Angriff immer noch brennt. Ohne dauernde Beobachtung, Leuchtbomben bei Nacht und taktische Luftunterstützung, waren kleine Dörfer und Vorposten äußerst anfällig für solche Überfälle.

Bei Tag und Nacht kontrollierte er ein Gebiet, das aus der Luft meist den Eindruck idyllischer Ruhe machte. Nur die verräterischen Zeichen des Ungewöhnlichen – Trampelpfade, neue Erdaushebungen, hastig gelöschte Feuer und auffallend viele Sampans auf sonst wenig befahrenen Wasserstraßen erzählten ihm ihre Geschichte – und nur ihm allein.
Bei Nacht konnte man die Bewegungen des Vietcong nicht so leicht erkennen. Manchmal gab der Feind seine Stellung durch ein offenes Licht zu erkennen, das dort brannte, wo nach Kenntnis des FAC keine Besiedlung besteht. Öfter jedoch war es eine Art sechster Sinn, der ihn irgendwo eine Leuchtbombe auslösen ließ, um die Szene auf dem Erdboden zu illuminieren. Sie konnte für einen kurzen Blick etwas vom Gegner erkennen lassen. Dann konnte er dafür sorgen, daß die Artillerie ein größeres Feuerwerk veranstaltete, wenn die örtliche Lage dies zuließ, oder er konnte Flugzeuge herbeiordern, die mehr Pyrotechnik mitbringen und die Nacht zum Tage machen konnten.
Kein Wunder, daß die FAC beim Vietcong verhaßt waren, und daß diejenigen, die ihm in die Hände fielen, nie wieder dieselben waren wie zuvor.
Man wußte schon lange, daß der in seiner kleinen Maschine fliegende FAC viel Arbeit am Hals hatte. Ein zweisitziges Flugzeug, in dem sich der Beobachter allein auf seine eigentliche Aufgabe konzentrieren konnte, ohne daß er das Flugzeug auch noch fliegen mußte, war natürlich besonders bei Nacht erwünscht. Das führte zu einem anderen Cessna-Typ, der 0-2, einer militärischen Variante der Cessna 337 Super Skymaster. Mit zwei Motoren – einem mit Zugpropeller und einem mit Druckpropeller – war diese Maschine schneller und konnte mehr Bewaffnung tragen. Außerdem konnte man „Augen“ einer ganz bestimmten Art einbauen, mit denen der Vorgeschobene Luftnavigator (Forward Air Navigator = FAN) sogar im Dunkeln sehen konnte.

Einzelheiten dieser elektronischen Augen sind immer noch geheim. Aber es wurde bekannt, daß die 0-2 über ein Gerät verfügt, das den Spitznamen „Sternlicht-Bildschirm“ trägt. Eine schwache Lichtquelle bzw. schwache Beleuchtung wird dabei elektronisch intensiviert, so daß die FAN sehen konnten, was sonst unsichtbar blieb.

Der Hubschrauber, der im Koreakrieg „volljährig“ geworden war, ist in Vietnam in ein neues Reifestadium gekommen. Sein wichtiger Beitrag als Kampfwaffe, Transportmöglichkeit, Ambulanz, und Rettungsgerät für Mensch und Ausrüstung liegen außerhalb des Themas, das hier abgehandelt wird. Es ist jedoch offensichtlich, daß seine Eigenschaft, bei geringsten Geschwindigkeiten noch flugfähig zu bleiben oder gar in der Luft über einem bestimmten Punkt stillzustehen, den Hubschrauber zu einer idealen Aufklärungsplattform machen mußte. Hubschrauber hatten auch einen wirksamen „Stachel“ bekommen: sie können Raketen und Kleinwaffen tragen, die sie zu tödlichen Gegnern machen, wenn es um offensive Einsätze geht.

Diese Kombination von Eigenschaften hat sie zum wertvollen Verbündeten der südvietnamischen Armee gemacht, wenn diese trügerisches Terrain durchkämmen mußte und noch muß, wo die Sicht vom Boden aus oft auf wenige Meter begrenzt ist. In einem Gelände, wo der Feind in kleinen, wohlverborgenen Trupps operierte, war es angenehm zu wissen, daß die „Klapperstörche“ mitflogen und von oben herunter aufpaßten. Sie konnten dann beim geringsten Zeichen einer Bewegung einen Hagel von Geschossen auslösen und die Hilfe von Kameraden oder Luftunterstützung herbeirufen. Die ersteren konnten sogar durch andere Hubschrauber abgesetzt werden — besonders dort, wo kein anderes Flugzeug landen konnte. Und die letztere konnte, wenn notwendig, Schläge von erschreckender Gewalt führen.

Die Hubschrauber wurden auch besser ausgerüstet, um den

Feind im Untergrund zu finden, – meist ohne Waffe in der Hand – schwer vom friedlichen Landsmann zu unterscheiden war, der nichts mit dem Vietcong zu tun haben wollte. Auch hier unterliegt ein großer Teil dieser Ausrüstung noch den Geheimschutz. Aber ein sonderbares Aufklärungsinstrument läßt einen die Erfindungsgabe der Wissenschaftler erahnen, die es auf diese oder andere Weise möglich gemacht haben, viel von dem zu „sehen", was der Feind lieber verborgen halten möchte.

Der primäre Faktor einer Armee liegt in der Personalstärke. Ihre Waffen mögen noch so gut sein: sie müssen üblicherweise von Männern getragen oder bedient werden. Und dieses besondere Gerät mit dem Spitznamen „Menschenschnüffler" hatte die Aufgabe, Menschen festzustellen. Es wurde oft in den Bell „Huey" Hubschraubern (abgeleitet von der ursprünglichen Typenbezeichnung HU-1) eingesetzt und hatte die Fähigkeit, die Anwesenheit von Menschen dadurch festzustellen, daß es auf bestimmte Chemikalien ansprach, die der menschliche Schweiß ausströmt.

Bei Nacht bzw. gegen Morgen – wenn der Gegner glaubte, er brauche nur liegen zu bleiben, um der Entdeckung zu entgehen, – klapperte die Huey über das Gelände weg. Ein star-

SMASH (= South-east Asia Multi-sensor Armament System for Hue Cobra = Südostasien - Vielfachsensor - Waffensystem für den Hubschrauber „Huey Cobra") enthielt am Bug ein Infrarot-Suchsystem und ein an den Flächenstummeln montiertes Radar zur Erfassung beweglicher Ziele, um im Allwetter-Tag- und Nacht-Einsatz Ziele zur Bekämpfung zu erfassen.

ker Ausschlag auf dem Meßinstrument deutete darauf hin, daß der Feind in der Nähe war. Durch Abwurf von Tränengasbomben konnte man die gegnerischen Truppen dazu zwingen, den Platz zu wechseln. Wenn sie auf diese Weise entdeckt wurden, konnten Kampfhubschrauber und Transporthubschrauber mit eigenen Kräften herbeizitiert werden. Die kreisten dann über der Stelle, bis es hell wurde und die Artillerie oder die Jabos die Angelegenheit erledigen oder die Voraussetzungen für den Einsatz schaffen konnten.
Hubschrauber haben natürlich auch ihre Grenzen. Ihre Flugeigenschaften mögen sie für Aufklärung im Tiefflug geradezu ideal erscheinen lassen. Aber selbst ihre größten Bewunderer und Fürsprecher mußten zugeben, daß sie nicht gerade leise waren. Die Kombination von Motorgeräusch und Rotorklappern kündigt sie immer schon von weitem an.
Ein Krieg wie in Vietnam verlangte viel Aufklärung im Tiefflug, hauptsächlich um die kleinen Guerrillabanden aus der Deckung zu locken, die sich wie Schlangen rasch und leise durch das dicht bewachsene Gelände bewegen konnten. Ihre äußerliche Ähnlichkeit mit den verteidigenden Südvietnamesen half ihnen genau so wie ihre landesübliche Kleidung. Sie konnten verhältnismäßig leicht über die Grenze einfiltrieren und hinter die Linien der Südvietnamesen gelangen.
Es stellte sich bald heraus, daß man auf den Vietcong viel stärker in den Stunden der Dunkelheit aufpassen mußte, denn zu dieser Zeit schlichen sich kleine Trupps am liebsten unbemerkt an den vorgeschobenen Posten vorbei, um sie dann von hinten in einem geeigneten Augenblick anzuschleichen und abzumurksen. Um mit dieser Situation fertig zu werden, wurde etwas nahezu Unmögliches verlangt: man brauchte ein Flugzeug, das in Höhe der Baumwipfel fliegen konnte – und zwar lautlos!
1966 begann man bei Lockheed in Amerika mit Überlegungen, ob ein Sonderflugzeugtyp für diese Forderung entwickelt wer-

Die YO-3A kombiniert Elemente des Rumpfs eines Schweizer SGS 2-Segelflugzeugs mit einem 210 PS Continental Motor, Infrarot-Sensoren und weitere geheime Ausrüstung.
Man wollte damit eine Maschine bauen, mit der man kaum hörbar nachts über dem Kampffeld fliegen konnte, ohne vom Boden aus entdeckt zu werden.

den konnte. Man ging dabei von dem Gedanken aus, die Zelle eines Segelflugzeugs mit einem extrem gedämpften Motor zu koppeln. Um das Propellergeräusch auf ein Minimum abzusenken, entschied man sich für einen mehrblättrigen Propeller von großem Durchmesser. So war noch genügend Vortrieb bei kleiner Umdrehungszahl zu erwarten.

Zwei Prototypen wurden gebaut und zur Erprobung unter Einsatzbedingungen nach Vietnam geschickt. Die Einsatztechnik bestand nun darin, das entsprechende Gelände mit voller Leistung – das war kaum zu hören – anzufliegen und dann den Motor abzustellen und lautlos und unentdeckt in niedriger Höhe im Gleitflug weiterzufliegen. Das funktionierte, und zwar so gut, daß diese sonderbaren kleinen Flugzeuge in 30 Meter

Höhe über dem Feind fliegen konnten, ohne daß dieser etwas merkte.

Es dauerte nicht lange, und Lockheed versuchte, mit einer Spezialentwicklung noch höhere Ansprüche zu befriedigen. Dieser Typ Q-26 wurde mit speziellen elektronischen Sensoren ausgestattet, die feindliche Kräfte sogar unter den schwierigsten Bedingungen entdecken konnten. Der größte Teil der schwarzen Kästchen in diesem Flugzeug ist noch geheim; aber man weiß immerhin so viel, daß Infrarot-Sensoren dabei sind, die äußerst empfindlich auf Wärmestrahlung reagieren.

Es überrascht, wieviel man bei Dunkelheit mit Hilfe der Infrarottechnik „sehen“ kann, denn diese Geräte erfassen alles, was einen meßbaren Teil Wärme ausstrahlt. Straßen nehmen während des Tages durch Sonneneinstrahlung Wärme auf und

Vorläuferin der YO-3A war die Lockheed Q-Star, deren letzte Entwicklungsstufe diese US Navy X-26 B war. Die ersten Maschinen flogen in Vietnam in einer Höhe von nur 30 Meter über Vietcong-Einheiten, ohne von diesen bemerkt zu werden. Howard Levy

geben sie bei Nacht in stärkerem Maße als ihre Umgebung wieder ab. Lastwagen und Panzer geben Wärme ab, wenn sie fahren. Gelöschte Lagerfeuer, Truppenkonzentrationen, ja gelegentlich sogar Einzelpersonen, können mit Hilfe dieser Technik entdeckt werden. Ein startendes Düsenflugzeug hinterläßt eine deutliche Wärmespur auf der Startbahn, die man noch lange nach dem Start feststellen kann.

So waren also die „Unhörbaren" ein wertvoller Zugang bei den Aufklärungsverbänden, und es überrascht gar nicht, daß andere Hersteller ihre Aufmerksamkeit der Produktion noch empfindlicherer Varianten solcher Typen zugewandt haben.

Aufklärung in Vietnam war als Aufgabe nicht ausschließlich Sache von Heer und Luftwaffe. Die Marine wurde ebenfalls herangezogen. Und weil Südvietnam und Nordvietnam im Osten an die See grenzen, konnten trägergestützte Aufklärer der Marine ebenfalls eine wesentliche Rolle spielen. Die Tatsache, daß man Flugzeuge auf Schiffen stationieren kann, hat ihre Aufgabe etwas vereinfacht und gleichzeitig dazu geführt, daß ein solcher Beitrag auch höher gewertet werden muß — und dies einfach aus dem Grund, weil es sich bei Flugzeugträgern um mobile Stützpunkte handelt, von denen aus Marineaufklärer äußerst schwierige Ziele in Nordvietnam anfliegen konnten, was für Landflugzeuge von Saigon oder Biên Hoa aus reinen Selbstmord bedeutet hätte.

Ein Flugzeugtyp, der von der US Navy in Vietnam eingesetzt wurde, war dabei besonders wertvoll. Es handelte sich um die North American Rockwell *RA-5C Vigilante,* die der fliegende Teil eines „integrierten Einsatzsystems zur Beschaffung von Feindnachrichten" war (IOIS = Integrated Operational Intelligence System). Dieses Flugzeug trug Aufklärungssensoren, passive ECM (Erfassung elektronischer Gegenmaßnahmen), und vertikal, schräg und horizontal eingestellte Kameras sowie Seitensichtradar.

Die zwei Mann Besatzung — Pilot und Navigator — konnten

sich ganz auf ihre eigentliche Aufgaben konzentrieren: der erstere unterstützt durch ein modernes Flugkontrollsystem, der letztere durch ein Trägheitsnavigationssystem, das mit Radar gekoppelt war und die Position genau anzeigte – auch wenn das Gelände keinerlei Orientierungspunkte aufwies.
Von Flugzeugträgern aus eingesetzt, die im Golf von Tonking operierten, huschten die *Vigilante* dicht über die Wasseroberfläche, konnten sich auf ihr ausgezeichnetes Navigationssystem verlassen und an den genau vorgeschriebenen Punkten überraschend in das feindliche Gebiet eindringen. Dort hatten sie eine Menge zu tun und zu fotografieren. SAM-Stellungen mußten z. B. genau geortet werden, damit Jagdbomber oder Bomber ihnen ausweichen oder sie vernichten konnten, wenn sie auf wichtigere Ziele angesetzt waren. Diese Aufgabe brachte besondere Probleme mit sich, für die die *Vigilante* recht gut geeignet war. Sie war schnell, und wenn feindliche Flak- oder Raketenbedienungen alarmiert wurden, dann konnten sie schneller als andere „verreisen". Wichtiger war aber, daß jede einzelne Luftaufnahme über die Trägheitsnavigation mit genauen Koordinaten versehen war, die im Augenblick der Belichtung mit einkopiert wurden. Das anschließende Orten wichtiger Beobachtungen war dann geradezu lächerlich einfach.
Wenn eine der RA-5C auf dem Deck des Flugzeugträgers gelandet war, dann wurde die auf dem Flug durch Kameras, Radar und elektronische Mittel gesammelte Information so schnell wie möglich ausgewertet und in die IOIS eingespeist, die auf diese Weise nicht nur auf den neuesten Stand gebracht wurde sondern überhaupt eine Datenbank darstellte, aus der aufgrund des hochentwickelten Systems einzelne Angaben für Einsatzplanung und Durchführung abgerufen werden konnten.
Der Vietcong hat sehr schnell herausgefunden, wie stark die Amerikaner sich auf Informationen abstützten, die ihnen durch

ihre elektronischen Augen erschlossen worden waren. Sie haben sich also nicht nur bemüht, ihre Bewegungen so gut wie möglich zu tarnen, sondern lernten Aufklärungsflugzeuge von anderen zu unterscheiden und als Ziele erster Priorität zu bekämpfen.

Bei ihren Verschleierungsmethoden gingen sie ziemlich clever vor. Die Umgebung von Hanoi ist zum Beispiel mit einem Netz von schnell fließenden Flüssen durchzogen, die man nur auf Brücken überqueren kann. Sie waren also bevorzugte Ziele für die amerikanischen Jabos, die den feindlichen Nachschub oder Verstärkungen zu unterbinden oder wenigstens zu behindern versuchten.

Wenn nun eine solche Brücke zerstört wurde, dann haben die Vietcong den Verkehr rasch unter veränderten Prioritäten umgeleitet und die zerstörte Brücke kurz darauf durch eine „Unterwasserbrücke" ersetzt. Die neue Brückenfahrbahn befand sich dabei dicht unter der Wasseroberfläche und war durch das quirlende, schmutzige Wasser der Sicht entzogen. Nur aufgrund von Luftaufnahmen war feststellbar, daß auf der Straße immer noch Verkehr lief, was als Hinweis dafür gelten konnte, daß hier doch wieder ein nutzbarer Flußübergang vorhanden war. Ein anderer Trick bestand darin, eine Pontonbrücke bei Nacht einzusetzen und sie am Tage an ein Ufer auszuschwenken und dort unter dem Schatten der Uferbäume oder durch zusätzliche Tarnung vor den Augen des Gegners zu verbergen.

Der Eisenbahnverkehr war für den Vietcong ebenfalls wichtig, um dringend benötigte Munition und sonstigen Nachschub aus China heranzuschaffen. Es ist wohl nicht nötig zu betonen, daß die Eisenbahnwaggons hervorragend getarnt waren, mit ganzen Zweigen und mit Palmwedeln.

Glücklicherweise hat sich der in Vietnam eingesetzte Farbfilm als äußerst wertvoll bei der Kenntlichmachung dieser Tarnung erwiesen.

Oben: Dieses Luftbild zeigt 5 MiG-19 Jagdflugzeuge in Splitterschutzboxen neben dem Flugplatz Kep, 52 km von Hanoi. Drei dieser Flugzeuge wurden bei dem nachfolgenden Angriff zerstört, der auch die Startbahn unbrauchbar machte. Links: Die Bugklappen vor der eingebauten Kamera sind noch offen, während der Pilot sich bereits an Bord der RF-101 Vodoo begibt, um mit der Vorstartüberprüfung zu beginnen. Die Klappen werden erst vor dem Start vom Bodenpersonal geschlossen.

In einigen Fällen hat auch eine besonders gekonnte Auswertung von Schwarz-Weiß-Aufnahmen gezeigt, daß der Vietcong „verborgene“ Objekte verdächtig erscheinen ließ, indem er zur Tarnung Zweige heranzog, die nicht zur Umgebung paßten oder nicht aus ihr stammten.
Brücken, Gebirgspässe sowie Flugplätze waren für den Vietcong von überragender Bedeutung. Um den Appetit auf solche Ziele zu zügeln, wurden sie mit starken Flakkonzentrationen umgeben, und ihre Technik bestand darin, einen dichten Feuervorhang zu schießen, durch den die Angreifer hindurchfliegen mußten. In den Anfangsjahren des Vietnamkriegs hatten die Amerikaner solche Ziele mit unnötiger Regelmäßigkeit angegriffen, einzelne Objekte sogar immer wieder, um deren erneuten Gebrauch oder ihre Wiederherstellung unmöglich zu machen. Dies war eine äußerst kostspielige Politik, nicht nur was die Verluste an Flugzeugen und Material sondern auch an Menschen anbetraf.
Höhenaufklärung hat diesen Verschleiß gestoppt. Es wurde zum Beispiel eine genaue Überwachung eines Flugplatzes durchgeführt, der durch einen Bombenangriff außer Gefecht gesetzt war. Wenn dann klar wurde, daß die Wiederinstandsetzungsarbeiten vor der Vollendung standen und der Platz wieder operationsfähig wurde, kam ein neuer Angriff, und der Vietcong durfte wieder von vorne anfangen. Das war ein schlaues System, denn es kostete den Feind Material und band Menschen, die sonst zu aggressiveren Aufgaben verfügbar gewesen wären.
Es mag etwas überraschend klingen, daß ein Flugzeugtyp, den man speziell für solche Aufgaben heranzog, aus dem britischen Bomber *English Electric Canberra* abgeleitet war. Das RB-57 F-„Spionageflugzeug“ ist eine weitgehend modifizierte Version der in Lizenz gebauten *Canberra.* Die Firmen General Dynamics und Martin zeichneten verantwortlich für die Produktion dieser Maschine, die fast die doppelte Spann-

Die heutigen Forderungen an „Spionageflugzeuge“ führen zu eigenartigen Formen: es sollen Maschinen sein, die nahezu überall starten und während bewaffneter Aufklärung langsam fliegen oder irgendeine aus einem Dutzend neuer oder geheimer Aufgaben übernehmen können. Die ursprüngliche Form der B-57 „Canberra“ ist bei dieser BR-57 F, einem „Wetterforschungs-Flugzeug“, fast nicht mehr erkennbar.

weite gegenüber dem Original hatte und auch viel stärkere Triebwerke. Das Ergebnis war ein außergewöhnliches Aufklärungsflugzeug, das auf dieselbe Gipfelhöhe wie die U-2 steigen kann, wenn nicht höher.

Die mit Abstand wichtigste Aufgabe im Vietnam-Krieg war die Beschaffung taktischer Aufklärungsergebnisse. Hier wurde das Flugzeug zum Auge für den Kommandeur der Bodentruppen, das um die nächste Kurve, hinter den nächsten Berg oder in den Dschungel hineinsehen konnte. Das heißt, daß die Information, die auf diese Weise durch das Flugzeug gewon-

Ein anderer eigenartiger Abkömmling der „Canberra“ war die von Westinghouse modifizierte B-57 G, mit Bugradar, Laser-Entfernungsmesser, Fernsehkamera und Infrarot-Ausrüstung, um Ziele auch bei Nacht zu finden.

nen wurde, dem Operateur auf dem Boden schnell zugeführt werden mußte: da konnte man keine 24 Stunden warten, bis die Bilder entwickelt und vergrößert waren, da wurde die Information sofort gebraucht.

Eines der höchstentwickelten Instrumente, um diese wichtige Aufgabe zu erfüllen, bestand in der RF-4C *Phantom,* deren Höchstgeschwindigkeit über der doppelten Schallgeschwindigkeit liegt. Sie ist mit optischen, infraroten und elektronischen Sensoren ausgerüstet, mit Seitensichtradar und einer Batterie von Kameras, die bei Tag oder Nacht und in jedem Wetter arbeiten können. Um die sofortige Orientierung zu gewährleisten, welche die auf die Zusammenarbeit angewiesenen Verbände brauchten, wurden die Filme noch während des Flugs an Bord entwickelt und in eine spezielle Kassette eingebracht, die während des Flugs über dem Gefechtsstand der

Bodentruppe abgeworfen wurde. So hatte der für den Abschnitt verantwortliche Kommandeur die Information innerhalb von Minuten nach der Aufnahme in der Hand und konnte sich die Einzelheiten über UKW-Sprechfunk erklären lassen.
Bei Nacht war die *Phantom* von gleich hohem Wert. Aber Einsätze im Tiefflug über dem gebirgigen Gelände waren bei Nacht eine sehr gefährliche Sache. Glücklicherweise war die RF-4C bereits damals mit Terrainfolgeradar ausgestattet: dabei werden Flughöhe und Flughindernisse auf dem Kurs voraus in einem Computer eingespeist, der den Autopiloten beaufschlagt. So konnte die Maschine auch bei Nacht in sehr niedrigen Höhen mit ausreichender Sicherheit geflogen werden. Aber ein Pilot, dessen Flugzeug in rabenschwarzer Nacht ein enges Tal durchfliegt, muß schon sehr viel Zutrauen in seine Ausrüstung haben.

Der unter dem Rumpf aufgehängte Aufklärungspack, der von dieser Phantom der RAF Staffel No. 54 mitgeschleppt wird, enthält Kameras und Seitensichtradar.

Als 1968 in Paris zum erstenmal Friedensgespräche zur Beendigung des Kriegs in Vietnam geführt wurden, da wirkte es wie ein Schock, als der nordvietnamesische Außenminister Juan Thuy als Vorbedingung für die Aufnahme der Gespräche die Beendigung der Aufklärungsflüge über seinem Land verlangte.
Diese Betonung zeigt vielleicht besser als jeder andere Faktor, welch hohe Bewertung der Arbeit der Aufklärungsstaffeln über dem vom Krieg zerrissenen Vietnam zukam.

ECM, AEW UND ASW

Auf dem RAF-Stützpunkt Leuchars in Schottland sieht alles friedlich aus. Aber der erste Eindruck trügt. Die beiden *Lightning* des Alarm-Abfangverbandes, die in einem kleinen Spezialhangar stehen, sind jede Sekunde startbereit – wie Sprinter im Startloch. Sie sind aufgetankt, die *Red Top* Lenkwaffen an den Rumpfseiten sind scharf und tödlich.
Auch die Piloten der Maschinen sind nicht so frei und gelöst, wie es scheinen mag, wenn man sie in bequemen Sesseln so dasitzen sieht, wie sie mit Lesen oder Kartenspielen oder vor dem Fernseher die Zeit totschlagen. Selbst zum Lunch dürfen sie ihre Druckanzüge nicht ablegen, die sie im Fluge gegen alles mögliche schützen – angefangen von den Auswirkungen einer bei Überschallgeschwindigkeit geflogenen engen Kurve bis zum tödlichen Druckabfall in der Kabine oder der Eiseskälte der winterlichen See, falls sie aus welchem Grund auch immer, zum Abspringen aus der Maschine gezwungen werden. Oft vergeht ein ganzer Tag in untätiger Langeweile. Aber nicht heute.
Kaum daß ein Klicken anzeigt, daß der Wandlautsprecher eingeschaltet ist, fliegen die Karten und die Illustrierten zur Seite, die Piloten springen auf und laufen den Korridor hinunter zu den Flugzeugen. Auf dem Weg werden Schwimmwesten angelegt und die Druckanzüge zugehakt. Der Alarm beweist die Routine echter Profis. Alles geht schnell, aber nicht überhastet. Die Männer werden in den Cockpits festgeschnallt. Die Hangartore öffnen sich. Es gibt keine zeitraubende Rollstrecke: die *Lightning* stehen nach Verlassen des Hangars schon am Beginn der Startbahn. Sie donnern also direkt aus dem Hangar heraus und mit eingeschalteten Nachbrennern

die Piste hinunter, heben ab und steigen wie Raketen auf 9 000 Meter.

Im Kopfhörer, der in den Helm eingebaut ist, vernimmt der Pilot die ruhige Stimme des Leitoffiziers der Bodenstelle, der irgendwo an der Küste von Aberdeenshire vor dem Radarschirm sitzt. Der Kurs ist Nordost, die Geschwindigkeit noch im Unterschallbereich. Die Wellen der Nordsee liegen tief unten.

Während dies alles geschah, hat die Besatzung eines Tupolew-Bombers Tu-95 von der Sowjetischen Marineluftwaffe einen Flugauftrag abgewickelt, der als Routine angesehen werden kann, von dem man aber nie weiß, ob er nicht doch mit plötzlichem Tod endet und einen internationalen Zwischenfall heraufbeschwört, wenn sie dabei einen Irrtum begeht.

Manche Leute betrachten die elektronische Aufklärung in Friedenszeiten als eine Art von technisch-wissenschaftlichem Wettkampf von Computer gegen Computer, Spezialgerät gegen Spezialgerät, wobei die Menschen nur aufpassen, daß die Regeln dieses Spiels nicht durchbrochen werden. Das ist ein Trugschluß. Die Daten, die durch Elektronik, Kameras und andere Mittel erfaßt werden, sind notwendig für die ernsthafte Überlegung, ob man einen Krieg verhüten oder (auf der anderen Seite) riskieren kann, einen Krieg, der auf weiten Gebieten der Erde alles Leben auslöschen kann. Der Einsatz in diesem Spiel ist so hoch, daß es gar nicht mehr höher geht.

Die russischen Flugzeugbesatzungen geben sich nicht etwa der Täuschung hin, daß sie die westliche Verteidigung überraschen können. Schon eine ganze Zeit lang erschien ihr Flugzeug als *blip* zwischen den gelben Linien und den sich bewegenden Tüpfchen auf dem Schirmbild im halbverdunkelten Raum einer norwegischen Radarstation. Es dauerte nur Sekunden, bis sich der Mann am Gerät darüber genügend im klaren war, was er da sah. Er griff zum Telefon, das das Haupt-

Mit eingeschalteten Nachbrennern starten zwei „Lightning“ der RAF vom Flugplatz Leuchars, um ein russisches ECM-„Spionage-Flugzeug“ über der Nordsee abzufangen.

quartier von SHAPE in Mons in Belgien, einen USAF-Stützpunkt in der Nähe von Reykjavik in Island und das RAF Strike Command in High Wycombe in Buckinghamshire alarmierte.
Der Luftverteidigungsoffizier vom Dienst in High Wycombe hatte zu entscheiden, was jetzt zu tun war. Der unterirdische Gefechtsstand, in dem er seinen Platz hat, ist jene Stelle, von der aus die Einsätze des RAF Bomber Command im Zweiten Weltkrieg gesteuert wurden. Heute könnte jeder einzelne *Vulcan*-Bomber aus der Aufstellung, die da an die Wand gemalt ist, mehr Zerstörung auslösen als die Tausende von *Lancaster*- und *Halifax*-Bombern des letzten Kriegs zusammengenommen; aber was an diesem Tag gefordert ist, dreht sich

nicht um Bomber- sondern um Jäger-Einsatz – wenigstens zuerst.
Inzwischen hatten auch britische Radarstationen in Nordschottland und NATO-Stationen in Europa den Eindringling aufgenommen. Er hat klar erkennbar Kurs auf die Enge bei den Färöern. Der Radarbeobachter weiß aus den vorliegenden Daten, daß es sich um eine Tu-95 handeln muß, eine Aufklärerversion des großen Düsenbombers, die bis zum Halskragen mit Instrumenten zur elektronischen Spionage vollgestopft ist und bei der NATO unter der Bezeichnung „Bear-D" geführt wird. Dieser Radarbeobachter war es auch, der den Alarmstart der *Lightning* ausgelöst hatte.
Ein paar Minuten nach Überfliegen der schottischen Küste sahen die *Lightning*-Piloten die *Bear-D* genau voraus. Ihr schlanker Rumpf war an vielen Stellen mit Radomes, Antennen und tropfenförmigen Ausbuchtungen versehen. Im Innern war die modernste russische Elektronik am Werk, um die Funk- und Radargeheimnisse der NATO-Streitkräfte in Europa zu brechen, den Standort der Sendestelle zu erfassen, ihre Aufgaben und Möglichkeiten zu eruieren und festzustellen, ob die bisherige Überwachung vielleicht eine Lücke offen gelassen hatte. Die Besatzung der Tu-95 war gar nicht überrascht, als die *Lightning* auf sie zubrausten. Sie hatten auch kaum Angst. Die einzelnen Luftstreitkräfte halten sich in diesem Spiel an die Regel, und da sich die russische Maschine weit außerhalb der britischen Hoheitsgewässer befand, fühlte sich die Besatzung auch sicher, mochten die *Red Top* Lenkwaffen noch so drohend wirken.
Es gab einmal eine Zeit, da konnte man die Jagdflugzeuge der RAF abschütteln, indem man im Sturzflug bis auf ein paar Meter über die Wasseroberfläche hinunterging. In niedrigen Flughöhen „soffen" die beiden Düsentriebwerke der *Lightning* so viel Treibstoff, daß sie nur für kurze Zeit als Wache mitfliegen konnten und dann wieder zum Stützpunkt zurück-

kehren mußten. Heute jedoch galt dasselbe Signal, das die *Lightning* alarmierte, gleichzeitig auch für einen *Victor*-Tanker, der vom RAF-Flugplatz Marham in Norfolk startete. Der wartete nun einige Meilen von den Lightning entfernt, um jederzeit die Tanks der Jagdflugzeuge wieder aufzufüllen, falls der Einsatz länger als eine Stunde dauern sollte.

Auftanken in der Luft befähigt die Jäger der RAF, hunderte von Meilen zurückzulegen, wenn es darum geht, sowjetische ECM-Flugzeuge, wenn nötig, abzufangen. Und die russischen Besatzungen können nicht damit rechnen, daß sie ihren Beschattern entwischen können. Die *Victor* hat genügend Sprit an Bord, um eine *Lightning* 17 Stunden in der Luft zu halten

Ein Tupolew Tu-95 („Bear D") Marine Aufklärungsbomber der sowjetischen Marineluftwaffe überfliegt den US-Flugzeugträger „John F. Kennedy".
US Navy

– das ist soviel, daß es ausreichen würde, mit dem Familienauto dreimal um die Erde zu fahren.
Und so winkte aus einem der tropfenförmig geblasenen Fenster unter dem Leitwerksteil der *Bear-D* einer der russischen Beobachter einem *Lightning*-Piloten zu. Und dieses Winken konnte man nun nach einem Dutzend verschiedener Bedeutungen auslegen, vom Freundlich-Kollegialen bis zum Spöttischen hin: „Ätsch, du kannst uns gar nicht . . . " In diesem Gefühl der Sicherheit ist er besser dran, als ein paar Amerikaner, die einige Jahre lang ähnliche Flüge um China, die Ostgrenze der Sowjetunion und andere Gebiete herum durchgeführt haben.
1969 zum Beispiel flog eine amerikanische Maschine vor der Küste von Nordkorea. Es war eine Lockheed EC-121 M der US Navy, vollgestopft mit Gerät zur Aufklärung und mit über 30 Mann Besatzung. Einer der Apparate an Bord konnte nicht nur gegnerische Radarstellungen orten sondern auch noch genau das nachzeichnen, was der gegnerische Beobachter auf seinem Radarschirm sah, – und: dieses Bild wurde gleichzeitig an den eigenen Stützpunkt übertragen.
Wie die Besatzungen der russischen *Bear* und *Badger,* die um Norwegen herum fliegen, dann die Enge bei den Färöern passieren und die englische Küste hinunterpatrouillieren, hatten sie nichts zu befürchten – theoretisch. Aber die nordkoreanischen MiG, die ihnen entgegenzischten, versäumten keine Zeit mit Winken oder sonstigen Nettigkeiten internationaler Gebräuche. Mit ihren Bordkanonen durchlöcherten sie die unbewaffnete *Constellation,* bis sie auf den Wellen aufschlug. Bei den Amerikanern gab es keine Überlebenden.
Nixon protestierte am 18. April 1969: „Das Flugzeug befand sich bei seinem Erkundungsflug niemals näher als 65 km von der nordkoreanischen Küste entfernt. Zu der Zeit, als das Flugzeug abgeschossen wurde, wiesen alle Anzeichen, die wir besitzen, darauf hin, daß es sich 145 km von der Küste ent-

fernt befand und in Richtung offene See flog. Die *Constellation* hatte ihren Auftrag bereits auf Befehl abgebrochen. Wir wissen dies aufgrund unserer eigenen Radarerfassung. Was aber noch wichtiger ist: die Nordkoreaner wußten es auch, aufgrund ihrer Radarerfassung. Demnach erfolgte der Angriff mit Waffen ohne jeden Grund. Er war überlegt. Geschossen wurde ohne vorherige Warnung." Der Präsident hätte noch hinzufügen können, daß dies keineswegs das einzige Aufklärungsflugzeug war, das unter ähnlichen Umständen in diesem Teil der Welt verlorenging. Diese Aktionen sind zwar illegal, aber sie überraschen nicht. Der Westen hat eine solch immense Fähigkeit, seine eigenen elektronischen Abwehrsysteme zu vervollkommnen und die Systeme potentieller Feinde zu durchdringen, daß die „andere Seite" sich eben ab und zu zu bewaffneter Antwort hinreißen läßt. Das gehört mit zu dem Preis, den man für diesen unbehaglichen Friedenszustand zahlen muß, der nur durch die Drohung gegenseitiger Vernichtung durch Wasserstoffbomben aufrechterhalten wird.

Die Zivilbevölkerung ist kaum imstande, das Ausmaß und die Wirksamkeit der strategischen Luftaufklärung der siebziger Jahre zu würdigen. Die elektronischen „Frettchen" stellen nur einen Aspekt einer ungeheuer komplexen, weltweiten Operation dar, die kleine unbemannte Drohnen wie auch Satelliten so groß wie D-Zugwagen umschließt und dazuhin eine Vielzahl verschiedenster Flugzeugtypen. Die Ausrüstung, die allein die Flugzeuge mitführen, ist so vielfältig und auf so verschiedene Zwecke abgestimmt, daß nahezu jede Abbildung einer EC-135, also jenes „Spionage"-Flugzeugtyps, den die USAF von Stützpunkten in Japan aus einsetzt, eine neue und noch verwirrendere Verwandlung von Ausbuchtungen, Radomen und Antennen aufweist.

Die Öffentlichkeit bekam ab und zu einen kurzen und nur groben Einblick, wenn auf dem Fernsehschirm Saturnraketen des Apollo-Programms gezeigt wurden, die gerade auf dem

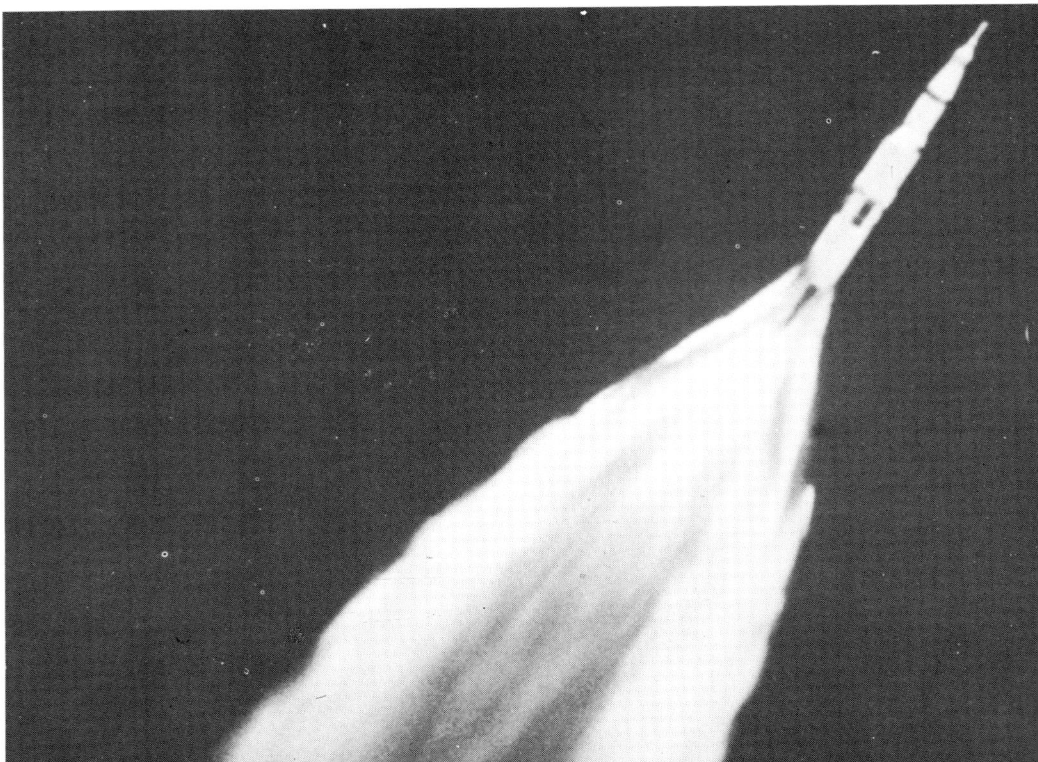

Auf dem Weg zum Mond wurde eine Apollo-Rakete viele Kilometer über der Erdoberfläche durch ein leichtes optisches Verfolgungssystem (ALOTS) fotografiert, das in einem Behälter in einer USAF EC-135N mitgeführt werden kann. Ähnliche Verfahren können zu unschätzbaren Informationen über Raketenversuche innerhalb eines Radius von Hunderten von Kilometern führren.
NASA

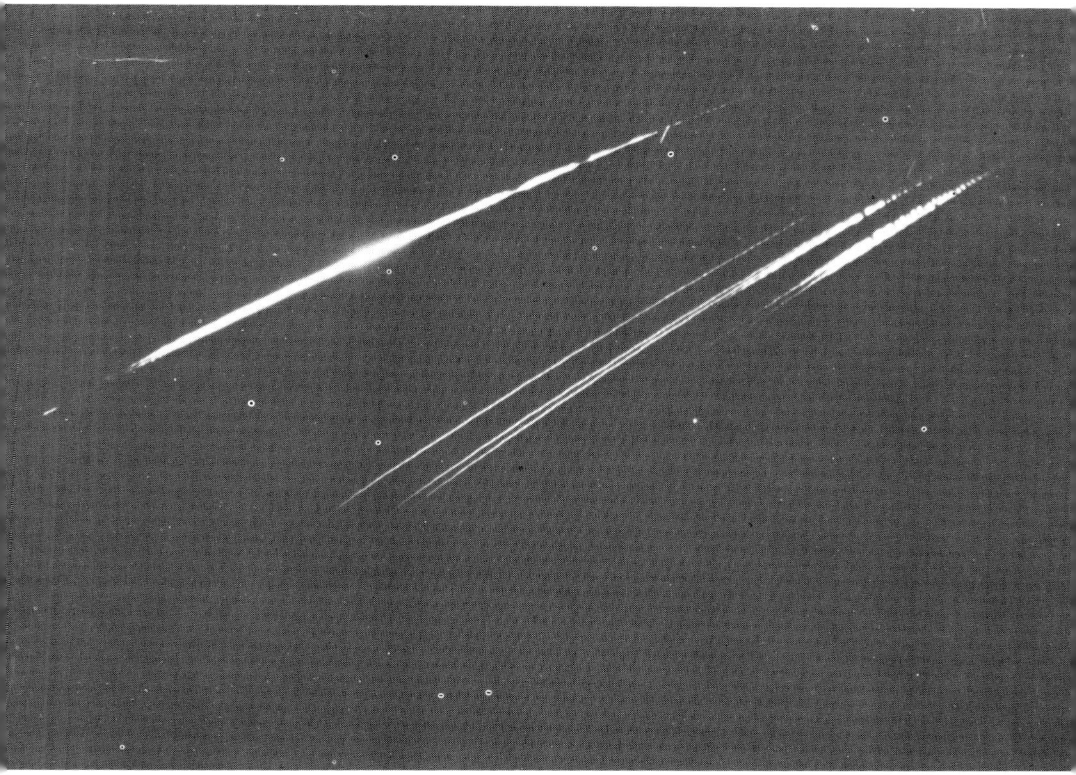

Ein fotografischer Beweis, daß die Sowjetunion Mehrfachwiedereintrittskörper mit ihrer Interkontinentalrakete SS-9 erprobt. Die helleren Streifen (Flugrichtung von rechts oben nach links unten) zeigen Endstufenteile, die beim Wiedereintritt in die Atmosphäre verglühen. Die drei feinen Linien in der Mitte stammen von Wiedereintrittskörpern, die Atomsprengköpfe (Wasserstoffbomben) aufnehmen können.

Weg in den Weltraum hinaus – weit außerhalb des Bereichs von Telekameras auf dem Boden – im Stadium der Stufentrennung gezeigt wurden. Andere Aufnahmen, aus EC-135 über dem Pazifik geschossen und weniger publiziert, zeigen genauso faszinierende Details: Spuren von Mehrfachsprengköpfen, die von sowjetischen Interkontinentalraketen bei Schießversuchen ausgelöst wurden.

Keine zwei Aufnahmen von Mitgliedern der Boeing C-1135 „Familie", die in Japan stationiert ist, zeigen ähnliche Ausbuchtungen und Antennenanordnungen. Die Aufgaben, die Flugzeuge wie diese RC-135 M übernehmen, sind streng geheim. T. Matsuzaki

Solche Aufnahmen sagen dem Laien recht wenig. Dem mit Fragen der Verteidigung befaßten Wissenschaftler können sie eine Bestätigung dafür bedeuten, ob die andere Seite vom einfachen Sprengkopf zu Mehrfachsprengköpfen fortgeschritten ist, die unabhängig manövrieren oder die Verteidigung durchdringen können.

Fotos stellen auch nicht die Grenze der lebenswichtigen Angaben dar, die von den wachsamen „Spionageflugzeugen" gesammelt werden. Seit mehr als zehn Jahren arbeitet das amerikanische Verteidigungsministerium an einem Forschungsprogramm, das unter der Abkürzung ABRES läuft und bisher mehr als eine Milliarde Dollar verschluckt hat. Die Abkürzung leitet sich ab aus „Advanced Ballistic Re-Entry System" (Fortgeschrittenes ballistisches Wiedereintritts-System). Sein Ziel liegt in der Entwicklung von Möglichkeiten für bodengestützte oder U-Bootgestützte ballistische Raketenwaffen, die die fortlaufend verbesserten feindlichen Bereichs- und Objektverteidigungssysteme mit ausreichender Genauigkeit durchdringen können und genügend große Sprengwirkung im Zielgebiet erreichen, um die Zerstörung verschiedenster Ziele zu garantieren.

ABRES zielt ab auf die beste Form von Wiedereintrittskörpern für Sprengköpfe und die beste Methode, sie von der ungeheuren Hitzeentwicklung abzuschirmen, die in der Phase des

Die Spezialausrüstung, die sich hinter den Fenstern dieser abgeänderten C-135 verbirgt, ermöglicht es der amerikanischen Luftwaffe, ankommende Wiedereintrittskörper zu verfolgen und zu fotografieren – gleichgültig, ob sie von Freund oder Feind stammen.

Wiedereintritts in die Erdatmosphäre entsteht. Es gab eine Zeit, da war man schon zufrieden, wenn solche Körper den Wiedereintritt überhaupt „überlebten“ und sich dann nicht überschlugen oder ins Gieren kamen, wobei dann die Einhaltung einer genauen Flugbahn nicht mehr gegeben war. Jetzt gilt es, den hauptsächlichen Sprengköpfen Attrappen beizugeben, sie mit ECM-Einrichtungen (ECM = elektronische Gegenmaßnahmen) zu schützen und sie darüber hinaus so widerstandsfähig zu machen, daß sie auch Atomexplosionen überstehen, die von feindlichen ABM (= anti-ballistic missiles = Abwehrlenkwaffen gegen ballistische Raketen) ausgelöst werden und daß sie den Streß der Manöverbewegungen genauso überstehen wie die Hitze, die mit dem Wiedereintritt in die Atmosphäre untrennbar verbunden ist.

Die Attrappen müssen auf dem Erfassungsradar den gleichen *blip* (Tupfen) erzeugen wie ein echter Sprengkopf, wenn sie ihre Aufgabe zufriedenstellend erfüllen sollen. Diese Aufgabe wird nicht gerade dadurch erleichtert, daß jedes Objekt, das mit so großer Geschwindigkeit in die Atmosphäre eintritt, eine ionisierte „Schleppe“ hinter sich herzieht, die aufgrund ihrer physikalischen Eigenschaften dem gegnerischen Radarbeobachter aufschlußreiche Informationen über die Masse und andere Aspekte des Wiedereintrittskörpers gibt. Deshalb ist es notwendig, die „Schleppe“ der Attrappen zu modifizieren, damit sie die Täuschung aufrechterhalten können.

Das amerikanische ABRES-Programm befaßt sich mit diesen und anderen Aspekten der amerikanischen ballistischen Waffen. Als Teil ihres ausgedehnten Kommunikationsnetzes benützt es zwei besonders modifizierte KC-135, die unter der Bezeichnung TRAP geführt werden, was in diesem Fall nicht „Falle“ bedeutet sondern als Abkürzung für „Terminal Radiation Airborne measurements Program“ steht. Damit ist ein Meßprogramm gemeint, das die Strahlung gegnerischer Wiedereintrittskörper in der Schlußphase der ballistischen Flugkurve mit Hilfe von fliegenden Meßständen erfaßt. Was da in dem „Buckel" eingebaut ist, den jedes dieser beiden Flugzeuge trägt, und weiter hinter den Spezialfenstern sowie unter den strömungsgünstigen Verkleidungen, ist nur den auf äußerste Geheimhaltung vergatterten Männern bekannt, die in diesen Flugzeugen fliegen und das Gerät bedienen oder warten. Aber es wurden bereits beachtenswerte Fotos veröffentlicht, die Sprengköpfe beim Wiedereintritt in die Atmosphäre zeigen. Und Strahlungsdaten, die mit Hilfe der KC-135, gewonnen werden, helfen den amerikanischen ICBM (Inter-Continental Ballistic Missiles – ballistische Raketenwaffen mit interkontinentaler Reichweite), daß sie ihren sowjetischen Gegenstücken mindestens einen Schritt voraus bleiben, die durch andere KC-135 (unter Programmen wie *Cobra Ball* der USAF) und durch Spezialschiffe einer konstanten Überwachung unterliegen.

Solche Flüge tragen dazu bei, daß man über die Entwicklung von Waffensystemen der anderen Seite auf dem Laufenden bleibt. Sie lassen jedoch keinen Rückschluß zu, auf welche Weise der amerikanische Präsident am 9. Februar 1972 in die Lage versetzt wurde, in einer Fernsehansprache zu sagen: „Wir haben Anzeichen dafür, daß zwei neue und völlig modifizierte (sowjetische) ICBM-Systeme entwickelt werden. Nahezu 100 neue ICBM-Abschußstellen befinden sich im Bau. Einige dieser verbunkerten Silos sind für große moderne Waffen wie die SS-9 bestimmt. Diese ist wegen der Größe des Sprengkopfs und der möglichen Genauigkeit geeignet, unsere verbunkerten ICBM direkt zu bedrohen . . . Eine verbesserte ballistische Rakete zur Mitführung in U-Booten steht vor der Truppenreife. Ein neuer Bomber befindet sich in der Flugerprobung. Der Ausbau von ABM (anti-ballistic missile system = Anti-Raketenwaffen-System) um Moskau herum wurde wieder aufgenommen. Neue Typen von ABM-Radar- und Abfangsystemen für Raketen befinden sich in der Erprobung."

Eine so umfangreiche Kenntnis der sowjetischen militärischen *top-secret*-Forschung und -Anwendung ist hauptsächlich den im vorangegangenen Kapitel beschriebenen amerikanischen Aufklärungssatelliten zuzuschreiben. Aber diese Medaille hat natürlich auch eine Kehrseite.
Als eine Stadt im Nordosten der USA vor der Eröffnung eines schönen neuen Museums stand, da hielt es die Direktion für eine gute Idee, den dort ausgestellten Bildern die Satellitenaufnahmen eines möglichst großen Gebiets der Stadt und ihrer Umgebung anzufügen. Höfliche Anfragen bei der NASA und dem Verteidigungsministerium lösten die Erwiderung aus, daß solche Bilder leider der breiten Öffentlichkeit nicht zugänglich gemacht werden könnten, weil sie unweigerlich das Vorhandensein geheimer Installationen wie Militärflugplätze und Raketenabschußstellen zeigten.
Da sagte sich der Kurator: Probieren wir es doch einmal mit der anderen Seite! Er schickte einen Brief mit der Bitte um ein solches Bild nach Moskau. Dieses Stück Papier muß dort jemand in die Hand gefallen sein, der entweder über Sinn für Humor oder aber eine überdurchschnittlich gute Einschätzung moderner Abschreckung verfügte. Das Museum kann heute mit Stolz auf ein solches Bild verweisen – mit gütiger Erlaubnis eines sowjetischen Aufklärungssatelliten, der keine Bedenken hatte, dieses Gebiet aufzunehmen. Einschließlich der militärischen Anlagen, versteht sich.
Präzise Daten über das, was moderne strategische Aufklärung bewältigen kann, werden selten veröffentlicht. Bevor wir also zu taktischer Aufklärung übergehen, lohnt es sich, über die besonderen Fähigkeiten eines Düsenaufklärungsflugzeugs wie der *Victor B (SR) 2* zu berichten, die sich bei der 543. RAF-Staffel in Wyton in Huntingtonshire im Einsatz befindet. Das ist ein Flugzeug, stark genug und komplex genug, um in Höhen weit über dem zivilen Luftverkehr von England bis zum Mittelmeer vorzustoßen und dabei das gesamte Gebiet bei

Kameras vor dem Einbau in eine Victor B (SR) Mk 2 der Staffel Nr. 543 der RAF auf dem Flugplatz Wyton.

Tag oder bei Nacht in einem einzigen Sieben-Stunden-Flug automatisch radarmäßig zu kartografieren. Die Bilder sind so scharf, daß einzelne Schiffe auf See oder im Hafen genau erkennbar sind.

Man kann sich nun fragen, wie gut sind die Ergebnisse der russischen *Bear* oder der Tu-16 *Badger,* der überschallschnellen Tu-22 *Blinder,* der Il-38 *Moss* Marineaufklärer/Bomber, die auf der zivilen Il-18 basieren, und der Be-12 *Mail* Amphibienflugzeuge, die die NATO-Flottenverbände auf allen Meeren beschatten, fotografieren und elektronisch „abhören"? Erst

Phantom-Jäger der US Navy „geleiten“ eine sowjetische Tu-16 („Bagder“), während sie ihren Träger überfliegt. Ort des Geschehens: der Nord-Pazifik. US Navy

wenn solche Flugzeugtypen oder Satelliten unter Garantie jedes mit Atomraketen bestückte U-Boot, das irgendwo unter der Wasseroberfläche verborgen liegt, entdecken und orten können, wird die Ost-West-Abschreckung etwas von ihrer fürchterlichen Bedrohung verlieren.

Flugzeuge, die zur U-Bootbekämpfung (ASW = anti-submarine warfare) gebaut werden, gehören zu den Typen, die heute bei allen Luftstreitkräften unter strengstem Geheimschutz stehen. Selbst ein autorisierter Besucher, der Zugang zu Geheimmaterial hat, konnte bei einem Gang durch eine *Nimrod MR1* der 201. Staffel der RAF in Kinloss, Schottland, feststellen,

daß einige der Geräte auf der rechten Seite des taktischen Bereichs, mit Schutzhauben auch vor seinen Augen geschützt waren. Das ist verständlich, denn kein anderes ASW-Flugzeug ist so gut ausgestattet, um solche U-Boote aufzuspüren und zu zerstören, die den Schlüssel zum Tod oder Überleben der halben Welt in ihren Raketen-Abschußrohren haben.
Vier Rolls Royce Turbofan-Triebwerke vermitteln der *Nimrod* die Fähigkeit, das Überwachungsgebiet mit 925 km/h anzufliegen. Zwei Triebwerke können abgestellt werden, um während des endlos erscheinenden Absuchens großer Seegebiete Kraftstoff zu sparen. Während eines Aufklärungsflugs von 12 Stunden kann man jeden Augenblick ein U-Boot durch Radar, eines der Sonarsysteme, den *Autolycus* Ionisationsdetektor (der die Spur eines getaucht fahrenden U-Boots „erschnüffeln" kann) oder eines der anderen Suchgeräte aufspüren. Dann kurvt der Pilot mit seinem 80-Tonnen-Flugzeug auf die mögliche Beute ein, öffnet die 15,25 m langen Waffenschächte, in denen verschiedene Bomben, Wasserbomben und zielsuchende Torpedos hängen, die noch durch Luft-See-Lenkwaffen ergänzt werden, welche unter den Tragflächen hängen. Der Name *Nimrod* paßt – man dachte an den „mächtigen Jäger vor dem Herrn" aus der Genesis in der Bibel.
Kein trägergestütztes Flugzeug ist groß genug, um so viel Waffen und Ausrüstung zu tragen wie die *Nimrod*. Aber die neue S-3A *Viking* der US Navy gibt eine Vorstellung davon, was auch ein solches Flugzeug bereits an Wirksamkeit erzielen kann. Stellen wir uns einmal vor, daß wir an Bord einer *Viking* sind, die 1974 auf dem atomgetriebenen riesigen Flugzeugträger *Enterprise* in Dienst gestellt wurde. Im Gegensatz zu den schwer beladenen Jägern und Jagdbombern besteht keine Notwendigkeit, unser Flugzeug auf das Dampfkatapult zu setzen und dann in die Luft hinaus zu schießen. Ein Flugdeck über 350 m lang, das sich mit einer Geschwindigkeit von 30 Knoten gegen den Wind bewegt, genügt für einen mühe-

losen Start, der eher einem reinen Vergnügungsflug ansteht als dem tödlich-ernsten Geschäft der U-Bootjagd.
Heute wird ein Übungseinsatz geflogen, und wir wissen sogar, daß sich ein U-Boot in einem bestimmten Gebiet des unendlichen Pazifik befindet, über dessen Wasserweiten wir jetzt dahinfliegen. Seien wir ehrlich und geben gleich zu Anfang zu, daß die sprichwörtliche Suche nach der Nadel im Heuhaufen noch eine verhältnismäßig leichte Aufgabe im Verhältnis zur Suche nach einem mit Atomraketen bestückten, getauchten U-Boot in der Weite der Meere ist, die sieben Zehntel der Erdoberfläche bedecken.
Pilot und Copilot sitzen nebeneinander. Der Pilot hat die Steuersäule und die Pedale sich selbst überlassen. Schon kurz nach dem Start hat er die Aufgabe des Fliegens einem computergesteuerten Autopiloten überlassen, der seine Arbeit mit nicht zu überbietender Genauigkeit und Zuverlässigkeit erledigt. Der Pilot kann sich ganz auf die taktische Situation konzentrieren. Der Hauptcomputer erledigt die Arbeit einer ganzen Flugzeugladung von Leuten, speichert alle Daten, die die Sensoren des Flugzeugs erfassen und hält sie für den Zugriff bereit, kontrolliert die Elektronik auf richtige Funktion und verbessert die Genauigkeit der taktischen Manöver.
Auf dem Schirmbild (CRT = cathode ray tube = Kathodenstrahlröhre) erhält der Pilot alle Daten über anzufliegende Positionen, Zeiten, Flugzustand und Kurs, eigenen Standpunkt und vorausgesagte Zielpositionen. Er erhält automatisch Hinweise und Alarme, Vorschläge für die Reihenfolge einzelner Tätigkeiten und Angaben über die Position von Horchbojen, die abgeworfen wurden, um einen bestimmten Sektor des Ozeans darauf zu untersuchen, ob er nicht irgendwo ein Unterseeboot verbirgt.
Der Copilot auf dem rechten Sitz muß nicht nur darauf gefaßt sein, jeden Augenblick das Steuer zu übernehmen, er ist auch verantwortlich für die Navigation, die Funkverbindung und be-

dient die ganze Serie der nicht-akustischen Sensoren wie Radar, den magnetischen Anomalie-Dektor im MAD-Stachel am Schwanz des Flugzeugs, sowie die nach vorn wirkende Infrarottechnik und die ECM.
Jeder verdächtige *blip* auf der CRT des Copiloten kann durch eine elektronische Markierung auf dem Schirmbild herausgehoben werden. Ein Knopfdruck wird dann diesen „Kontakt" in den Computer einspeisen, ihn für die anderen Besatzungsmitglieder und ihre Bildschirme abrufbar halten und darüber hinaus noch durch *Datalink* an Operateure in anderen Flugzeugen oder Schiffen weitergeben. Es ist an jeden Eventualfall gedacht. Die Aufgaben des Copiloten hinsichtlich Navigation und Funkverkehr können jederzeit von anderen Besatzungsmitgliedern übernommen werden, deren besondere Aufgaben und Pflichten in gleicher Weise geteilt und an Andere abgegeben werden können.
In einer völlig abgeschlossenen Kabine hinter dem Cockpit der *Viking* sitzt der sogenannte *Sensor Operator* (Senso) und der taktische Koordinator (Tacco). Der Letztere dirigiert die ganze U-Bootsuche und paßt sich dabei der Veränderung der taktischen Lage an, die er auf seiner CRT verfolgt; er geht die Daten der Sensoren durch, wertet sie aus und gibt Anweisungen an die anderen Besatzungsmitglieder. Der Senso ist in erster Linie verantwortlich für die Wahrnehmung der akustischen Datensysteme, aber er kann dem Piloten auch Bestätigungen für die Anzeigen der nichtakustischen Systeme geben. Sorgfältige Ausbildung und die Verfügbarkeit automatischer Zielentdeckung sowie computergesteuerte Klassifizierung etwaiger Feindberührungen machen jeden *Viking*-Einsatzflug zu einer durch und durch professionellen Begegnung für das am schwierigsten zu fassende, drohende Waffensystem, das wir kennen. Wenn das Flugzeug seinen vorbestimmten Kurs mit einer Durchschnittsgeschwindigkeit von 300 km/h fliegt, dann sucht das Radargerät in der Bug-

nase fortlaufend das Wasser ringsherum ab, um auch noch die kleinsten Gegenstände in den Wellen des Ozeans zu erfassen. Aus einem ausfahrbaren Turm etwas weiter hinten im Rumpfboden sichert ein Infrarot-Sensor – vom Computer automatisch gesteuert – ein Zielbild hoher Auflösung bei Tag oder Nacht, denn dieses Gerät ist unabhängig von Beleuchtung und kann Lufttrübungen und leichten Nebel durchdringen. Zwei Objekte sorgen für Weitwinkel- oder Zoomeffekt. Wenn nun ein Ziel erfaßt ist, dann wird es ebenfalls automatisch weiterverfolgt. Und man darf sicher sein, daß der Kontakt nicht mehr abbricht, selbst wenn er zeitweilig dem Sichtbereich der Besatzung entzogen ist.

Eine im Rumpf montierte KB-18A Panoramakamera stellt die Deckung von Horizont zu Horizont sicher und kann das Ergebnis jedes einzelnen Angriffs dokumentarisch festhalten. Der MAD in dem Stachel, der den Schwanz des Flugzeugs ziert, stellt das Vorhandensein metallischer Objekte im Wasser fest, indem er Anomalien im Magnetfeld anzeigt, die auf das Vorhandensein eines U-Bootes hindeuten können. Und alle ECM-pods an den Tragflächenspitzen sind empfangsbereit für noch so schwache Signale, die bedeuten können, daß das U-Boot über eigenes Radar vor der anfliegenden *Viking* gewarnt wird. Ist das der Fall, dann können diese Signale gestört werden; gleichzeitig gehen die Daten in den Bordcomputer, und das Flugzeug nimmt automatisch Kurs auf das Radargerät, von dem diese Signale ausgehen.

Sechzig Sonarbojen sind im hinteren Teil des Rumpfs in Abwurfschächten aufgehängt. Einzeln oder nach einem bestimmten Muster geworfen, nehmen sie die Schallabstrahlung auf, die selbst noch das leiseste moderne U-Boot verursacht, und orten dieses Boot genau. Der Bordcomputer kann dann sowohl das Flugzeug in Angriffsposition manövrieren und die Zahl und die Einstellung der zu werfenden Wasserbomben oder das Abfeuern von Raketenwaffen festlegen.

Im vorliegenden Fall ist das U-Boot gefunden und in einem simulierten Angriff „zerstört" worden. Uns wäre dies beinahe entgangen, wenn uns der Pilot nicht auf die verschiedenen Stadien des Einsatzes, wie sie auf der CRT vor ihm abliefen, hingewiesen hätte. So weit geht also die Automatisierung bereits in einem relativ kleinen, modernen ASW-Flugzeug.
In der Zwischenzeit ist die Aufgabe der taktischen Aufklärung – im ersten Weltkrieg noch ohne Mühe von den 145 km/h „schnellen" Doppeldeckern aus Holz mit Stoffbespannung bewältigt – auf eine ganze Reihe verschiedenster Typen übergegangen, die Milliarden von Pfund Sterling, Dollar oder Rubel oder in welcher Währung auch immer kosten.
Nachdem die Gefahr eines sogenannten dritten und damit endgültigen Weltkriegs vielleicht für immer gebannt ist, sind die sogenannten „Großmächte" gezwungen zur degenerierten Teilnahme an Feldzügen, die je nachdem als begrenzte, lokale Konflikte, „Buschfeuer", Niederwerfung von Aufständen oder unter anderen Bezeichnungen geführt werden und damit nichts anderes sind als die mit halber Legalisierung vorgenommene Tötung von Mitmenschen. Wie immer kann auch dies nur dann kräfteschonend („ökonomisch") betrieben werden, wenn man soviel Kenntnisse wie möglich über die andere Seite zusammenträgt. Da bislang solche Konflikte ohne den Einsatz von Kernwaffen ausgetragen wurden, ist es üblich geworden, taktische Aufklärungsflugzeuge als Variante aus bestehenden Flugzeugtypen zu entwickeln. Einige wenige sehr spezialisierte Typen ausgenommen, ist es gelungen, dabei viel von der Offensiv- oder Defensivschlagkraft des ursprünglichen Typs zu erhalten, wenn es als reines Kampfflugzeug ausgelegt war. So können z. B. moderne Jagdflugzeuge, wie die amerikanische F-4 *Phantom,* die französische *Mirage III* und die schwedische *Draken* einfach dadurch zu einem kompetenten taktischen Aufklärer gemacht werden, daß man eine neue Bugnase anfügt, die automatische Kameras enthält.

Verschiedene Kameras, die in der Nase des überschallschnellen schwedischen Aufklärers Saab S 35 E „Draken", mitgeführt werden können.

In einigen Fällen genügte eine noch einfachere Methode: man hängte einen Aufklärungspack an einer Unterflügelstation auf. Ein besonders gutes Beispiel für solch eine Anordung ist die von EMI Electronics für die *Phantom* der RAF entwickelte Version. Sie wird an der Unterrumpfstation aufgehängt und enthält neben Kameras das von EMI gebaute Seitensicht-Radar, welches das *Linescan* System benützt, um eine Radarkarte auf 12,7 cm Film zu übertragen und damit ein Bild des Terrains zu beiden Seiten des Flugzeugkurses festzuhalten. Auf diese Weise kann die Phantom erstklassiges Gerät zur Luftaufklärung mit doppelter Schallgeschwindigkeit *und* einer ziemlich beachtlichen Nutzlast von Lenkwaffen oder konventionellen Waffen verbinden.

Der *Harrier* der RAF geht bei der Gefechtsfeldaufklärung noch einen Schritt weiter, denn er kann senkrecht starten und landen; er braucht also keine langen Startbahnen, die leicht und einfach zu beschädigen sind. Der Senkrechtstarter hat eine Bugkamera als Standardausrüstung, und kann einen Block aus fünf Kameras in einem Gerätepack unter dem Rumpf mitführen. In der Kombination seiner Eigenschaften ist er also unübertroffen, denn er kann überall starten und landen wie ein Hubschrauber, er kann aber auch – wie man es von einem modernen Kampfflugzeug erwarten muß – im Horizontalflug Überschallgeschwindigkeit erreichen.

Die Hawker-Siddeley „Harrier" hat einen völlig neuen Leistungs-Standard auf dem Gebiet der Gefechtsfeldaufklärung und Erdkampfunterstützung gebracht. Die Kombination von Senkrechtstart und -Landung mit Geschwindigkeiten von Mach 1+ und großkalibrigen Waffen und Kameras (oder was die Situation gerade verlangt), in auswechselbaren Ausrüstungspacks, ist einmalig.

Zusätzlich zu den Raketenpacks und abwerfbaren Zusatztanks und zwei Waffenbehältern unter dem Rumpf kann eine „Harrier" unter der Rumpfmitte einen Spezialbehälter mit 5 Kameras mit sich führen. Eine F. 95 Kamera ist sowieso in der Bugnase fest eingebaut.

In jeder Hinsicht einschließlich Kosten/Nutz-Effekt stellt der *Harrier* ein erstklassiges Flugzeug für eine erstklassige Luftwaffe dar, die in einen größeren Krieg verwickelt werden könnte. Seit 1945 versuchen die Luftfahrtindustrien der ganzen Welt, eine Formel für ein verhältnismäßig einfaches, nicht besonders teueres Mehrzweckflugzeug zu finden, das auf die „lokalen Konflikte" zugeschnitten ist, die anscheinend unvermeidbar geworden sind. Die Bemühungen sind ziemlich erfolglos geblieben, in der Hauptsache wohl deshalb, weil die Großmächte allzuleicht bereit sind, in Ländern wie Vietnam oder Ägypten Waffensysteme und elektronische Abwehrsysteme hineinzupumpen, für die dann nur durch modernste und voll ausgerüstete Flugzeugtypen ein Gegengewicht geschaffen werden kann.

Deshalb mußte die USAF zum Beispiel die F-105 D *Thunderchief* in jenen Jahren als Speerspitzen der Angriffsverbände einsetzen, als es darum ging, Ziele in Nordvietnam pausenlos anzugreifen. Gemessen an den Maßstäben des Zweiten Weltkriegs war nur eine bescheidene Anzahl von F-105 D (rund 600 Stück) gebaut worden. Jedes einzelne Flugzeug kostete mehr als zwei Millionen Dollar. Die Verlustrate erreichte derartige Ausmaße, daß die Situation echt bedrohlich wurde, als der Bestand an schlagkräftigen Jagdbombern so gefährlich abgesunken war, daß die USAF ihrer primären Aufgabe, ein Gegengewicht gegen die kommunistischen Streitkräfte in Europa und im Fernen Osten zu bilden, nicht mehr voll gerecht werden konnte.

Um die Anforderungen an die vorhandenen Flugzeuge der ersten Linie (die anderswo gebraucht wurden) reduzieren zu können, begannen die amerikanischen Streitkräfte, ältere Flugzeugtypen an Aufgaben anzupassen, die mit einem Minimum von kostenträchtiger Ausrüstung erledigt werden konnten. Und seitdem haben also die vorgeschobenen Luftbeobachter Feindziele zur Bekämpfung durch Jabos dort gesucht und markiert, wo keine Fla-Raketenstellungen und keine radargesteuerten Flakkonzentrationen waren, die im Norden

F-105 D „Thunderchief" Jagdbomber bekamen eine ganze Reihe neuer Außenlasten zusätzlich zur regulären „Nutzlast". Der neue Behälter unter dem Rumpf enthält ECM-Gerät, das das Durchkommen bis zum Ziel mit ermöglichte. J. Geer

verteidigten. Die alte C-47 *Dakota* und die C-119 *Flying Boxcar* wurden zu „Gunships“ (Waffenträgern) für nächtliche Angriffe auf den Vietcong oder nordvietnamesische Freischärler.
Die Erfolge, die durch diese *Spooky* und *Shadow* Waffenträger sowie die *Bird Dog* erreicht wurden, veranlaßten die US Navy und die USAF zu Überlegungen darüber, ob die Kriegsführung gegen Freischärler und Guerrilla-Verbände in ihrer modernen Form nicht auch zur Produktion verhältnismäßig kleiner und nicht teuerer, völlig neuer Flugzeugtypen zwinge, die auf diese Aufgabe ausgerichtet waren. Einige Jahre Konstruktion, Entwicklung und Auswertung brachten den Typ North American Rockwell 0V-10 *Bronco* hervor.
Dieses zweisitzige Doppelrumpfflugzeug mit zwei 715-PS-Turboprop-Triebwerken besaß Tragflächen und Höhenleitwerke von gleichbleibender Profiltiefe, wie man sie im laufenden Kilometer produzieren kann und nur in der gewollten Länge abzuschneiden braucht. Das ausladende Cockpit vermittelte eine hervorragende Rundumsicht, so daß die Besatzung auch die kleinste Bewegung wahrnehmen konnte, mit der sich eine Handvoll Guerillas im Dschungel verriet. Die Höchstgeschwindigkeit von 450 km/h und die Reichweite von ein paar 100 Meilen genügten für solche Aufgaben. Außerdem konnte sich dieses Flugzeug sehr wohl seiner Haut wehren. Vier MG's waren schwenkbar auf beiden Seiten des Rumpfs eingebaut. Außerdem konnten an Unterflügelstationen wie auch unter dem Rumpf und unter den Waffenstationen Nutzlasten von insgesamt einer Tonne in Form von Bomben, Raketen, Napalm-Behältern und Lenkwaffen zur Luftzielbekämpfung mitgeführt werden.
Trotz dieser attraktiven Eigenschaften und den Anfangserfolgen in Vietnam orderte die USAF nur 152 Stück; außerdem gingen 96 Maschinen an das US Marine Corps. Aber selbst Guerrillas, die zu Fuß durch den Dschungel marschieren, können soviel Feuerkraft aufbringen oder so wirksam „untertau-

Die zweimotorige Turbopropmaschine North American OV-10A „Bronco“ wurde als spezielles leichtes bewaffnetes Aufklärungsflugzeug, als Hubschrauberbegleitschutz und zur Luftüberwachung der vorderen Linie entwickelt. Peter M. Bowers

chen“, daß diesem unkomplizierten Flugzeugtyp zur Bekämpfung von Freischärlern ernsthafte Beschränkungen auferlegt waren.

Nichts zeigt dies besser als die Tatsache, daß der Kampf in Vietnam die amerikanischen Streitkräfte in den Jahren 1965–1970 veranlaßt hat, allein für elektronische Kriegführung die Summe von 2,5 Milliarden Dollar – also etwa 10 Milliarden DM auszugeben. Selbst 1972, als der Abzug der amerikanischen Truppen aus Vietnam schon weit fortgeschritten war, war allein die US Navy gezwungen, in diesem Jahre noch einmal 250 Millionen Dollar für Elektronik in ihren *Phantom, Skyhawk, Vigilante, Intruder* und *Corsair II* auszugeben.

Schon die äußerlichen und damit sichtbaren Ergebnisse derart riesiger Investionen müssen beeindrucken. Die noch dem

Geheimschutz unterliegenden Entwicklungen, reserviert als letzte Möglichkeiten in einer größeren Ost-West-Konfrontation, müßten sich ausnehmen wie die Lektüre einer Science Fiction Prophetie der fernen Zukunft.
Militärische Aufklärung, in ihren vielfachen Formen, ist so eng und unentwirrbar verknüpft mit den Aufgaben der elektronischen Aufklärung *(elint),* der fliegenden Frühwarnung (AEW = airborne early warning), der elektronischen Gegenmaßnahmen (ECM = electronic countermeasures), der Bekämpfung elektronischer Gegenmaßnahmen (ECCM = electronic counter-countermeasures), der Einsätze des fliegenden Warn- und Kontrollsystems (AWACS), der U-Boot-Bekämpfung (ASW) und anderer Aufgaben, daß das Flugzeug selbst die einfachste und kostenseitig am wenigsten ins Gewicht fallende Komponente innerhalb des gesamten Waffensystems ist.
Die Code-Bezeichnungen, die die Streitkräfte für die verschiedenen Systeme festgelegt haben, lassen James Bond geradezu altmodisch und einfallslos wie einen Kapotthut erscheinen. Bei den USAF gibt es *Black Crow* (schwarze Krähe), *Combat Angel* (Kampfengel), *Compass Dawn* (Kompaßdämmerung), *Comfy Bee* (Schnuckelbiene). Die Reihe geht weiter mit *Commando Bolt, Compass Cope, Compass Quick, Have Fault, Have Lemon, Have Orchid, Pave Eagle, Compass Dwell, Compass Ghost,* und ein halbes Hundert andere. Die US Navy hat anzubieten: *Blue Charger, ERASE, Hip Pocket, See Saw, Tree Cat* und andere Systeme, von denen selbst die Code-Namen geheim sind. Die US Army verfügt über: *Quick Look, Quick Fix, Cefirm Leader* und *Cefirm Scavanger*. Die NATO belegt sowjetische und chinesische Radaranlagen mit einer gleichermaßen faszinierenden Auswahl von Codes wie *Puff Ball, Short Horn, Skip Spin, High Fix, Long Talk, One Eye, Two Spot, Crosslegs, Squat Eye, Moon Cone* und *Tall King.*
In jeder Ecke des Globus sind diese elektronischen Augen, Ohren und Stimmen am Werk, Tag und Nacht, jeden Tag –

Die zugezogenen Vorhänge in der Kabine dieser Beechcraft RU-21D der US Army sorgen dafür, daß die Besatzung jede Einzelheit auf den Bildschirmen erkennt, die mittels der eigenartigen Antennen eingefangen wird.

abschreckend, spionierend, bei der Tötung Einzelner behilflich wie bei dem Versuch ganzer Kontinente, am Leben zu bleiben.

Während dieses Buch geschrieben wurde, waren noch die kleinen zweimotorigen Beechcraft RU-21 der US Army über Vietnam im Einsatz. Dieser Typ war eine Ableitung aus dem Geschäftsreiseflugzeug *King Air*. Der Hauptunterschied bestand darin, daß die RU-21 aussah, als ob sie beim Start den Zaun des Flugplatzes gestreift und ein paar Pfosten dabei mitgenommen hätte. Das sind die Maschinen, die für *Cefirm*-Einsätze infrage kommen und feindliche Fernmeldenetze aufspüren, orten und stören – und sogar feindliche Codes brechen.

Nicht bei allen Einsatzarten ist es notwendig, daß die Flugzeuge in dem Gebiet oder nahe dem Gebiet stationiert werden müssen, das überwacht oder gestört werden soll.

Eines der erfolgreichsten US-Programme des elektronischen Kriegs war *Igloo White,* bei dem Flugzeuge nur gebraucht wurden, um das Überwachungssystem aufzubauen. Dann konnten die Ziele bekämpft werden, die durch dieses System geortet wurden.
Igloo White war notwendig geworden durch die einmalige Natur des Vietnamkriegs. Der größte Teil des Nachschubs an Waffen und Gerät für den Gegner kam aus Rußland und China, in der Hauptsache über den Hafen Haiphong. Dieser war jahrelang bei Bombenangriffen ausgespart worden. So lag der verwundbarste Teil der gegnerischen Nachschublinien in dem Abschnitt des Ho-Chi-Minh-Pfads, der durch Laos verlief. Man kann sich kaum ein schwieriger zu bekämpfendes Ziel vorstellen. Jede Straße, jede Brücke, die durch Bombenangriffe unpassierbar gemacht wurde, konnte leicht umgangen werden in diesem Netz von Wegen, die miteinander verbunden waren und fast vollständig verborgen im Dschungel lagen. Die begrenzten Operationen mit kleinen Verbänden, die im Süden durchgeführt wurden, waren kaum geeignet, die spasmodisch auftauchenden LKW-Konvois zu entdecken und anzugreifen. Diese jedoch waren es, die die Kampfeinheiten einsatzbereit hielten.
Deshalb also *Igloo White,* das sich auf drei Hauptelemente stützte: Sensoren der verschiedensten Typen, die entlang von sorgfältig ausgesuchten Abschnitten des Ho-Chi-Minh-Pfads von Flugzeugen „ausgesät“ wurden. Weiter gehörte dazu: ein Flugzeug, das über diesem Abschnitt kreiste und die Signale aufnahm, die diese Sensoren abstrahlten, wenn feindlicher Verkehr in diesem Abschnitt rollte. Das Flugzeug gab diese Information dann weiter an das dritte Element: ein Überwachungszentrum für Infiltration (ISC = infiltration surveillance center), das 1968 aufgebaut wurde und in dem Informationen in einem Computer ausgewertet und durch Offiziere analysiert wurden. Die Offiziere konnten einen sofortigen

Luftangriff anordnen, wenn es sich ihrer Ansicht nach lohnte. Der typische Ablauf der Ereignisse begann mit der Entsendung eines Schwarms F-4 *Phantom* Jagdbomber, die eine Anzahl von Sensor-Abwurfbehältern in Unterflügelstationen mit sich führten. Über dem gewählten Sektor der Infiltrationsroute wurden diese Sensoren nach einem sorgfältig geplanten Muster abgeworfen. Es gab vier verschiedene Arten. Die 16 cm lange *Spikebuoy* war ein akustischer Sensor und zwar eine 18 kg schwere Ableitung aus der Sonarboje der Marine. Sie drang beim Abwurf tief in den Boden ein, so daß nur noch die Antenne herausragte. Das Mikrofon nahm dann die Geräusche des Autoverkehrs sowie andere Aktivitäten auf. Eine Batterie mit langer Lebensdauer sorgte dafür, daß ein solcher Sensor einige Zeit lang aktiv blieb. Die getarnte *Acoubuoy,* 91 cm lang, war ähnlich aufgebaut – allerdings mit dem Unterschied, daß sie nach dem durch einen Fallschirm gebremsten Abwurf in Baumwipfeln oder im Dschungel hängen blieb und von dort aus tätig wurde. *Adsid* (air delivered seismic detection sensor = aus der Luft abwerfbarer seismischer Detektor) wurde in noch größerem Umfang eingesetzt. Nur 84 cm lang, sah dieses Gerät wie ein großer Pfeil aus, der sich in den Boden bohrte, so daß nur die kleine astförmige Antenne hervorschaute. Dieser Fühler war so empfindlich, daß Erschütterungen – von Kraftfahrzeugen, die in einiger Entfernung vorbeifuhren, ausgelöst – zuverlässig erfaßt wurden. Daneben hatte es den großen Vorteil, daß es viel weniger Strom benötigte als die akustischen Geräte und damit eine höhere Lebensdauer erreichte. Dies war nicht unerheblich, weil selbst ein *Adsid* 975 Dollar kostete und *Igloo White* bis Mitte 1971 immerhin die Summe von 725 Millionen Dollar verschlungen hatte.
Das vierte Gerät war *Acousid,* das sowohl seismische wie akustische Daten erfaßte. Wie die anderen Geräte gab es die gewonnenen Informationen an eine fliegende Relaisstation ab; von dort ging sie an das ISC. Für diesen Zweck wurde in

der Hauptsache die EC-121 R, eine Variante der Lockheed *Constellation* eingesetzt, die den Vorteil einer geräumigen Kabine zur Aufnahme einer größeren Besatzung bot, welche die Daten noch an Bord verarbeiten konnte und in der Lage war, einen Bombereinsatz direkt – ohne den Umweg über das ISC – auszulösen, wenn dieser dringend erforderlich wurde.
Ein Nachteil lag in den hohen Betriebskosten der EC-121 R und der Verwundbarkeit eines solch großen und relativ langsamen Flugzeugs. Deshalb wurde das Projekt *Pave Eagle* in Angriff genommen, um die *Constellation* durch kleine, verhältnismäßig billige Relaisflugzeuge zu ersetzen, die man quasi von der Stange kaufen konnte wie die *Beech Bonanza,* die mit Pilot oder ferngesteuert als Drohne geflogen werden konnte.
Die Version QU-22B der *Bonanza* war für diese Aufgabe mit einem 376-PS-GTSIO-520-Continental-Motor ausgestattet, der einen dreiblättrigen Hartzell-Propeller mit großem Durchmesser antrieb, der über ein Untersetzungsgetriebe langsam und leise drehte.
Wenn nun ein *Adsid* auf dem Wege über eine dort kreisende QU-22 B einen Lastwagenkonvoi an das ISC meldete und die Größe des Konvois einen Angriff lohnend erscheinen ließ, dann wurde eine Staffel F-4 *Phantom II* Jagdbomber in das Zielgebiet dirigiert, wo bereits ein *forward air controller* (FAC) in einer 0-2A wartete, um Zielansprachen für den Angriff zu geben. War aber die Bodenabwehr so stark, daß sich der FAC nicht halten konnte, dann machte das auch nicht viel aus. Die Piloten der *Phantom* fütterten die vom *Adsid* gelieferten Zielkoordinaten in ihrem Bordcomputer. Der übernahm dann die Navigation bis zum Ziel, löste die Splitterbomben so aus, daß sie zur gleichen Zeit wie der Lastwagenkonvoi an derselben Stelle des Ho-Chi-Minh-Pfads ankamen.
Wenn es Nacht war, dann wurden die *Phantom* durch die

großen AC-119- oder AC-130-Waffenträger ersetzt, die aus verschiedenen mehrläufigen Maschinenwaffen ein konzentriertes Feuer auf das Zielgebiet abgeben konnten. Es gab eine Zeit, da waren die Transporte bei Nacht für den Feind sicherer als während des Tags unter den wachsamen Augen eines FAC und den schnell herbeizitierten Jagdbombern. Die großen „gunships“ (Waffenträger) brachten hier eine Wandlung, denn sie konnten ihr Ziel mit Infrarotsensoren und anderen Ortungsgeräten genau ausmachen, bevor sie das Feuer eröffneten.

Selbst die große B-52 *Stratofortress*-Bomber wurden in das Projekt *Igloo White* mit einbezogen, indem sie die Gebiete, die bei Tage als Parkplätze für die LKW-Konvois dienten, mit Flächenbombardements belegten, bei denen nur noch Kernwaffen fehlten, um das Maß voll zu machen. Spezialwaffen wie auch Spezialsensoren und Flugzeuge mit Sonderausstattung spielten dabei eine Rolle, einschließlich der erstaunliche Genauigkeit erzielenden „smarten Bomben“ wie z. B. *hobos* (homing bomb system), wobei die Lenkung durch Laserstrahlen oder elektro-optische Verfahren erfolgte.

Solche Entwicklungen führten dann zu den so sonderbar klingenden Tarnbezeichnungen der USAF. *Black Crow,* also die schwarze Krähe, war ein Sensor, der in einer großen AC-130 eingebaut war und auf das Zündsystem der Lastwagenmotoren ansprach. *Commando Bolt* kam bei Allwettereinsätzen zur Anwendung, wenn Hochgeschwindigkeitsflugzeuge wie die *Phantom* Ziele im Blindwurf bekämpfen mußten, die durch Sensoren des *Igloo White* Programms erfaßt worden waren. Und *Have Fault* war ein Detektor, der auf Menschen ansprach.

Durch die Anwendung solcher fortschrittlicher Technologien stieg die Zahl der auf dem Ho-Chi-Minh-Pfad vernichteten LKW von 5950 zwischen November 1969 und April 1970 auf 14 000 in der gleichen Periode ein Jahr später. Ohne die

Der lange „Kanister“ unter dem Rumpf der Grumman OV-1D „Mohawk“ der US Army enthält ein Seitensichtradar.

Überwachung durch die Sensoren von *Igloo White* wäre dieser Erfolg nicht möglich gewesen.
Vietnam war aber nicht das einzige Gebiet von Interesse. Auf einem Kurs parallel zur Grenze eines Staats des Warschauer Pakts fliegen heute noch andere „Spionage“-Flugzeuge der US Army. Es sind 0V-1D *Mohawk,* die nicht schneller als 320 km/h sind. Man hat ihnen ein zigarrenförmiges Motorola Seitensichtradar unter den Bauch geschnallt, dazu eine Kamera und ein Blitzgerät, einen Sylvania Störsender für Sprengkopfzünder unter der Backbord-Flächenspitze und einen Hallicrafters Radarstörsender unter der Tragflächenspitze an Steuerbord (damit schützen sie sich vor den russischen *Guideline* Boden-Luft-Lenkwaffen) und ein Itek Radarwarnsystem, dessen Antennen die Annäherung feindlicher Jagdflugzeuge ankündigen. Flugzeuge dieses Grundtyps füh-

ren die *Quick Look*-Einsätze der US Army durch, indem sie außerhalb des feindlichen Luftraums bleiben aber an dessen Grenze entlang fliegen und dabei *elint*-Daten der Boden-Luft-Lenkwaffen-Einheiten herauslocken.
Es gab schon in Vietnam derartige spezielle Typen: wenn z. B. ein Verband A-6 *Intruder* von einem großen Flugzeugträger auf Höhe von Hué startete, um eine nordvietnamesische Panzerkolonne anzugreifen, die in die entmilitarisierte Zone eingedrungen war, dann handelte es sich um zweisitzige A-6A, die nur so von Waffen starrten. Mit einer Ausnahme: eine einsame viersitzige (!) EA-6B flog ihnen voraus, denn ohne sie hätten sie kaum eine Chance gehabt, die feindliche Verteidigung zu durchstoßen und bis zum Ziel vorzudringen.
Die Fähigkeiten moderner Luftabwehrraketen wurden vor einigen Jahren auf dramatische Weise bewiesen, als der

Fünf Behälter an Außenstationen unter Tragflächen und Rumpf dieser Grumman EA-6B „Intruder" und ein Sortiment anderer „Extremitäten" bergen ECM-Ausrüstung verschiedenster Art. Solche Flugzeuge flogen den Angriffsverbänden voraus, um die gegnerische elektronische Abwehr auszuschalten.

amerikanische Kreuzer *Long Beach* vor der Küste von Vietnam eine Rotte MiG feststellte, die noch mehr als 100 km entfernt war. Die nordvietnamesischen Jagdflieger fühlten sich – über ihrem eigenen Gebiet – ziemlich sicher, denn auf den Radargeräten war keine Spur feindlicher Lufttätigkeit festzustellen. Ohne Warnung wurden beide Flugzeuge plötzlich von *Talos* Boden-Luft-Lenkwaffen getroffen und zerstört, die in diesem Fall von einem Schiff abgeschossen wurden, das die beiden Piloten überhaupt nicht zu Gesicht bekommen hatten.

Die russische *Guideline* hat nicht die Reichweite der *Talos.* Aber trotzdem ist es ratsam, sie mit Respekt zu behandeln. Deshalb also gibt es die geradezu lebensnotwendige unbewaffnete EA-6B. Unter den Tragflächen und dem Rumpf führen diese Flugzeuge an fünf Stationen taktische Störpacks ALQ-99 mit, die je zwei Sender enthalten. An der Spitze der Leitwerkflosse befindet sich ein häßlich wirkendes Radom, das die ALQ-99-Empfänger und sechs Antennen enthält. Darunter befinden sich auf beiden Seiten der Flosse ECM-Empfänger-Antennen. Eine andere Antenne, die sich vorne an einem der Stiele unter der linken Tragfläche befindet, gehört zu einem ALQ-100 Täuschungs-ECM-(DECM)-System, welches bewirkt, daß die feindlichen Radargeräte nur falsche Richtungsdaten ausspucken, falls die Störsender sie nicht völlig „zugedeckt" haben.

Diese Systeme wurden, weiterentwickelt unter der Bezeichnung *Blue Charger,* in die modernsten Kampfflugzeuge der US Navy – die F-14 *Tomcat* mit eingeschlossen – eingebaut. Wenn dieses Mach 2+ Flugzeug auf Beute ausgeht, dann hat es noch manch anderen Trick „im Ärmel", einschließlich zweier ALE-29B-Behälter, aus denen Düppelstreifen und Fallschirmleuchtbomben abgeworfen werden können, um die feindliche Radarerfassung zu verwirren und Raketenwaffen mit Infrarot-Zielköpfen dorthin abzulenken, wo sie der *Tomcat* nicht schaden können.

Irreführende Einrichtungen zur Täuschung des Feindes sind an sich nichts Neues. Vor mehr als zehn Jahren konnten die B-52-Düsenbomber des SAC kleine strahlgetriebene „Wachteln“ aus ihren Bombenschächten absetzen, die für hunderte von Meilen auf einem vorbestimmten Kurs am Himmel herumschwirren konnten – mit der gleichen Geschwindigkeit wie die B-52. Und jedes dieser kleinen Flugzeuge erzeugte dieselben Tupfen auf dem gegnerischen Warnradar wie eine echte B-52.
Die heutigen Täuschungskörper sind kleiner und subtiler, wie etwa die kleinen ECM-Packungen, die von Jagdbombern aus abgesetzt werden und an Faltflügeln solange flugfähig bleiben, daß sie das gegnerische Radar mindestens eine halbe Stunde lang blockieren.
Wenn die A-6 *Intruder* der US Navy wieder zu ihrem Träger zurückflogen, dann sorgte eine E-2 *Hawkeye* in lässig geflogenen Kreisen für die Sicherheit des riesigen Schiffes. Dabei herrschte in der Kabine der E-2 eine Geschäftigkeit wie in einem Bienenhaufen. Bis jetzt hatten feindliche Flugzeuge die riesigen, verlockenden Brocken ignoriert, von denen die endlosen Luftangriffe gestartet wurden. Aber das war kein Grund,

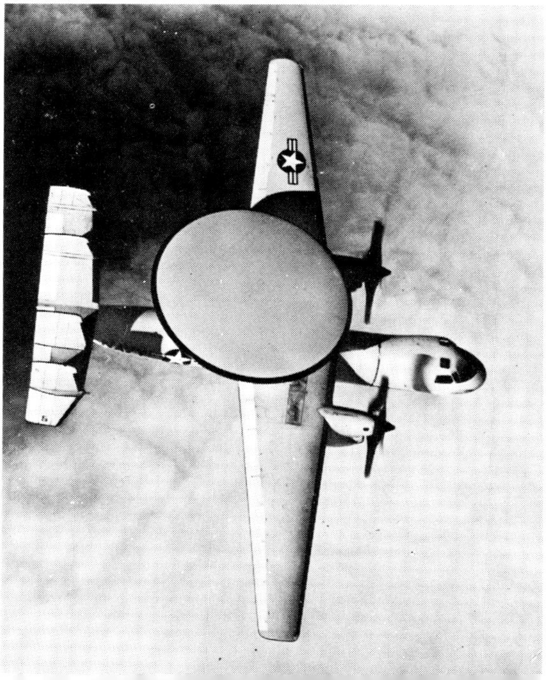

Die langsam rotierende Radarantenne in diesem untertassenförmigen Aufbau weist diese Grumman E-2A „Hawkeye“ (Falkenauge) als ein Flugzeug des Frühwarn- und Kontrollsystems (AWACS) aus. Eine Frühwarnung kann viel früher einsetzen, wenn sie in einer Höhe von über 7000 m durch fliegendes Radar wahrgenommen wird. Ein solches Flugzeug kann auch Jagdflugzeuge in einfliegende Ziele heranbringen.

in der Wachsamkeit nachzulassen. In einer Ära tödlicher Waffen zur Schiffsbekämpfung, die auf Höhe der Wellenkämme die Radarerfassung durch die Schiffe unterfliegen und mit Überschallgeschwindigkeit auf ihr Ziel zurasen können, muß alles, was sich auf irgendeine Weise einem Flugzeugträger nähert, rechtzeitig entdeckt und erfaßt werden können.
Über dem Rumpf der *Hawkeye* drehte sich unter einer großen tellerförmigen Verkleidung eine Antenne. Sie hatte die *Intruder* bereits erfaßt. Wenn sich nun ein feindliches Flugzeug zwischen die zurückkehrenden A-6 geschmuggelt hätte, dann würden die Radarbeobachter in der *Hawkeye* nicht nur diese gewarnt sondern auch dafür gesorgt haben, daß Jagdflugzeuge der US Navy sich sofort um einen solchen Angreifer gekümmert hätten.
Das sind die Aufgaben eines AWACS- (airborne warning and control system) Flugzeugs. Die Hawkeye ist nicht allein in dieser Kategorie. Wenn Alexei Chrumovs MiG-25-Staffel einmal eingegriffen hätte, um einen israelischen Luftangriff abzuwehren, dann wären die Besatzungen durch ein riesiges Turbopropflugzeug — bei der NATO unter der Code-Bezeichnung *Moss* geführt — alarmiert und im Einsatz geführt worden. Dieser Typ ist aus dem Verkehrsflugzeug Tu-114 entwickelt worden. Die in einer ähnlichen tellerförmigen Verkleidung sich drehende Radarantenne sowie andere Antennen können auch hier alle Informationen erfassen, die eine MiG-25 benötigt, um einen Bomberverband anzugreifen, der mit Überschallgeschwindigkeit in welcher Höhe auch immer, auf ein Ziel zufliegt.
Kampfflugzeuge werden nie wieder zu den einfachen und unkomplizierten Formen und Ausstattungen von früher zurückfinden. Die Aufklärung — das Schlüsselproblem zu einem Sieg zu Lande oder zur See, das die Militärluftfahrt überhaupt erst hervorgebracht hat — ist in einem derartigen Grad ausgewuchert, daß sie jetzt das gesamte militärische Denken und

Planen beherrscht und die Ausgangspolitik bestimmt. „Kenne den Feind!“ ist das älteste Axiom für einen Führer im Kriege. Gleichermaßen muß aber der Feind daran gehindert werden, die eigene Seite zu klären.

Der Pilot einer F-4D *Phantom* der USAF hatte kaum Zeit, sich darüber Gedanken zu machen, wenn er die demilitarisierte Zone nördlich von Quangtri überflog. Unter seiner Tragfläche befand sich ein Pod, der ein computergesteuertes Zielsuch-, Warn- und Vermeidungssystem enthielt, das unter der Bezeichnung *Wild Weasel* geführt wird. Wenn auch der Pilot noch nichts davon gemerkt haben konnte, daß ihn eine nordvietnamesische *Guideline*-Batterie erfaßt hatte: *Wild Weasel* hatte es gemerkt. Es fütterte nun Daten in das Feuerleitsystem der *Phantom,* und dieses feuerte dann eine Luft-Boden-Lenkwaffe *Standard ARM* ab. Die Abkürzung steht für *anti-radiation missile.* Bevor die Bedienungen der Raketenbatterie merkten, was los war und ihr Radargerät ausschalten konnten, hatte die *Standard ARM* dieses erfaßt und befand sich mit Überschallgeschwindigkeit auf Kollisionskurs. Die Männer kamen dabei mit ums Leben, nur weil sie in der Nähe standen.

Elektronische Geräte können im Kampf gegeneinander fast alles – nur nicht die Frage stellen: warum?

SCHWARZAMSELN UND KIEBITZE

Der Mensch ist vom Computer noch nicht ganz abgelöst worden. Sein kleines, lebendig durchpulstes Gehirn bleibt das genaueste, zuverlässigste, kompakte Steuergerät, das es gibt. Es ist auch das einzige, das Entscheidungen fällen kann – aufgrund einer besonderen, nur dem Menschen eigenen Mischung aus Vernunft, Erfahrung, Umstand und Vorsicht. Unglücklicherweise ist die Verpackung, in der dieses Wunderwerk geliefert wird, nicht auf die Beanspruchungen des Zeitalters der Überschallgeschwindigkeit, der Atomkraft und der Elektronik ausgelegt.

Wenn also ein paar menschliche Gehirne in ein mechanisches Meisterstück der siebziger Jahren, wie zum Beispiel eine der Schwarzamseln von Beale, hineingesteckt werden muß, dann müssen die Gebilde aus Fleisch und Blut, in denen sie das Pech haben, funktionieren zu müssen, auf Herz und Nieren geprüft und dann so hingepäppelt werden, daß sie das auch überstehen.

Den Uneingeweihten sei verraten, daß mit den Schwarzamseln die SR-71A von Lockheed gemeint sind. Beale ist der Namen des USAF-Stützpunktes in Kalifornien, auf dem das 9. Strategische Aufklärungsgeschwader zu Hause ist, zu dem sie gehören.

Als Präsident Johnson am 29. Februar 1964 zum erstenmal das Vorhandensein dieser Flugzeuge erwähnte, sagte er auch, daß sie bei längeren Flügen Geschwindigkeiten über 3200 km/h und Flughöhen von 21 350 m erreicht hatten. Das ging weit über den bestehenden absoluten Geschwindigkeitsweltrekord hinaus, der auf 2681 km/h stand und von einem sowjetischen Forschungsflugzeug erzielt worden war. Jeder Anflug von Skepsis verflog, als bekannt wurde, daß das neue Flugzeug mit der Typenbezeichnung A-11 ein Erzeugnis derselben „Skunk -Werke“ in Burbank war, in denen etwas früher die U-2 entwickelt wurde.

Vier Jahre waren seit der Powers-Affäre vergangen. Der Präsident hatte betont, daß die A-11 als möglicher Langstreckenjäger erprobt wurde und die Truppenbezeichnung YF-12A trug. Niemand zweifelte jedoch daran, daß die ursprüngliche Absicht wohl darin bestand, eine Nachfolgerin für die U-2 zu schaffen – auch wenn man die Flüge über sowjetisches Gebiet hinweg 1960 gestoppt hatte. Es konnte also kaum mehr überraschen, wenn der Präsident am 24. Juli 1964 erklärte, Lockheed arbeite an der Entwicklung eines zweiten Mach-3-Flugzeugs mit der Typenbezeichnung SR-71. Es handle sich um ein ganz modernes Langstreckenflugzeug mit der Fähigkeit zu weltweiter strategischer Aufklärung für militärische Operationen, das mit Vielfachsensoren ausgerüstet sei.

Als die ersten Bilder der SR-71A freigegeben wurden, war klar ersichtlich, daß es sich nur um eine Variante der A-11-Grundkonstruktion handelte, wie sie in der YF-12A bereits existierte. Ein Hinweis auf die Leistungsdaten kam am 1. Mai 1965 – genau fünf Jahre nach dem Abschuß von Gary Powers – als einige YF-12A drei Weltrekorde und sechs Klassenrekorde brechen konnten. Es wurde ein neuer absoluter Geschwindigkeitsrekord von 3331,507 km/h über eine 15/25 km Meßstrecke und ein Höhenrekord von 24 462 m im Horizontalflug erzielt. Beide Rekorde stehen bis zum heutigen Tag.

Etwas wie die SR-71A hatte man bei der Truppe noch nicht gekannt, als sie 1966 in Dienst gestellt wurde. Der Rumpf mit der nadelspitzen Nase ist 32,74 m lang, die Deltatragfläche hat eine Spannweite von 16,95 m. Die Maschine wiegt 77 110 kg und ist damit schwerer als ein vollbesetztes *Trident* Passagierflugzeug mit 180 Fluggästen an Bord. Sie besteht fast ganz aus Titan, da konventionelle Metallegierungen bei dreifacher Schallgeschwindigkeit schmelzen würden. Aber diese Geschwindigkeit und ein bißchen mehr ist die *normale Marschgeschwindigkeit,* mit der die SR-71A eine Strecke von 4 800 km in einer Höhe von 24 000 m zurücklegen kann.

Die USAF hält mit den Daten über ihr heißestes Flugzeug natürlich etwas zurück, aber sie gab immerhin bekannt, daß die mitgeführte Ausrüstung von einfachen Systemen zur Überwachung des Gefechtsfelds bis zu einem Vielfachsensor-System von höchster Leistungsfähigkeit geht, um gewaltsame Aufklärung fliegen zu können, sowie aus strategischen Systemen, mit denen Flächen von bis zu 155 400 Quadratkilometern in einer Stunde bildmäßig erfaßt werden können.

Das ist ein Flugzeug ganz nach dem Herzen der Jugend. Wer möchte es nicht fliegen! Aber nur wenige schaffen dies, und dafür gibt es gute Gründe. Was dazugehört, um als Pilot für eine SR-71A ausgewählt zu werden, hat Lt. Col. G. Abe Kardong einmal erzählt. Er gehört seit 1967 zum *Blackbird* (Schwarzamsel)-Programm — als SR-71A-Pilot und als Chef der SR-71-Ausbildung.

Als die USAF die ersten Besatzungen für dieses Programm zu rekrutieren begann, da hießen die Anforderungen: „Piloten müssen 1500 Flugstunden auf Düsenflugzeugen nachweisen, noch nicht 35 Jahre alt, körperlich voll qualifiziert und Freiwillige sein.“ Tatsächlich waren die ausgesuchten Piloten in der Mitte der sechziger Jahre im Durchschnitt 35 Jahre alt, hatten ihre Karriere als Jagdflieger begonnen, waren dann zum SAC gekommen, wo sie B-58, B-52 oder U-2 geflogen und dabei insgesamt im Schnitt 3800 Flugstunden zusammengebracht hatten- — und konnten natürlich einen hohen OER (Officer's evaluation report = Beurteilung) vorweisen. Die meisten sind heute Oberstleutnante. Die „Jungen“, die dann ihre Plätze einnahmen. sind normalerweise Hauptleute oder Majore, 31 Jahre alt, mit 2500 Flugstunden im Logbuch, einschließlich Jagdfliegerei in Südostasien.

Das schnellste Flugzeug im Einsatz ist die Lokheed SR-71A der USAF, die in großen Höhen (um 25 000 m) eine Marschgeschwindigkeit von Mach 3,2 einhalten kann. (Flugzeit New York – London: 1 Std. 58 Min.) Die SR-71A hat keine Bewaffnung wie die MIG-25, welche in erster Linie als Jagdflugzeug ausgelegt ist.

Der Einbau eines zweiten Cockpits in der SR-71 B/C ergibt die Schulflugversion dieser Maschine, die mehr als dreifache Schallgeschwindigkeit erreicht und damit schneller fliegt als eine Gewehrkugel.

Hinter jedem Piloten sitzt auf dem Rücksitz der SR-71 ein Beobachter (RSO = reconnaissance systems officer) im Rang eines Hauptmanns, etwa 30 Jahre alt, mit langer Erfahrung als Radarnavigator in B-52 oder B-58, 2500 Flugstunden und einer erstklassigen körperlichen Kondition.
Ein Alter von 30 Jahren muß für ein Pop-Idol fast schon uralt erscheinen. Aber in einer *Blackbird* geht alles wahnsinnig schnell, und für Erfahrung gibt es eben immer noch keinen Ersatz. Zum Beispiel besteht einer der kleinen Tricks dieser Maschine in einem *„inlet restart“*. Das kommt zwar nicht oft

vor. Um aber richtig zu verstehen, was sich dahinter verbirgt, benötigt man schon eingehendere technische Kenntnisse. Läßt man diese beiseite, dann genügt es, zu wissen, daß eine komplexe Anordnung verschiedenster Lufteinlaßveränderungen, einschließlich des zentralen Einlaufdiffusors (des spitzen „Kegels" in der Mitte) notwendig ist, um die Überschallschockwelle genau an der gewünschten Stelle im Lufteinlauf zu halten. Die meisten Überschalltriebwerke sind so gebaut, daß die Schockwelle außerhalb des Lufteinlasses verläuft; die SR-71 „schluckt" sie. Bei hohen Überschallgeschwindigkeiten geht bei Mantelstromtriebwerken ein großer Teil der einströmenden Luft nicht in den Verdichter sondern außen an ihm entlang. Diese Luft ist trotzdem im Einlauf verdichtet worden und wird nach hinten ausgestoßen. In anderen Worten: das Triebwerk arbeitet als eine Art Luftpumpe, wobei ein Großteil des Gesamtschubs im Einlaß selbst „erzeugt" wird.
Das funktioniert normalerweise recht gut. Eine ganze Reihe möglicher Störungen kann aber unglücklicherweise dazu führen, daß die Schockwelle aus dem Lufteinlaß „herausrutscht". Wenn das passiert, dann versucht das Flugzeug – in den Worten von Lt. Col. Kardong – bei dem plötzlichen Verlust des größten Teils der Schubkraft „den Kopf zwischen die Beine zu stecken". Dieses ungemein heftige, konsternierende Erlebnis wird seiner Wirkung nach wie ein Zusammenstoß in der Luft beschrieben. Bis der Lufteinlaß wieder richtig funktioniert, wird der Oberkörper des Piloten oft von einer Seite des Cockpit zur anderen geschleudert, und die Augen drohen ihm dabei aus dem Kopf zu fallen. Jetzt gibt es ein automatisches System zur Wiedereinleitung des richtigen Zustands, und deshalb kommt so etwas heute seltener vor. Daß es aber passieren kann, ist Anlaß genug für die Besatzung, hellwach zu bleiben.
Möchten Sie jetzt immer noch eine SR-71 fliegen? Ok, nehmen wir an, Sie heißen Chuck McGovern, sind Hauptmann und

haben bisher ihre Zeit damit zugebracht, Wasserstoffbomben in B-52 umherzufliegen, und möchten nun etwas anderes tun. Und nun verfolgen wir, was diesem Chuck McGovern bevorsteht. Recht hoffnungsvoll füllt er das USAF-Formblatt 215 aus und schickt seine Bewerbung an das SAC. Dort wird man die Beurteilung, die Besatzungsakte, die ärztlichen Untersuchungsberichte sehr sorgfältig prüfen, und wenn diese Hürde genommen ist, dann erhält Chuck eine Einladung zu einem Besuch der Schule für Raumfahrtmedizin auf dem Flugstützpunkt Brooks in San Antonio, Texas.
Die Voruntersuchung für Weltraumforschungs-Testpiloten ist die ursprüngliche fliegerärztliche Tauglichkeitsuntersuchung bei der Auswahl der Astronauten. Das kann zehn Tage dauern, und dem Geist wird dabei die gleiche Aufmerksamkeit geschenkt wie dem Körper. Es ist überflüssig zu sagen, daß Kardong dies als die niederschmetterndste Behandlung bezeichnet, der er selbst unterworfen wurde.
Wenn Chuck McGovern Brooks Air Force Base verläßt, dann kann er die Aussage von Lt. Col. Kardong voll bestätigen. Er weiß nun, daß er fit genug ist, um eine solche Schwarzamsel zu fliegen. Aber er hat noch einen weiten Weg bis ins Cockpit dieser Maschine vor sich. Die Ergebnisse der speziellen fliegerärztlichen Untersuchungen werden von einem besonderen Ausschuß überprüft. Dessen Stellungnahme geht an den Kommandeur des 9. Geschwaders in Beale; beigeschlossen ist eine genaue Chronologie der beruflichen Karriere des Captain Chuck McGovern. Einigermaßen beeindruckt bestellt der Kommandeur den Möchtegern-SR-71-Piloten zu einer persönlichen Vorstellung.
Mit einem Gefühl wie ein Neuzugang in einer Schulklasse (trotz den 2614 Flugstunden in seinem Logbuch) ist Chuck dann doch überrascht, daß man ihn für gut genug hält, um in diese Elite einzutreten. Und das heißt, daß er jetzt *wirklich* wieder die Schulbank drücken muß.

Die USAF hat schon lange gemerkt, daß ihr kleiner Überschalltrainer T-38 *Talon* sich überraschenderweise wie eine SR-71 fliegt. Ihre Landeanfluggeschwindigkeit ist ähnlich, und so kann man riesige Geldsummen sparen, indem man die Instrumentenflug-Schulung auf der T-38 anstatt auf einer SR-71 absolviert. Zusätzliche Ausbildung auf diesem Trainer ist keine Zeitverschwendung, denn eine T-38 ist immer in der Luft oder in Startbereitschaft, wenn eine *Blackbird* fliegt, um den SR-Piloten Hilfestellung zu geben, wenn während des Flugs ein Notfall auftritt.

Chuck genießt die Zeit in der T-38. Dieses Fliegen bringt etwas von dem Spaß und der Erregung jener Tage zurück, bevor er in die großen Vögel umstieg und bevor er für ein paar grimmige Monate nach Vietnam ging. Weniger attraktiv sind dann die 135 Stunden Schule am Boden und das runde Dutzend von zwei- bis vierstündigen Sitzungen im Simulator, der alle Mühsal, Schweiß und Tränen des Fliegens bringt, aber keine seiner Freuden.

Halbwegs durch den Simulator-Kurs kommt dann der Augenblick, von dem Chuck geträumt hat. Mit einem der erfahrensten Piloten des Geschwaders geht er über die betonierte Standfläche auf das Flugzeug zu, in dem er seinen ersten SR-71-Flug absolvieren wird. Die Maschine gehört nicht zu den Einsatzflugzeugen. Es ist eine SR-71 C, die ein wenig unvorteilhaft aussieht, mit einem zweiten Sitz hinter dem Piloten und etwas höher als der Standardsitz, damit der Lehrer seinem Schüler über die Schulter sehen kann. „Hat sich was, von wegen Schüler", Chuck denkt an sein etwas zerblättertes Logbuch. Aber der Gedanke verblaßt schnell. Selbst eine nicht für den Einsatz bestimmte SR-71 ist schon ein tolles Flugzeug, das sich von allem unterscheidet, was er je geflogen hat.

Während er in das Cockpit klettert, kommt es ihm enorm groß vor. In Wirklichkeit ist es kleiner als das der B-52, die er früher geflogen hat, aber *dies* ist nur ein Zweisitzer, ein Aufklärungsflugzeug, kein Transporter für viele Tonnen Bomben und Lenkwaffen. Die SR-71 ist so etwas wie ein fliegender Kraftstofftank, mit viel Platz in den Aussparungen entlang jeder Seite des Rumpfs. Für Kameras, elektronische Sensoren und andere Wunderkästen der Typenreihe A.

Das Gerätebrett im Cockpit ist ein Höhepunkt, der in so etwas wie eine andere Welt führt – alles ist wunderschön und an der richtigen Stelle (Chuck muß daran denken, daß die „Schwarzamsel" immer wieder als Ideal eines Piloten apostrophiert wurde); alle Knöpfe, Schalter und Hebel sehen sehr vertraut aus. Das Fremde ist ein Digitalinstrument für die Anzeige der Mach-Zahl, der Höhe und der Luftgeschwindigkeit in Knoten – es ist die Erinnerung daran, daß die immensen Temperaturen, die durch die kinetische Aufheizung der Flugzeugzelle bei Mach-3 und die Verdichtung des Luftstroms entstehen, die Standardinstrumente für Staudruck und die anderen Meßwerte unbrauchbar gemacht haben.

Nach einigen Flügen mit Lehrer und dem Prüfflug in der SR-71 C ist Chuck soweit, daß er mit seinem RSO zum erstenmal in einer richtigen SR-71A Platz nehmen kann. Nach fünf Flügen gelten sie als einsatzfähige Besatzung. Chuck hat am eigenen Leib gespürt, wie flugstabil die *Blackbird* ist, selbst wenn sie Zonen von Turbulenz durchfliegt. Er hat den Anflug an einen großen KC-135-Tanker geübt, damit er in der Luft auftanken kann. Er hat Vertrauen in den Autopiloten bekommen, auf den das Flugzeug die meiste Zeit geschaltet ist, wie auch sein RSO sich von den Fähigkeiten der Astro-Trägheitsnavigation überzeugt hat, die ein automatisches Erfassen von Positionen der Gestirne selbst bei Tage erlaubt. Da das ganze Flugprogramm in den Bordcomputer eingespeist ist, braucht der RSO keine Zeit auf die Navigation zu verschwenden und kann sich auf taktische Aufgaben wie Herstellung der notwendigen Sprechfunkverbindungen und die Beobachtung des Kraftstoffverbrauchs, die Organisation des

Rendez-vous mit dem KC-135-Tankflugzeug und die Bedienung der komplexen und streng geheimen Aufklärungssensoren konzentrieren.
Bei soviel Automatisierung könnte man Chuck und seinen RSO als fast überflüssig ansehen. Aber die Herstellung des Kontakts zwischen Hirn und Händen der Besatzung und der Steuerung der Geräte der SR-71 verlangt eine immense Startvorbereitung.
Sie beginnt am Tag vor dem geplanten Flug mit der Vorführung eines 35-mm-Films, der alle wesentlichen Einzelheiten des bevorstehenden Einsatzes, einschließlich Kurs, Tankpositionen und Zieldaten darlegt. Im Flug läuft der Film in beiden Cockpits über die Bildschirme, auf denen auch das Kartenbild erscheint und ist damit in jedem Detail bekannt.
Am Morgen vor dem Einsatz geht die Besatzung, trotz der bestandenen und immer noch unvergeßlichen ärztlichen Tauglichkeitsuntersuchung, zum Staffelarzt und wird dort gründlich untersucht – und das wiederholt sich nach der Landung! Dann folgt ein Frühstück aus Steak mit Ei – was die Diätspezialisten als Vorflugmahlzeit mit hohem Proteingehalt und wenig Unverdaulichem bezeichnen. Das nehmen sie zu sich, während der 1. Wart ihnen den derzeitigen Status der für den Einsatz bestimmten SR-71 und die Historie ihrer früheren Störungen und Ausfälle herbetet.
Dann ist es Zeit, all das anzulegen, was einen zum bestangezogenen Aufklärungsflieger der Welt macht. Zuerst kommt die weiße Unterwäschegarnitur mit langen Ärmeln und langen Beinlingen und angearbeiteter Haube. Darüber kommen die weißen Socken und weiße Handschuhe. Dann folgt der innere Gummianzug mit mehreren Lagen Nylon, angearbeiteten Handschuhen und Stiefeln, so daß der ganze Körper – in dieser Blase eingebettet – unter Druck gesetzt werden kann, um den Träger in jenen Höhen am Leben zu erhalten, für die der Mensch nun einmal nicht gebaut ist.

Als nächstes kommt der äußere Anzug aus aluminiumbeschichtetem hochtemperaturfestem Nylon mit angearbeitetem Fallschirmgurt und Wasserflossen. Trotz seines Gewichts von 18 kg ist der Anzug überraschend bequem. Selbst der Helm, der wie ein Goldfischglas aussieht, wirkt nicht so beklemmend, wie er aussieht. An diesem Helm befindet sich eine Durchführung, durch die der Träger aus einer Plastikflasche trinken oder Astronautenverpflegung aus der Tube zu sich nehmen kann. Das ist jene Seite des Flugs, mit der Chuck sich überhaupt nicht anfreunden kann. Die Spezialnahrung schmeckt zwar sehr gut, sieht aber scheußlich aus. Und Chuck gibt wie andere *Blackbird*-Besatzungsmitglieder zu, daß er schon verdammt hungrig sein muß, bevor er das Zeug anrührt.

Die ganze Ausstattung wird durch weiße Stiefel abgeschlossen, die angebaute Sporen tragen, welche die Beine fest am Schleudersitz halten, falls der Pilot „aussteigen" muß. Chuck ist jetzt einsatzbereit – beinahe! Der Start ist auf 45 Minuten später angesetzt. In dieser Zeit nimmt das Bodenpersonal alle die Handgriffe vor, die notwendig sind, um die Maschine genauso startbereit zu machen, wie es die Besatzung schon ist.

Endlich steht die Maschine dann auf der langen Startbahn. Chuck drückt die Leistungshebel nach vorn, geht von der Bremse, läßt seinen Blick schnell über die wichtigsten Instrumente schweifen, um festzustellen, ob alles in Ordnung ist. Dann schaltet er die Nachbrenner der beiden Triebwerke auf Teillast. Wenn er sie in diesem Augenblick voll einschalten würde, dann müßte es die Bereifung von den Fahrgestellrädern reißen. So nimmt die 71 Geschwindigkeit auf, beschleunigt, während sie die Piste hinunterrast. Erst dann zeigt ein wachsender Druck im Rücken, daß die Nachbrenner mit Vollast arbeiten. Chuck hebt die Nase des Flugzeugs um etwa 10° an. Mühelos beginnt das große Deltaflugzeug den Steig-

flug und ist dabei bereits schneller als die Jagdflugzeuge des Zweiten Weltkriegs im Horizontalflug waren.
Während sie die 50 000-Fuß-Marke (15 250 m) passieren, blickt Chuck McGovern durch ein kleines Periskop nach hinten, um sicher zu gehen, daß die nach innen geneigten Schwanzflossen auf Null getrimmt sind. Im hinteren Cockpit meldet der RSO gerade an den eigenen Stützpunkt: „Aspen 23 über FL 600". FL bedeutet *flight level* (= Flugfläche) *60 000 feet* (18 300 m). Die 71 befindet sich immer noch im Steigflug, aber schon weit über jenen Höhen, wo es noch genügend Luftfeuchtigkeit und „Wetter" gibt, das den Flugweg durch Kondensstreifen verraten könnte. Die digitale Mach-Anzeige gibt einen fast unglaublichen Wert an, und Chuck zieht die Navigationslichter ein, die jetzt verbrennen würden, wenn sie der glühenden Hitze länger ausgesetzt wären.
„Wir passieren FL 700. Beginne in zwei Minuten Turn in 100 Kilometern". Hat die *Blackbird* die vorbestimmte Marschflughöhe und -geschwindigkeit erreicht, dann nimmt Chuck die Leistungshebel zurück und schaltet den Autopiloten ein, der diesen Turn viel präziser fliegen wird, als ein Mensch dies kann. Schon sind Teile der Flugzeugzelle auf mehr als 540 °C aufgeheizt. Wie hieß doch jener Marylin-Monroe-Film? „. . . einige mögen's heiß." Das stimmt. Tatsächlich. Das ist ein Fliegen, wie man es manchmal im Traum zu erleben scheint – ohne Erschütterung, ruhig, bequem. „George" – das ist der Autopilot – sorgt für alles. Aber trotzdem ist Chuck stets darauf gefaßt, im Bruchteil einer Sekunde auf einen Notfall wie etwa einen *„inlet restart"* reagieren zu müssen. So angenehm und traumgleich die SR-71 auch scheinen mag, so verzeiht sie doch keine Nachlässigkeit der Besatzung. Der Pilot muß daran denken, daß eine Änderung des Anstellwinkels um nur 1° die SR-71 in einen Steigflug oder Sturz von 3 000 ft. (= 915 m) pro Minute führt, und der RSO muß

über viele Dinge Buch führen bei einem solchen „lokalen Rundflug“, der praktisch rund um die Vereinigten Staaten von Nordamerika geht. Man sagt nicht umsonst in Beale: „Man hat sich noch nie richtig verfranzt, bis einem das einmal bei Mach-3 passiert.“

Während die *Blackbird* mit mehr als 3 200 km/h über den Himmel zischt, gibt es einen anderen „Vogel“ in Westdeutschland, der ein ganzes Leben lang Aufklärung fliegen kann und dabei nirgendwohin fliegt – wenigstens nicht, solange seine Kameras und Sensoren arbeiten.

Das ist der „Kiebitz“, von der Firma Dornier in Friedrichshafen hergestellt, wo schon die großen Zeppeline der kaiserlichen Marine vor zwei Weltkriegen gebaut wurden. Dieser eigenartige kleine Flugkörper, der seine ganze Ausrüstung in einem konischen Rundkörper von 1,20 m Durchmesser mit sich führt, hat am Kopf einen Zweiblattrotor.

Der „Kiebitz“ fährt auf einem LKW oder einem gepanzerten Fahrzeug in den Einsatz. Auf dem Gefechtsfeld läßt man ihn einfach an einem Kabel hoch – wie einen automatischen Hubschrauber. Er ist damit ein Gegenstück zu den Fesselballonen des Ersten Weltkriegs. Dabei wird die Aufmerksamkeit des Gegners nicht durch eine riesige Gasblase erregt, die zur Vernichtung mit Brandmunition aufreizt, und außerdem kommt man dabei ohne den unersetzlichen menschlichen Beobachter aus. Es handelt sich also um eine echte Aufklärungsmöglichkeit der siebziger Jahre, so recht dazu geeignet, aus einer Höhe von 300 m über Grund bei jedem Wetter hinter den nächsten Berg zu sehen. Das Triebwerk steckt im Gerät, hat einen Blattspitzenantrieb für die Rotoren. (Das funktioniert nach dem gleichen Prinzip wie ein Rasensprenger, der sich dreht.) Der „Kiebitz“ bleibt solange in der Luft, wie die Zufuhr durch das hohle Fesselkabel aufrecht erhalten wird, das auch dafür sorgt, daß das Gerät nicht vom Wind abgetrieben wird.

Der Dornier „Kiebitz" als mobiles Nahaufklärungssystem. Die gefesselte Flugplattform kann bis zu 300 Meter über ihrer mobilen Bodenstation steigen und dort verharren.

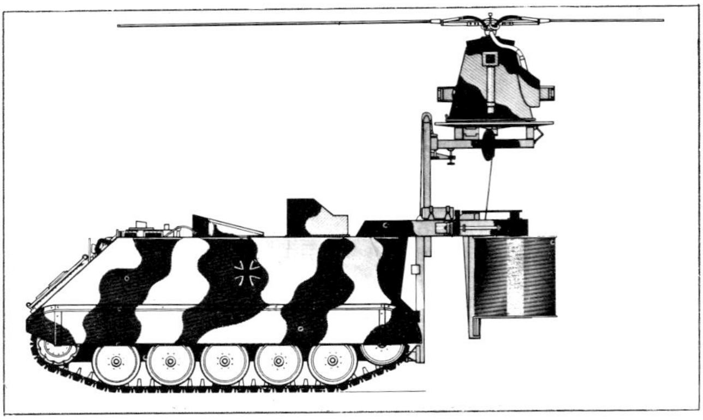

Bei Transport und Stellungswechsel befindet sich der „Kiebitz" auf einem Gestell am Ende seines Trägers; die Rotorblätter sind dabei nach vorn zusammengefaltet.

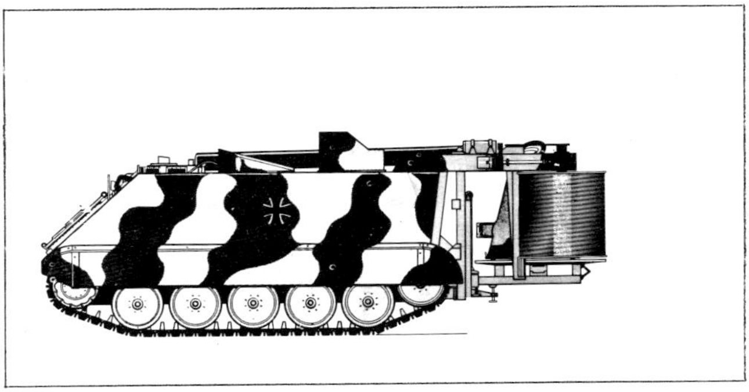

Eine frühe Versuchsversion des „Kiebitz" beim Start von einem geländegängigen Spezialfahrzeug.

Wir begeben uns jetzt zu einem geheimen Stützpunkt der USAF, der sich irgendwo dort befindet, wo sich möglicherweise auf der Welt etwas zusammenbrauen kann.
Auf einer betonierten Standfläche stehen zwei große *Hercules* Turboprop-Transportmaschinen. Sie unterscheiden sich kaum von den mehr als tausend anderen C-130, die bei verschiedenen Luftwaffen und im Luftfrachtdienst auf jedem Kontinent der Erde eingesetzt sind. Nur das Bugradom sieht anders aus, und dann gibt es noch eine Anzahl weniger vertrauter „Auswüchse" und Stiele unter den Tragflächen, an denen kleine Flugzeuge und nicht die üblichen Zusatztanks aufgehängt sind.
Aber diese kleinen Flugzeuge müssen nicht immer so klein wie hier sein. Da gibt es zum Beispiel die Ryan *AQM-91A* mit einer Spannweite von 15 m, die damit größer ist als die meisten Jagdflugzeuge.
Die Geschichte dieser „Drohnen" begann Mitte der dreißiger Jahre, als ein berühmter Filmschauspieler aus Hollywood einen gescheiten Gedanken hatte. In Europa benutzte die RAF und die Royal Navy funkgesteuerte, unbemannte *Tiger Moth* Flugzeuge zur Luftzieldarstellung. Obwohl die Flakkanoniere in der Regel so schlecht schossen, daß diese Flugzeuge nicht zu Schaden kamen, schien das ganze doch eine üble Verschwendung von guten Flugzeugen zu sein. Ein kleines Flugzeug, nicht viel größer als die Modellflugzeuge, die die flugbegeisterte Jugend bastelte, eignete sich doch bestimmt genau so gut als Zielflugzeug, wenn es in vernünftiger Höhe bei guter Geschwindigkeit über Funk gesteuert werden konnte!
So entstand also die Radioplane Company, die dann später in einem der größeren Luft- und Raumfahrtkonzerne Amerikas, der Firma Northrop, aufgegangen ist. Sie produziert immer noch Drohnen zur Zieldarstellung. Bis 1970 sind es insgesamt etwa 75 000 Stück geworden. Aber die weltweite

Startvorbereitung eines RPV (Remotely Piloted Vehicle = ferngesteuertes (Luft-) Fahrzeug) für einen Einsatzauftrag des taktischen Kommandos der USAF.

Nachfrage nach solchen Zielflugzeugen ist in einer Zeit der radargesteuerten Flak und der Lenkwaffen so groß geworden, daß sie das Feld heute nicht mehr allein behaupten kann.
Die Firmen Beech und Ryan haben ebenfalls herausgefunden, daß die Entwicklung und Produktion solcher Drohnen zum großen Geschäft geworden ist, und Ryan bringt sogar jetzt eine Überschallversion ihrer *AQM-91A* heraus.
Was man so an neueren Geschichten über solche Zielflugkörper hört, betrifft in der Hauptsache Schießübungen der Flakartillerie und der Jagdflieger. Es gab zum Beispiel eine Zeit, da griff ein US-Jagdflieger eine *AQM-91A* im Sturzflug an und hatte dabei völlig vergessen, daß die von seiner Kanone verschossenen Granaten nicht so schnell fliegen können wie sein Flugzeug. Er holte also seine eigenen Geschosse ein und hat sich dabei buchstäblich selbst abgeschossen . . . und so etwas ist doch recht deprimierend.
1965 haben in den besser orientierten oder besser nachboh-

renden Luftfahrtzeitschriften eigenartige Geschichten ihren Anfang genommen. Die Chinesen sollten demnach behauptet haben, daß die USA regelmäßige „Spionage-Flüge“ über China ausgeführt hätten – und zwar unter Einsatz von unbemannten Flugzeugen von Vietnam aus. Um dies auch zu beweisen, wurden im Museum der Chinesischen Volksrevolution in Peking die Überreste solcher Drohnen gezeigt, die während ihrer ungesetzlichen Einsätze abgefangen werden konnten.

Es war nicht schwer, in diesen Ausstellungsstücken Überreste einer *AQM-91A*-Variante mit großer Spannweite zu erkennen. Und langsam paßten dann die Puzzle-Teile in diesem Stück zusammen. Der Zweck der DC-130 *Hercules* als „Mutterschiffe“ für den Start von Aufklärungsdrohnen und ihr Einsatz von Stützpunkten in Ländern aus, die zum Beispiel an das große China angrenzten, war nun leicht zu erraten. Als dann ein Zielflugkörper viel größer als eine *AQM-91A* neben einer Straße in Los Alamos, Neu Mexiko, notlandete und von einem Zeitungsreporter fotografiert wurde, bevor sie geborgen werden konnte, da begann die Presse weiterzubohren, um den Zweck dieser Maschine festzustellen, die tatsächlich eine frühe Version der *AQM-91A* darstellte.

Es sickerte durch, daß einige hundert Millionen Dollar seit 1966 in solche Geräte gesteckt worden waren. Sehr zum Unterschied von den Modellen der dreißiger Jahre, handelte es sich bei der *AQM-91A* um eine sorgfältige Auslegung, die ein möglichst geringes Radarecho ergab. Das Strahltriebwerk ist dabei so eingebaut, daß der Schubstrahl über dem Rumpf austritt und – auf diese Weise nach unten durch den Rumpf abgeschirmt – wenig „sichtbare“ Wärme abgibt, die infrarot-gesteuerte Abwehrraketen anziehen könnte, wenn diese vom Boden abgefeuert werden. Das Lenksystem ist völlig autark, mit Doppler-Radar-Sensor, Trägheitsnavigation und einem Digitalcomputer sowie einem Kommandogerät für die Bergung nach Ende des Flugauftrags.

Einige Beispiele aus dem weiten Spektrum der ferngelenkten Kleinflugzeuge der Firma Teledyne Ryan mit ihrem Trägerflugzeug DC – 130 A und den Bergungshubschraubern. Man erkennt eine überschallschnelle AQM – 91 A (früher „Firebee II") im Vordergrund. In der zweiten Reihe: Ryan Model 154 und 157; in der dritten Reihe: ein Ryan Model 234 und zwei Model 147.

Ein Teil der Ausrüstung der *AQM-91A* und anderer moderner Drohnen der USAF müssen geheim bleiben, aber als eigentlicher Aufklärungssensor findet eine Itek KA 80A optische Panoramakamera mit einer Brennweite von 61 cm Verwendung. Wenn die *AQM-91A* also über ein Zielgebiet hinwegfliegt, an das sich kein bemanntes Flugzeug herantrauen kann, dann wird diese Kamera, die 147 kg wiegt, 1500 Aufnahmen von gestochener Schärfe liefern – jede einzelne im Format 114 × 11,4 cm.

Ryan hat bereits Dutzende von Abwandlungen der Grundkonzeption *AQM-91A* für besondere Zwecke und mit verschiedenster Ausstattung geliefert. Der Typ 147 A war etwas mehr als nur eine modifizierte *AQM-91A,* die 1962 innerhalb von 90 Tagen für das *Big Safari* Projekt zur Beschaffung geheimer Informationen für das logistische Kommando der USAF entwickelt wurde. Nachdem sich herausgestellt hatte, daß sie Amerikas hochentwickeltes Verteidigungssystem unentdeckt durchdringen konnte, ging sie in verschiedenen Ausführungen in die Produktion, wie z. B. der Typ 147TE für die Programme *Compass Dawn* und *Compass Dwell* (früher *Comfy Bee* und *Comfy Coat*), die sich mit der genauen Ortung feindlicher Radarstationen auf dem Boden befassen.
Ryan hat viele Fotos ihrer Zielflugkörper zur Veröffentlichung freigegeben. Eine Zeichnung zeigt nicht weniger als zwanzig verschiedene Typen, von denen nur eine Handvoll richtig identifiziert werden kann, und dies sind beileibe nicht alle Varianten, die sich im Einsatz oder in der Entwicklung befinden. Einige sind auch in diesem Buch abgebildet.
Aus diesen Fotos und aus Luftaufnahmen, die vom amerikanischen Verteidigungsministerium freigegeben wurden, kann man sich ein Bild davon machen, wie ein typischer Einsatz verlief.
Es begann zum Beispiel in der Dämmerung, wenn sich eine große DC-130 *Hercules* auf einem Luftwaffenstützpunkt in Südvietnam vom Boden löste, die unter dem rechten Flügel eine Ryan 147 trug. Etwas korrekter ausgedrückt, bezeichnet man die 147 jetzt als RPV (remotely piloted vehicle = ferngesteuertes (Luft-)Fahrzeug). Dieser Fachausdruck wird in den kommenden Jahren noch des öfteren zu hören sein. Viele Experten gehen so weit zu sagen, daß wir an der Schwelle einer richtigen RPV-Ära stehen, in der unbemannte Flugzeuge einen hohen Prozentsatz der Aufgaben übernehmen werden, die jetzt noch von bemannten Flugzeugen erledigt werden

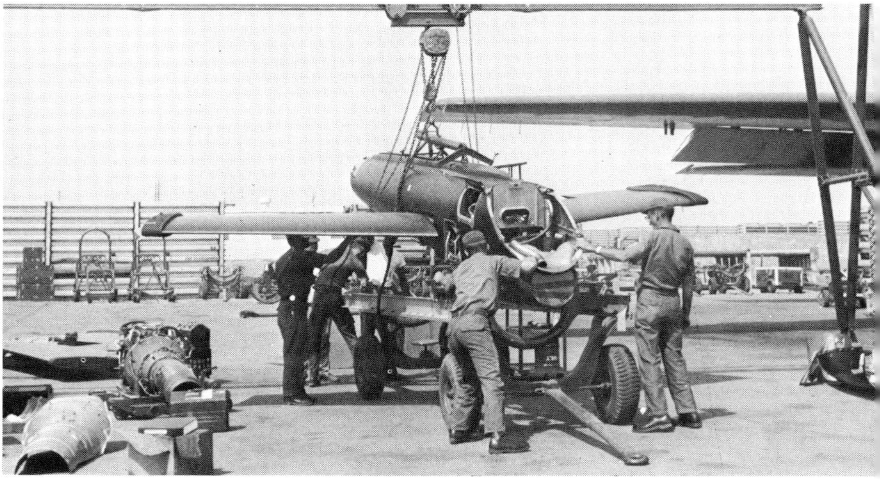

Überholung einer Ryan 147 nach einem Einsatz. Links auf dem Boden das ausgebaute Strahltriebwerk.

Ein Ryan Model 147 ferngelenktes Kleinflugzeug, unter der Tragfläche des Trägerflugzeugs aufgehängt. Die 13 farbigen Markierungen zeigen an, daß das Gerät bereits 13 Einsätze erfolgreich hinter sich gebracht hat.

Unsere DC-130 flog nach Norden, hielt sich aber von dem Luftraum fern, in dem sie durch Radar erfaßt und durch Jagdflugzeuge oder Boden-Luft-Lenkwaffen angegriffen werden konnte. An ihrer Bugnase trug sie besonders geformte Radome, die zu dem System gehörten, mit dem sie die 147 im feindlichen Luftraum lenken und einsetzen konnte.

Wie groß eine Ryan 154 RPV ist, geht aus diesem Foto hervor. Hier hängen zwei unter den Tragflächen des Trägerflugzeugs DC — 130 A, das eine Spannweite von 40,32 m hat.

Es wurde nun langsam Zeit, das Strahltriebwerk des RPV anlaufen zu lassen. Nach kurzer Überprüfung, ob alle Systeme korrekt funktionierten, gab die trapezförmige Aufhängung die 147 frei und ließ das kleine Spionageflugzeug mit der Arbeit beginnen. Während es mit hoher Unterschallgeschwindigkeit

Streng geheimes Gerät, das von den ferngelenkten Klein-Flugzeugen mitgeführt wird, ergibt immer wieder neue Formen. Hier handelt es sich um eine weitere Variante des Ryan Model 147.

Eine Ryan 154 wird durch einen Sikorsky HH-3 E Hubschrauber geborgen, der den Bergungsfallschirm des kleinen Flugzeugs noch in der Luft aufgefangen hat. Der kleine Fallschirm hinter der 154 stabilisiert diese auf dem Bergungsflug.

dahinflog und mit seinem ECM-Gerät die gegnerische Radarerfassung durcheinanderbrachte (die vergeblich nach ihm suchte), nahm es laufend Informationen auf, die die genaue Position der Radarstationen, der dazugehörenden Raketenstellungen und Flakstellungen auf und eine ganze Reihe anderer Daten, die den Südvietnamesen wie auch den Amerikanern Aufschluß darüber geben konnten, was auf der anderen Seite der demilitarisierten Zone geschah.

Hatte es diese Aufgabe erledigt, dann machte es sich auf den Heimweg. In der Zwischenzeit war ein Sikorsky HH-3E *Jolly Green Giant* Hubschrauber des USAF-Raumfahrt-Rettungs- und Bergungsdienstes von einem vorgeschobenen Stützpunkt aus gestartet und begann seinen Anflug zum Treffpunkt mit der heimkehrenden Drohne. Zeigte die Elektronik an, daß die 147 nicht mehr weit weg war, dann sandte sie ein Signal, welches das Triebwerk der 147 ausschaltete und den Bergungsfallschirm öffnete. Der Hubschrauber fing dann mit einer speziellen Fangvorrichtung die Drohne an den Fallschirmleinen auf und flog mit ihr zum eigenen Platz zurück, wobei der Fallschirm als Stabilisierung für die unter dem Hubschrauber hängende 147 diente.

Nicht alle derartigen Einsätze wurden bei Nacht durchgeführt. Die RPV sind schnell genug und auch durch ihre ECM-Ausstattung gut genug gerüstet, um selbst hochentwickelte Verteidigungssysteme bei Tag durchbrechen zu können. Zwei typische Luftbilder, die von einem solchen Einsatz stammen, zeigen eine nordvietnamesische Flakbatterie, bestehend aus acht getarnten Geschützen und einem Feuerleitradar, bzw. einen Hochspannungsmasten, unter dem die Drohne – von der *Hercules* aus ferngesteuert – sicher hindurchgeflogen ist. Aufklärungseinsätze dieser Art repräsentieren nur eine Form, in der RPV einige der gefährlicheren Aufgaben übernehmen können, bei denen heute noch Männer Kopf und Kragen riskieren müssen. Ryan-Drohnen sind bereits bei Vorführungen

Ein bemerkenswertes Foto, das von einem Aufklärungs-RPV über Nord-Vietnam gemacht wurde, als es zwischen zwei Hochspannungsmasten hindurchflog.

Auch diese Aufnahme stammt von einem RPV und zeigt eine getarnte Flak-Stellung.

eingesetzt worden, um Bomben zu werfen und ungelenkte Raketenwaffen abzuschießen. In einem simulierten Luftkampf mit einer *Phantom* der US Navy, die von einer erfahrenen Besatzung geflogen wurde, hat ein auf einer *AQM-91A* basierendes RPV allen von der *Phantom* abgeschossenen *Sparrow* und *Sidewinder* Luft-Luft-Lenkwaffen ausweichen können und wäre glatt in der Lage gewesen, das 2,5 Millionen Dollar teure Mach-2,5-Flugzeug und die Besatzung von zwei Mann abzuschießen, wenn es bewaffnet gewesen wäre.

Das nächste Stadium — das vielleicht bereits erreicht ist, wenn dieses Buch erscheint — wird darin bestehen, diese Roboter-„Spionage"-Flugzeuge so auszurüsten, daß sie Ziele im Feindgebiet feststellen, mit Lenkwaffen bekämpfen und den eigenen Stützpunkt über Fernsehübermittlung vom Ablauf der Aktion informieren können. Es ist dann nur ein schwacher Trost für den an den Boden gefesselten Kampfflieger an der Funksteuersäule, daß immer noch er es ist, der die Dinge in der Hand hat — einfach weil die paar Pfund grauer Masse, die sein Kopf birgt, billiger zu kriegen sind und weniger störanfälliger bleiben als elektronische Schaltkreise. Das aber ist schon wieder weit entfernt von jener Art zu fliegen, die sich die frühen Pioniere der Luftfahrt erträumt haben.

Die Bilder auf dieser und der gegenüberliegenden Seite zeigen den AN/USD-501 Aufklärungsflugkörper, der von Canadair für die Streitkräfte Kanadas, Großbritanniens und der Bundesrepublik Deutschland hergestellt wird. Diese *drone* wird von einer kurzen Rampe gestartet, die auf einem Spezialfahrzeug montiert ist. Die dabei verwendeten Starthilfsraketen fallen nach Brennschluß ab. (drone bedeutet im Englischen einen „Brummer" und reicht vom Brummkreisel bis zum Insektenbereich; deshalb wurde in der deutschen Übersetzung das klangähnliche „Drohne" gesetzt.)

Während einer Vorführung wird die Position der „Drohne" auf einer großen Karte auf einem Dreieckskurs angezeigt. Start- und Zielpunkt war hierbei Camp Shilo, Manitoba.

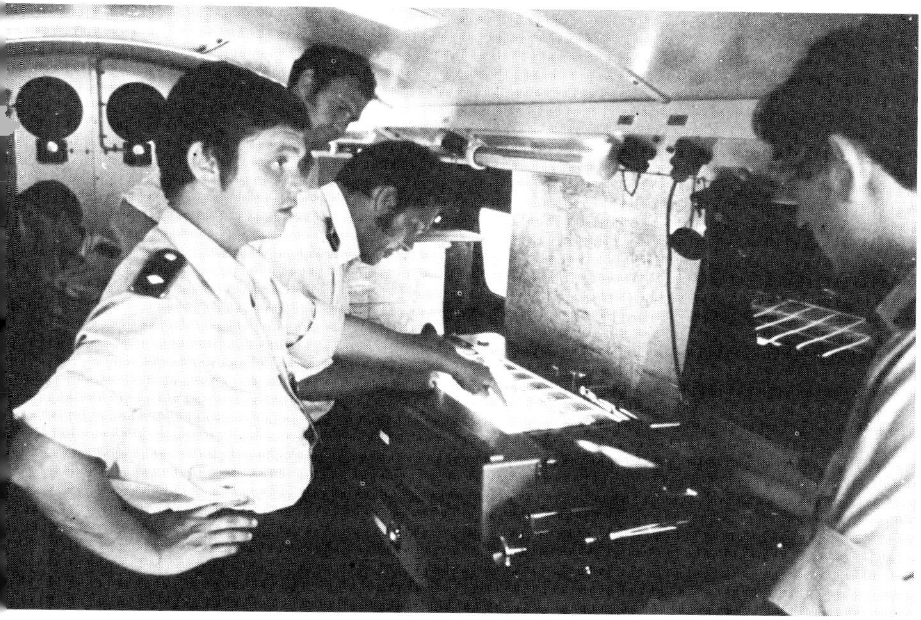

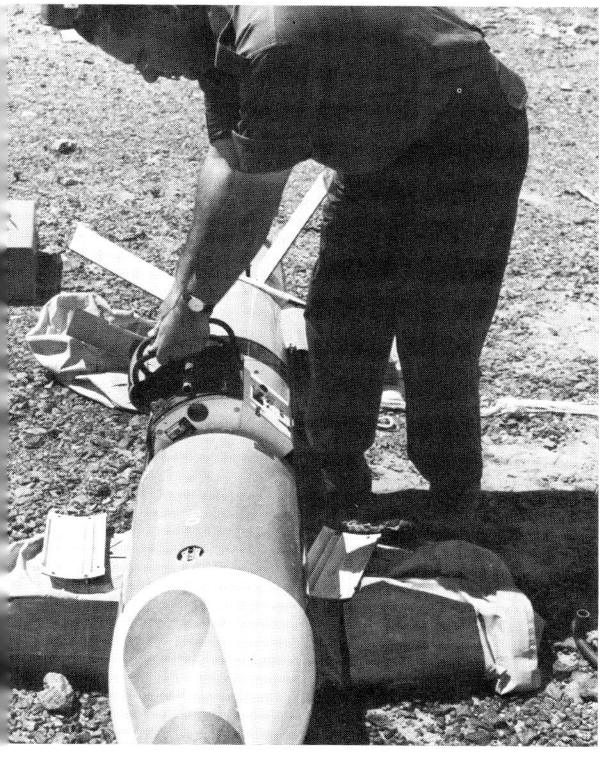

Hier wird die Auswertung der Luftbilder vorgenommen, die eine AN/USD-501 bei einem typischen Einsatz aufgenommen hat.

Hier wird der Kamerapack nach Bergung einer AN/USD-501 entnommen. Die Filme werden schnellstens zu einer mobilen Entwicklungsstation gebracht, wo sie nach einem neuen Schnellentwicklungsverfahren behandelt und sofort ausgewertet werden.

LUFTAUFKLÄRUNG IN DEN SIEBZIGER JAHREN

Dicht am Atlantik, etwa in der Mitte der Küste von Florida liegt ein Dreieck Ödland mit dem Namen Canaveral. Es ist noch gar nicht so lange her, da war dieses Gebiet nur von den niederen Formen des Lebens bevölkert: Schlangen, Skorpionen, großen Echsen und Gürteltieren. Diese Tierwelt gedieh in einer Weise, daß Canaveral sich den Ruf erworben hatte, Floridas Arche Noah zu sein. Die Besucher beschränkten sich auf Leute, die ihren Lebensunterhalt damit fristeten, daß sie seltene Tiere für zoologische Gärten und private Sammler jagten. 1950 kam ein anderer Menschentyp nach Canaveral. Es war die Vorausabteilung des Raumfahrzeitalters. Im Laufe der Zeit änderte sich der Name in Kap Kennedy, ein Tribut an den amerikanischen Präsidenten John F. Kennedy.

Im ersten Frühlicht des 1. April 1960, als die meisten Amerikaner noch in tiefem Schlaf lagen, ging es in einer Ecke des bisher so öden Buschlandes wie in einem Ameisenhaufen zu. Es hatte schon vor Tagen begonnen, und ging auch die Nächte hindurch unter dem blendenden Licht der Scheinwerfer weiter. Am letzten Tag des Monats März hatte die Tätigkeit ihren Höhepunkt erreicht. Mittelpunkt dieser Geschäftigkeit war eine schlanke Rakete mit der Typenbezeichnung *Thor-Able,* die senkrecht auf ihrer Abschußrampe stand. Zuerst stand sie fast verborgen in dem massiven Gitterstahlturm, der die Wartung der Rakete und ihre Vorbereitung auf den Start vereinfachte. Nun, weniger als eine Stunde vor dem Start, wurden die vielen stockwerkartig übereinanderliegenden Wartungsbrücken zurückgeklappt, und der ganze Turm wurde zurückgefahren.

Die Rakete stand nun allein – lediglich ein schlanker Stahl-

arm stand noch neben ihr. Von ihm führten „Nabelschnüre" in Form von elektrischen Versorgungskabeln und Treibstoffzuleitungen in die Rakete. Es kam der Augenblick zum Auftanken, und das eher harmlose Kerosin wurde zuerst hineingepumpt. Dann kam der flüssige Sauerstoff, der unter Druck stand. Die Rohre gaben knisternde Laute und ein Geräusch von sich, das sich wie das Stöhnen von Lebewesen anhörte, während das irrsinnig kalte, flüssige Gas in den Tank strömte. Schnell bildete sich eine Eisschicht auf den Rohren und dem unteren Teil der Raketenhaut. Das Gold und Scharlachrot des frühen Morgens brachte leuchtende Punkte in das an sich schon farbige Bild, als das Bedienungspersonal nach Beendigung des Tankens von der Startrampe abgezogen wurde.
Von da ab verlagerte sich die Aktivität auf einen Betonunterstand, der über 200 Meter vom Startplatz entfernt war, wo jetzt das Startteam und der Startdirektor die endlos erscheinende Litanei des Countdown weiterführten. Zwei Minuten vor dem Start wurde die Außenversorgung mit elektrischem Strom unterbrochen und auf die raketeneigenen Batterien umgeschaltet. Nach einer letzten Überprüfung, bei der alle Kontrollampen auf „Start" standen, drückte der Startdirektor auf den Startknopf.
Von da an lief die Zündfolge automatisch ab. Bei T (Startzeit) minus 35 Sekunden begann die Zündung. Bei T —15 Sekunden begann ein riesiger Wasserfall — 115 000 Liter pro Sekunde — auf den Flammabweiser unter dem Starttisch herabzustürzen, um diesen zu kühlen. Ab T —10 Sekunden ging dann alles sehr schnell: die „Nabelschnüre" wurden abgenommen und fielen klar. Die Steuertriebwerke an den Seiten der Rakete zeigten kleine Flammenzungen. Dann begannen mit mächtigem Röhren die Haupttriebwerke Feuer und Rauch zu speien.
Die Erschütterung, die durch die Rakete ging, ließ die Eisdecke teilweise abbröckeln, die sich am Mantel der Rakete

gebildet hatte. Noch hielten starke Klammern die Rakete fest auf der Startrampe. Erst als die Flüssigkeitstriebwerke Vollast erreicht hatten, wurden die Klammern gelöst. Langsam, wie auf dem Feuerschweif balancierend, erhob sich die Rakete und stieg dem Raum entgegen, für den sie geschaffen war. Der Donner der Triebwerke durchdrang den Beton des Kommandounterstands und mischte sich in die freudigen Ausrufe des Startteams.

Innerhalb weniger Minuten war die Nutzlast der *Thor-Able,* ein Wettersatellit mit dem Namen *Tiros I,* auf einer elliptischen Umlaufbahn um die Erde. Der erdnächste Punkt (das Perigäum) lag 684 km über der Erdoberfläche, der erdentfernteste Punkt (das Apogäum) lag 758 km weit weg.

Bereits 1947 hatten Wissenschaftler vorgeschlagen, daß ein künstlicher Satellit die Wolkensysteme aus großer Höhe über der Erde fotografieren könnte und daß damit eine äußerst wertvolle Hilfe für die Meteorologen entstünde. Im Mai 1958 wurden entsprechende Studien durch das Amt für fortschrittliche Forschungsprojekte des amerikanischen Verteidigungsministeriums angeregt. Im Oktober des gleichen Jahres wurde das Projekt von der NASA übernommen und hat dann zum Start im April 1960 geführt.

Tiros, der Name war abgeleitet aus Television and Infrared Observation Satellite (= Fernseh- und Infrarot-Beobachtungssatellit), trug zwei Fernsehkameras, die über Nickel-Cadmium-Batterien betrieben wurden. Etwa 9 000 Solarzellen bedeckten den 131 kg schweren Satellitenkörper oben und an den Seiten und hatten die Aufgabe, die Batterien wieder aufzuladen. Jede Kamera bestand aus einer *Vidicon* Fernsehröhre und einem Zentralverschluß, so daß Bilder auf dem Bildschirm „gespeichert" werden konnten. Ein Elektronenstrahl wandelte dann das gespeicherte Bild in ein elektronisches Signal um, das entweder direkt an die Bodenstationen übertragen werden konnte – wenn diese in erreichbarer Nähe waren – oder auf

Links: Start des amerikanischen Satelliten „Tiros", eines der Wegbereiter der modernen „Spione am Himmel"

Rechts: Dieses Foto eines Antiraketen-Warnsatelliten „Midas" erschien noch, bevor solche Bilder aus Sicherheitsgründen nicht mehr zur Veröffentlichung freigegeben wurden. USAF

Magnetband aufgenommen wurde. Im letzteren Fall konnte das Bild abgerufen werden, sobald sich der Satellit den Bodenstationen wieder auf Empfangsentfernung genähert hatte. Wir werden nicht erfahren, ob *Tiros I* und weiterentwickelte Typen derselben Serie, die später in eine Umlaufbahn um die Erde geschossen wurden, in erster Linie Wetter- oder Aufklärungssatelliten gewesen sind. Wie dem auch sei, zwei Stunden nach dem Start sandte *Tiros I* seine ersten Fernsehbilder zur Erde. Selbst amerikanische Raumfahrtspezialisten sollen es als einen Schock empfunden haben, was für ausgezeichnete und detallierte Bilder die Satellitenkameras von der Sowjetunion und Rotchina aufgenommen hatten: sie waren so gut, daß man Startbahnen auf Flugplätzen sowie Raketenabschußstellen ohne weiteres erkennen konnte.

Wie es auch gewesen sein mag, *Tiros I* war im Grunde genommen doch Amerikas erster Aufklärungssatellit. Siebeneinhalb Wochen später, am 24. Mai 1960 wurde der erste militärische Beobachtungssatellit – nunmehr auch so bezeichnet – erfolgreich in eine Umlaufbahn um die Erde gebracht. Es war der *Midas* (= Missile Defense Alarm System – Verteidigungsalarmsystem gegen ballistische Fernraketen), und die in fast regelmäßigen Abständen erfolgenden Starts von anderen *Midas* bzw. ähnlichen Satelliten sicherten eine fortlaufende Überwachung der sowjetischen Raketenabschußstellen.

„Überwachung" ist vielleicht nicht ganz der richtige Ausdruck, um die Aufgabe zu beschreiben, denn es handelte sich dabei nicht nur um fotografische Erfassung. *Midas* stützte sich zum Beispiel auf äußerst empfindliche Infrarot-Sensoren ab, um Raketenabschüsse weltweit zu orten. Der erste *Samos* (= Satellite an Missile Observation System = Satelliten- und Raketenbeobachtungssystem) wurde am 31. Januar 1961 erfolgreich gestartet. Er basierte auf einer Reihe neuer Ideen. Erfahrungen aus der Anfangszeit hatten gezeigt, daß es wenig ratsam war, sich auf die drahtlose Übertragung der auf einem Satellitentonband gespeicherten Daten zu verlassen. Der Grund lag in erster Linie darin, daß Signale verzerrt ankamen — entweder infolge von astronomischen oder atmosphärischen Störungen — und in jedem Fall ging ein Teil der übermittelten Information verloren. Außerdem bestand natürlich auch die Befürchtung, der Feind könnte den Empfang der wichtigen Daten durch Störsender verhindern oder die Übertragung durch andere Methoden wertlos machen.

Mit *Samos* wurde ein System der Luftaufklärung eingeführt, das auf konventionellen fotografischen Methoden aufgebaut war, um auf diese Weise eine möglichst große Auflösung (und damit größtmögliche Vergrößerung) der Bilder zu erreichen. Zu diesem System gehörte eine Kapsel, die von General Electric entwickelt und produziert wurde. Sie enthielt einen Fallschirm und ein Lenk- und Bergungssystem. Zuerst wurden die gewonnenen Informationen durch Funk auf die Erde übertragen. Wenn der Satellit in der richtigen Position angekommen war, dann wurde die Kapsel mit dem Luftbildmaterial ausgeworfen und in niedrigen Höhen von Spezialflugzeugen aufgefangen.

Diese Technik des Auffangens wurde zum erstenmal eingesetzt, um die Kapseln der *Discoverer*-Satelliten zu bergen. Besonders ausgerüstete Fairchild IC-119 *Flying Boxcar* haben am 18. August 1960 das Verfahren unter Beweis gestellt, als die Kapsel von *Discoverer 16* als erste mitten in der Luft aufgefangen wurde. Um die Zeit, als die 6593. Versuchsstaffel der USAF, die auf Hawaii stationiert war, dann *Samos*-Kapseln bergen mußte, hatte sie ihre Technik so weit entwickelt, daß sie einen 75prozentigen Erfolg garantieren konnte.

Die *Samos,* als Aufklärungssatelliten 1961 eingeführt, stehen immer noch im Dienst. Die Einzelheiten der Starts der Baureihe *Samos 2* werden noch geheimgehalten. Aber es ist bekannt geworden, daß ein Satellit dieses Typs am 22. Juli

1970 gestartet wurde. Seine Umlaufbahn war so ausgelegt, daß er bestimmte Gebiete des Mittleren Ostens erfassen konnte, die dem arabisch-israelischen Waffenstillstandsabkommen unterlagen.

Im Osten hat die Sowjetunion eine ähnliche Politik verfolgt, obwohl die russischen Wissenschaftler etwas hinter den amerikanischen Kollegen herhinkten, was die Aufgabe betraf, einen echten Aufklärungssatelliten in eine Umlaufbahn um die Erde zu bringen.

Cosmos 4, am 26. April 1962 vom Kosmodrom Tyuratam gestartet, scheint das erste Exemplar gewesen zu sein. Meldungen deuten an, daß während des Jahres 1962 noch vier ähnliche Starts erfolgten. In den darauffolgenden Jahren hat die Zahl der *Cosmos*-Starts stetig zugenommen. Im Jahr 1969 wurden bereits mehr als die Hälfte vom Kosmodrom Pletetsk gestartet, das im März 1966 fertig geworden war.

Wie zu erwarten, haben auch die Fähigkeiten der *Cosmos*-Satelliten mit der Zeit eine Steigerung erfahren, und ihre Entwicklung folgte derselben Grundlinie wie bei den Amerikanern. Die Russen haben jedoch einer ganzen Reihe von Satelliten den Namen *Cosmos* gegeben, die sich nach Art und Aufgabe doch sehr voneinander unterschieden – nur bei einem Teil handelte es sich um Beobachtungssatelliten.

Auch von den *Cosmos*-Satelliten der späteren Produktion hört man, daß sie Kapseln ausstießen, die auf der Erde geborgen werden konnten. Einer französischen Quelle zufolge soll dies in einem Gebiet nordöstlich des Aral-Sees erfolgt sein. Es wurde deshalb angenommen, daß die Kapsel an einem Fallschirm landete, ähnlich wie dies auch bei den russischen Kosmonauten erfolgt.

Neuere Erkenntnisse besagen, daß die französische Äußerung mehr ein Analogieschluß war, auf bestimmten Fakten aufbauend, und daß die Russen es inzwischen den Amerikanern nachmachen und jetzt die Kapseln ihrer Beobachtungssatel-

liten mit der gleichen Fangtechnik noch in der Luft bergen.
Das erscheint durchaus sinnvoll, denn man spart beträchtliche Zeit bei der Gewinnung wertvoller Information, wenn man die Kapsel schon in der Luft auffängt. Eine Kapsel, die am Fallschirm niedergeht, muß nicht unbedingt an einer Stelle auf den Boden kommen, die leicht zugänglich ist; und wertvolle Zeit geht bestimmt verloren, wenn sie mitten in einen großen See oder auf einen entlegenen Berggipfel fällt.
Die ersten Hinweise, daß jetzt auch die Sowjetunion sich dieser Technik bedient, ergaben sich, als sich herausstellte, daß die Sowjets einen neuen Typ der *Cosmos*-Serie eingesetzt hatten. Eine Analyse der Daten deutete darauf hin, daß sich dieser neue Satellit kurz vor dem Wiedereintritt in die dichte Atmosphäre in zwei Teile teilte, wobei ein Teil zwecks Bergung „nach unten" geschickt wurde, während der andere etwa fünf bis zehn Tage später auf natürlichem Wege verglühte.
Die einzig logische Annahme war, daß die neue Konstruktion gewählt wurde, um Gewicht oder Größe des Wiedereintrittskörpers so (auf die reine Nutzlast) zu verkleinern, daß eine Bergung in der Luft möglich wurde. Die erste bekannte Verwendung dieses Typs wurde klar, als sich am 29. März 1968 *Cosmos 208* in zwei Teile teilte, von denen einer am 2. April geborgen wurde. Von insgesamt 28 bergungsfähigen *Cosmos*-Satelliten, die im Jahre 1968 gestartet wurden, gehörten vier zu dem neuen Typ. 1969 waren es drei von 33 und 1970 acht von insgesamt 29. In den ersten neun Monaten des Jahres 1971 gehörten schon 12 von 16 *Cosmos*-Satelliten zu den teilbaren Typen. Man kann also annehmen, daß die Russen inzwischen ihre Technik auch soweit verbessert haben, daß es ökonomischer oder effektiver ist, mehr und mehr teilbare Typen einzusetzen.
Es ist nicht leicht, diese Umstellung auf den zweiten Typ bei den Russen zu interpretieren. Möglicherweise ist eine unan-

nehmbar hohe Prozentzahl von auf der Erde gelandeten Kapseln beschädigt worden oder kaum zu finden gewesen.
Eine andere Schule mag die Meinung vertreten, daß „schwere" Fallschirmlandungen die kostbaren Kameras irreparabel beschädigt haben und daß die neue Technik darauf abzielt, sowohl den Film wie auch die Kamera zu bergen. Das ist reine Spekulation, und nur die Zeit wird einmal die wahren Gründe für den Gesinnungswandel erkennen lassen.
Da nun sowohl der Westen wie auch der Osten sich dieser Technik verschrieben hat, lohnt es sich, ein paar Zeilen mit der Erklärung anzufügen, wie die USAF die *Samos*-Kapseln birgt. Mit höchstens minimalen Abweichungen wird diese Technik auch für die Bergung jener Kapseln angewandt, die aus viel komplizierteren Kapseln ausgestoßen werden.
Weil bei derartigen Operationen weite Gebiete gedeckt werden müssen, war es notwendig, dafür ein Langstrecken- Such- und Rettungsflugzeug mit langer Flugdauer einzusetzen.
Die USAF hat die Lockheed C-130 *Hercules* für diese wichtige Aufgabe ausgewählt. Zwei verschiedene Versionen wurden gebaut: die HC-130 H mit einem am Bug montierten Fangsystem für Objekte mit einem Gewicht bis zu 225 kg, und die HC-130 N mit einem Luft-Luft-Bergungssystem, das bei der All American Engineering Company entwickelt worden war. Mit dem zuletzt genannten System können Lasten von 65 bis 1130 kg, die an Fallschirmen nicht schneller als 7,5 m/sek absinken, unter Tageslicht-Sichtbedingungen und in Flughöhen zwischen 10 und 4500 m in der Luft aufgenommen werden.
Die *Hercules* eignet sich hervorragend für diese Aufgabe, hat eine Einsatzreichweite von 1850 km und eine optimale Suchdauer von mehr als zehn Stunden. Die Spezialausrüstung, die sie in ihrem geräumigen Rumpf mitführt, besteht aus einem kraftbetätigten Davit und einer Halterungsanlage, einer Bergungswinde, einer Vorrichtung zum Kappen der Fallschirm-

Die Technik, mit der die aus den Satelliten ausgestoßenen Kapseln geborgen werden, zeigt diese Aufnahme von der Bergung einer „Discoverer"-Kapsel. Die JC-130B Hercules war auf dem USAF Stützpunkt Hickam auf Hawai stationiert.

leinen, zwei hydraulisch betätigten Stangenhalterungen mit 10,7 m langen Stangen, zwei Windabweisern, einer Fangvorrichtung mit Haken und Schlinge und einem Steuersitz für den Mann, der diese Anlage bedient.
Im Einsatz wird die Hecktüre voll geöffnet und die Heckrampe horizontal gestellt. Dann wird das Davit heruntergelassen und die Stangen mit der Fangvorrichtung in der Halterung befestigt und dann voll nach hinten ausgefahren. Das Fangseil

läßt man locker durchhängen. Eine automatische Windbremse wird auf das Gewicht der zu bergenden Last eingestellt. Damit ist alles auf die Bergungsaktion vorbereitet, und die Hercules kreist zu diesem Zeitpunkt bereits im vorbestimmten Wiedereintrittsgebiet.

Obwohl das Verfahren im Grunde genommen sehr einfach ist, verlangt eine erfolgreiche Fangoperation doch, daß die *Hercules* zur richtigen Zeit genau am richtigen Platz ist. Die Bestimmung dieses Faktors ist nicht gerade leicht, denn ein Irrtum in der Größenordnung von einem Sekundenbruchteil beim Zünden der Bremsraketen des Wiedereintrittskörpers kann den errechneten Auftreffpunkt um viele Kilometer verschieben.

Wollte man dabei nur auf Sichtbeobachtung von Kapsel und Fallschirm ausgehen, würde man dem Zufall ein zu weites Feld einräumen. Die *Hercules* verfügt deshalb über ein Suchsystem, das auf ein Signal anspricht, das die Kapsel aussendet, nachdem sie in die Erdatmosphäre eingetreten ist. Dieses Signal wird für den Piloten und den Navigator in ein Kreuzzeigerinstrument umgesetzt und gibt auf diese Weise exakt Kurs und Höhe an. Wenn der Kontakt unterbrochen wird, dann erfolgt über einen Speicher 15 Sekunden lang eine weitere Kursangabe, die aus den bisherigen Werten extrapoliert wird. Falls am Ende dieser Periode das Signal nicht wieder aufgenommen werden kann, beginnt das System automatisch erneut mit der Suche.

Die Besatzung der *Hercules* empfindet es als eine Belohnung für die zahllosen Ausbildungsstunden, wenn das Suchsystem den ersten Kurswert angibt. Schnell aber ruhig kurvt das große Flugzeug auf den neuen Kurs ein, der Pilot drückt die Leistungshebel nach vorn, das Singen der vier 4500 PS leistenden Turpoprop-Triebwerke steigt an, wie ein Zeichen für die gesteigerte Erregung, weil die *Hercules* jetzt auf den Rendez-vous-Punkt zufliegt. Ruhelose Blicke schweifen über das unendliche Panorama des Himmels. Jeder möchte der Erste sein, der den sich blähenden Fallschirm und seine wichtige Last entdeckt. Diesmal gewinnt der Navigator: da ist das Ding, genau geradeaus, aber noch ziemlich höher als die *Hercules.* Die Triebwerke laufen auf Vollast; der Pilot zieht die Steuersäule etwas zu sich heran, um den bestmöglichen Steigflugwinkel zu erreichen. Höhe ist wichtig. Falls der erste Versuch nicht klappt, muß noch genügend Zeit für einen zweiten Versuch in tieferen Bereichen vorhanden sein.

Das ist nun der Augenblick, wo es ganz auf das fliegerische Können des Piloten ankommt, das Flugzeug so heranzubringen, daß Haken und Schlinge die hinter den Stangen ausschwingen, den Fallschirm einfangen, der den Wogen des Ozeans entgegensinkt. Eine leichte Kurve, etwas Nachdrücken, damit das Flugzeug die Nase nach unten nimmt, und – Kontakt. Die Winde kreischt auf, wie wenn ein riesiger Fisch die Angel aufgenommen hat, bis die Leine von der automatischen Bremse sacht gestoppt wird, wenn der „Fang" sich der Geschwindigkeit des Flugzeugs angepaßt hat. Der Rest ist Routine. Die Kapsel ist schnell eingeholt und wird sofort in der *Hercules* fest verzurrt. Der Auftrag ist erfolgreich abgeschlossen.

Nun haben wir also die Situation, wo die beiden sich gegenüberstehenden Großmächte die Mittel und die Möglichkeiten in der Hand haben, sich über den Stand der Entwicklung auf der anderen Seite zu orientieren. Das ist fein: genau das wollte Präsident Eisenhower mit seiner Politik des „Offenen Himmels" erreichen, aber es bedurfte auch einer gegenseitigen Absprache für die Begrenzung der Waffen.

Bis zur Unterzeichnung des SALT-Abkommens, die im Mai 1972 nach zweieinhalb Jahren Verhandlung zwischen den USA und der Sowjetunion erfolgte, gab es nur den einen Aspekt der Beobachtung aus der Luft, den „offenen Himmel". Wenn auch dadurch die Aufrechterhaltung einer effektiven

Politik ermöglicht wurde und jede Nation in der Lage war, sich ohne Verzug über die militärischen Entwicklungen der anderen Seite zu orientieren, hat dies doch dazu geführt, daß die Ausgaben zur Aufrechterhaltung einer wirksamen Abschreckung ständig stiegen.

In den ersten Novembertagen 1967 hat zum Beispiel Mr. McNamara, damals noch US-Außenminister, bekanntgegeben, daß die Sowjetunion anscheinend eine „Weltraumbombe" entwickle. Genauer ausgedrückt sollte es sich um ein *Fractional Orbital Bombardment System* (FOBS) handeln, also um eine Bombe, die in eine Umlaufbahn von 160 km über der Erde gebracht wird, wo sie noch vor Beendigung ihres ersten Umlaufs durch Bremsraketen auf ein bestimmtes Ziel gerichtet werden könnte. Obwohl es sich dabei nur um ein wenig genaues und bestimmt viel teureres Verfahren handelt als bei den konventionellen ICBM, so hatte es doch offensichtliche Vorzüge – soweit es die Russen betraf –, nämlich mit viel geringerer Warnungszeit operieren und die USA aus dem Süden angreifen zu können, einer Richtung, die der amerikanischen Radar-Frühwarnkette genau entgegenlag.

Es war also nicht nur wünschenswert, daß die USA selbst eine ähnliche Abschreckungswaffe entwickelten, es war auch dringend notwendig, den Status des russischen FOBS-Programms zu verfolgen. Luftaufklärung war die Antwort auf dieses Problem. Am 6. November 1970 wurde der erste Versuch unternommen, einen neuen Beobachtungssatelliten – mit der Bezeichnung *Integrated Missile Warning Satellite* (IMEWS) d. h. den Beobachtungssatelliten eines integrierten Frühwarnsystems – zu starten. Dieser erste Versuch war nur ein Teilerfolg, weil der Satellit den gewünschten Umlauf nicht erreichte, der synchron mit der Erdrotation und einer Inklination von 10° so gedacht war, daß der Satellit über einer bestimmten geografischen Länge eine 8-förmige Bahn beschrieben hätte. Das wiederum hätte bewirkt, daß er bei einem Standpunkt

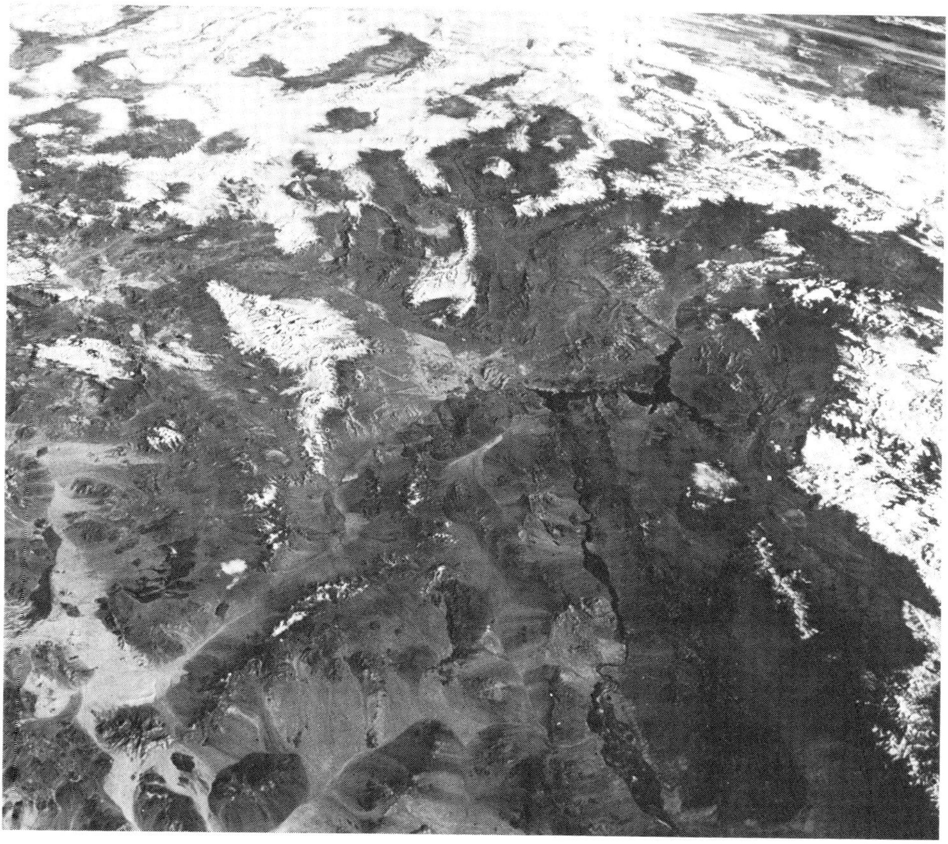

Dieses Bild des Staates Nevada, aus einer Apollo-Kapsel in einer Höhe von über 160 km aufgenommen, vermittelt einen Eindruck von der hohen Bildqualität, die heute auch aus solchen Entfernungen zur Selbstverständlichkeit wurde.

nördlich des Äquators seinen Kameras und Sensoren einen besseren Blick auf den nördlichen Teil der Sowjetunion eröffnet hätte.

Daten, die vom britischen Royal Aircraft Establishment Mitte 1971 vorgelegt wurden, zeigten, daß die Befürchtung eines teilweisen Mißerfolgs des ersten IMEWS gegenstandlos war, denn es war gelungen, die anfänglich extrem exzentrische

Umlaufbahn auf ein Perigäum von 26 170 km und ein Apogäum von 36 050 km mit einer Inklination von 8° zu korrigieren, wobei noch eine leichte Drift hinsichtlich der geografischen Länge blieb. Die Ausrüstung des Satelliten war durch den Fehler in der Umlaufbahn keineswegs betroffen, so daß die USAF die Funktionsfähigkeit des Satelliten nachprüfen und beweisen konnte, was einfach durch die Überwachung der eigenen amerikanischen Raketenstarts geschah. Auf diese Weise war es möglich, wertvolle Erkenntnisse über den Wert des Systems für eine echte Frühwarnung zu erhalten.
Bei einem zweiten Versuch wurde eine IMEWS am 5. Mai 1971 in eine geostatische Umlaufbahn gebracht (d. h. sie blieb von der Erde aus gesehen immer am gleichen Punkt des Himmels über dem Indischen bzw. Pazifischen Ozean). Dieser und ähnliche Satelliten halten konstante Wache wegen etwaigen Fernraketenstarts Rußlands oder Rotchinas.
Die Satelliten erfüllen ihre Aufgabe auf mehrfache Weise: sie entdecken die Hitzeabstrahlung der feindlichen Geschosse mit Hilfe eines Infrarot-Sensors, von dem man annimmt, daß er einen Detektor von 2000 Elementen enthält, der im 3–5-micron-Bereich arbeitet, sowie mit einem VLS (= visible light sensor = Sensor, der im sichtbaren Bereich arbeitet – also mit einer Art Fernsehkamera), die militärische Beobachter in den Stand versetzen soll, die Raketengeschosse mit ihrem Flammenschweif zu erkennen, wenn sie gestartet werden und dann die dichte Atmosphäre verlassen. Es ist möglich, daß IMEWS auch über Sensoren vom *Vela*-Typ verfügen, die im Bereich der Röntgenstrahlung, Gammastrahlung und Neutronenstrahlung arbeiten.
Die beiden Hauptsensortypen ergänzen sich gegenseitig und verhüten dadurch Falschinformationen und Fehlalarme. Wenn die Infrarot-Detektoren den Start einer Interkontinentalrakete feststellen, dann nimmt man an, daß der Satellit ein VLS-Signal übermittelt, um eine Bewertung des Infrarot-Alarms zu

ermöglichen. Wenn kein Infrarot-Alarm erfolgt, dann werden VLS-Signale in regelmäßigen Abständen ausgestrahlt, um zu bestätigen, daß die Infrarot-Sensoren arbeiten und daß sie also keinen ICBM-Start „übersehen" haben.
Die Daten, die IMEWS erfaßt, werden zuerst an zwei Bodenstationen übermittelt. Eine liegt auf Guam, die andere 480 km nördlich von Adelaide, Australien, – wahrscheinlich in Narrungar, Woomera. Von dort gehen die Daten über einen Nachrichten-Satelliten an NORAD (= North American Air Defense Command) mit Hauptquatier in Colorado Springs, Colorado.
Geheiminformationen, die durch solche Satelliten gewonnen werden, und die durch Spezialflugzeuge ergänzt werden, haben inzwischen bestätigt, daß die Sowjets bereits über ein MRV (= multiple reentry vehicle = Raketenwaffe mit Vielfach-Wiedereintrittskörpern) verfügen. Es handelt sich um einen Dreifach-Sprengkopf, der sich in drei getrennte Wiedereintrittskörper teilt, die offensichtlich viel schwieriger abzufangen sind als ein einfacher Sprengkopf. Noch wesentlicher erscheint, daß eine genaue Betrachtung der Fotos den Schluß nahelegt, daß sie im Zielgebiet in einer Anordnung eintreffen, die dem typischen „Fußabdruck" von drei verbunkerten *Minuteman*-ICBM-Stellungen entspricht.
Die USA waren auf diesem Gebiet eine Nasenlänge voraus. Bereits 1965 war zu erfahren, daß die Entwicklung eines neuen *Fleet Ballistic Missile Weapon System* (FBMWS) geplant sei. Es lief unter der Bezeichnung *Poseidon C3* und drehte sich um eine Zweistufenrakete für Unterwasserabschuß oder normalen Abschuß vom Boden aus. Sie sollte das Nachfolgemuster der *Polaris*-Raketen in den Raketen-U-Booten der US Navy sein. Das System war ein Schritt über das sowjetische MRV-Konzept hinaus, denn es sollte über MIRV (= Multiple Independantly-targetable Re-entry Vehicles = Vielfach-Wiedereintrittskörper zur Bekämpfung getrennter Ziele) verfügen.

Die Schießversuche mit insgesamt 20 *Poseidon C3* wurden am 19. Juni 1970 abgeschlossen.
U-Boote mit nuklearen Raketenwaffen einzusetzen, hatte einmal den Gedanken an die „letzte Waffe“ ausgelöst, deren Vorhandensein jeden Gegner von einem nuklearen Angriff abhalten könnte. Man stellte sich dabei vor, daß ein atomgetriebenes U-Boot – von unbekanntem Standort irgendwo auf den Weltmeeren operierend, die ja sieben Zehntel der Erdoberfläche bedecken, einfach unmöglich zu orten sei.
Heute liegt dagegen ein besonderer Akzent der amerikanischen Aufklärungstechnologie aus Luft- und Weltraum auf Methoden, welche feindliche U-Boote genauestens orten können. In dieser Richtung ist bereits viel geschehen, und die Entwicklung von Flugzeugen wie der Lockheed S-3A *Viking,* die bereits beschrieben wurde, stellt nur einen Schritt in dieser Richtung dar.
Wenn bestimmte Infrarot-Geräte fertigentwickelt sind, dann wird es auch möglich sein, atomgetriebene U-Boote zu orten, die in beträchtlichen Tauchtiefen liegen oder fahren. Das wäre deshalb möglich, weil solche Boote mit ihren atomar getriebenen Maschinen große Mengen Seewasser benützen, um den Atomreaktor zu kühlen. Während das Kühlwasser seinen Zweck erfüllt, wird es wärmer – hochentwickelte Sensoren sollen bereits jetzt die Fähigkeit besitzen, diese leicht erhöhten Temperaturen in der Spur von getaucht fahrenden Atom-U-Booten in zwar nicht näher bezeichneten aber doch beträchtlichen Tiefen erfassen zu können.
Auch andere Techniken in der Entwicklung oder schon in einem fortgeschrittenen Stadium haben eine große Bedeutung für zukünftige Beobachtungssatelliten. Techniken, die auf dem Felde der U-Boot-Ortung Chancen versprechen, kommen auch aus mehr konventionellen Bereichen wie der Fotografie. Es steckt einige Ironie dahinter, daß eine vielversprechende Sache zuerst in Rußland aufkam, wo sie den Namen spektro-

zonale Fotografie erhielt. Besser unter der Bezeichnung Falschfarbenfotografie bekannt, baut sie auf einem Spezialfilm auf, der unter Verwendung eines Gelbfilters belichtet wird. Bei der Entwicklung erscheinen trockene Gebiete auf der Erde in gelblichen Tönen, während feuchte oder nasse Stellen in verschiedenen Schattierungen von Blau abgebildet werden, die bei Wasserflächen mit wachsender Tiefe ihre dunkelste Tönung erreichen. Dies war eine wertvolle Hilfe bei der Auswertung von Luftbildern, die von Küsten- und Deltagebieten gemacht wurden.

Aerial Ektachrome ist ein Farbfilm von Eastman Kodak, der ebenfalls interessante Möglichkeiten für ozeanische Aufklärung erschließt. Er wurde ursprünglich für Luftbildvermessung eingesetzt. Dabei fand man bald heraus, daß er seichtes oder tiefes Wasser in einer weiten Farbskala wiedergab, die von Senfgelb bis zu tiefstem Blau ging. Man kann sich leicht vorstellen, daß ein U-Bootskörper die Aufzeichnung der Wassertiefe „stören" kann, weil er auf dem Film nur die Wassertiefe über dem Boot angibt und damit (durch die andere Färbung an dieser Stelle) eine entsprechende Schlußfolgerung zuläßt.

Ein etwas außergewöhnliches System hat mit dem Einsatz von elektronischen Sensoren zu tun, die eine Art undefinierbarer Bilder produzieren, welche für das menschliche Auge grau in grau erscheinen. Benützt man für eine Reihe von Bildern verschiedene Farbfilter entsprechender Wellenbereiche dann kann man das „Unsichtbare" seiner Tarnkappe berauben: es ist immer wieder erstaunlich, was für Einzelheiten in verschiedenfarbiger Form dann erkennbar werden.

Ein Luftbild der Mündung des Colorado, das von den *Gemini 4*-Astronauten stammt, hat man dieser Behandlung unterworfen. In ihrer ursprünglichen Form hat diese Aufnahme, die aus einer Höhe von 190 Kilometern gemacht wurde, nichts Ungewöhnliches gezeigt. Nach der Spezialbehandlung waren ganze Fischschwärme und verborgene Untiefen mit über-

Die Mündung des Colorado River in Kalifornien, aufgenommen auf Infrarot-Film aus Apollo 9 in einer Höhe von 240 km.

raschender Klarheit zu erkennen. Es ist also keineswegs unvernünftig, wenn man annimmt, daß ein Verfahren, mit dem man Fische in einer Wassertiefe von 60 Metern „fotografieren" kann, soweit entwicklungsfähig ist, daß es einfach keinen Platz mehr gibt, wo sich ein Atom-U-Boot noch verstecken könnte.

Das Rad der Luftaufklärung hat damit eine ganze Umdrehung vollzogen. Wenn man auch noch nicht zu befürchten braucht, daß die Sowjetunion ein Frühwarnsystem besitzt, das sich mit IMEWS vergleichen läßt, so liegen doch Meldungen vor, daß sowjetische Satelliten über Sensoren ähnlich dem *Midas* oder *Vela* verfügen. Wie im Ersten Weltkrieg haben wir auf dem

Kap Kennedy mit einer Hasselblad-Kamera aus einer Gemini-Raumflugkapsel – frei aus der Hand – aufgenommen. NASA

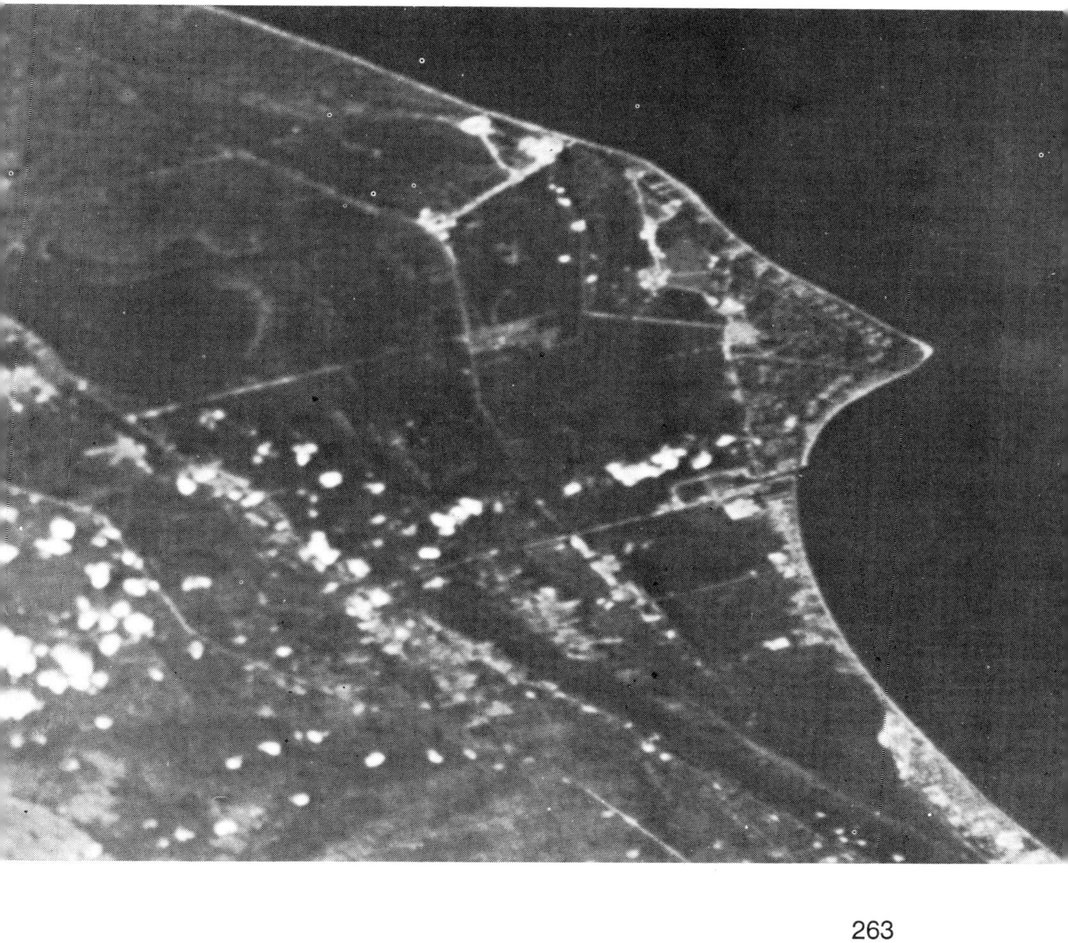

Gebiet der Luftaufklärung einen Punkt erreicht, wo die Aufklärungskapazität so umfassend ist, daß es unumgänglich erscheint, Mittel und Methoden zur Zerstörung der Instrumente einer solchen Aufklärung zu finden.
Erste Zeichen solcher Maßnahmen waren Geheimdienstinformationen, wonach bestimmte sowjetische Satelliten mit *Cosmos*-Nummern anscheinend die Fähigkeit besaßen, andere Satelliten abzufangen und zu zerstören. Anfängliche Vertreter dieses Typs waren die Cosmos-Satelliten mit den Nummern 249, 252, 374 und 375. Cosmos 394, der am 9. Februar 1971 gestartet wurde, hat wahrscheinlich Cosmos 397, der erst 16 Tage später gestartet war, abgefangen und zerstört. Ähnlich ist Cosmos 400, am 19. März 1971 gestartet, von Cosmos 404 am 3. April 1971 abgefangen worden.
Andere Meldungen weisen darauf hin, daß die Sowjetunion versucht, diese Fähigkeit dahingehend weiterzuentwickeln, daß auch Satelliten in niedrigen Umlaufbahnen zerstört werden können. Dies stellt ein viel schwierigeres Problem dar, denn wenn sich die Höhe vermindert, dann steigt die relative Geschwindigkeit zu einem Fixpunkt auf der Erde deutlich an, d. h. es verbleibt viel weniger Reaktionszeit.
Geheimdienstmeldungen zufolge soll Cosmos 462, am 3. Dezember 1971 in Tyuratam gestartet, durch Cosmos 459 in einer Höhe von nur 230 km zerstört worden sein. Dies ist eine noch viel stärker ins Gewicht fallende Möglichkeit als die Zerstörung von Cosmos 400, der sich 885 km über der Erde befand.
Solch eine Befähigung wirft die Frage auf, warum die Sowjetunion in den vielen Monaten seither keine Anstrengungen gemacht hat, jene amerikanischen Satelliten zu zerstören, die ständig ein wachsames Auge auf ihre militärischen Aktivitäten haben.
Der wahrscheinlichste Grund dürfte darin liegen, daß die sowjetische Aufklärung inzwischen mit Sicherheit festgestellt hat, daß auch die Amerikaner zu so etwas in der Lage sind und

daß eine solche Handlung nur eine entsprechende Vergeltung provozieren würde. Es ist für sie viel besser, den Entwicklungsstand des amerikanischen Defensiv- und Offensivpotentials durch die eigenen Aufklärungsaktivitäten sicherzustellen. Dies trifft umgekehrt auch auf die USA zu, denn eine Meldung vom 13. März 1973 besagt, daß es zwei amerikanische Waffensysteme zur Bekämpfung von Satelliten gibt, die unter den USAF-Code-Bezeichnungen 437 und 922 laufen.
Die SALT-Vereinbarung hat Beobachtungssatelliten „respektabel" gemacht. Sie legt fest, daß sie in der Wahrnehmung ihrer Aufgaben nicht behindert werden dürfen denn sie sind die vorrangige Garantie für guten Glauben auf beiden Seiten.

Eine naturgroße Attrappe der ersten Raumstation, bestehend aus den zusammengekoppelten sowjetischen Raumschiffen Sojus 4 und Sojus 5. Diese Attrappe steht in einer Ausstellung in Moskau, die die naturwissenschaftlich-technischen Errungenschaften der Sowjetunion zeigt.

Trotzdem ist es wahrscheinlich, daß die Amerikaner zumindest ihre künftigen Frühwarnsatelliten und lebenswichtigen militärischen Nachrichtensatelliten mit Alarmanlagen ausrüsten werden, die vor einem Angriff warnen.
Daß dies unerläßlich ist, leuchtet ein. Das Ausbleiben von Daten eines der Verteidigung dienenden Beobachtungsnetzes könnte seinen Grund ja auch in einer Störung oder einem Versagen des Nachrichtensystems selbst haben. Es ist also wesentlich, ob man feststellen kann, daß dies der Fall ist oder ob die Beobachtungsquelle selbst zerstört worden ist.

Zwei komplementäre Verfahren wurden vorgeschlagen: Annäherungssensoren, die feststellen, daß ein anderes Raumfahrzeug dem Satelliten „auf die Pelle rückt", und Aufschlagsensoren, die die Zerstörung selbst melden. Die zuletzt genannten Geräte werden wahrscheinlich ein unabhängiges Subsystem bilden, wobei mehrere wirksam isolierte Sensoren in jeden Satelliten eingebaut werden, damit mindestens einer lange genug „überlebt", um den Alarm durchzugeben.
Es sieht so aus, als ob die Bürger des Westens wie des Ostens sich auf ständig steigende Kosten gefaßt machen müßten. Aber die Ausgewogenheit in Abschreckung wie Aufklärung ist das einzige Mittel, mit dem ein Stadium des „Friedens" aufrechterhalten werden kann, bis vielleicht ein Wunder der Erleuchtung den Wunsch nach echter Abrüstung und einen dauerhaften Bann über Atom- und Wasserstoffbomben Wirklichkeit werden läßt. Das gilt solange, als die beiden Supermächte ihre Vernichtungskraft in ähnlicher Weise fortentwickeln, und vorausgesetzt, daß auch ein dritter Faktor wie etwa eine unvorhersehbare Intervention Rotchinas den status quo nicht verändert.
Unglücklicherweise ist „wenn" das längste Vierbuchstabenwort, das es gibt, und dazuhin ein Wort, das den besten Plan über den Haufen werfen kann. Die Andeutung eines solchen

„wenn“ kam im Frühjahr 1972 von John S. Forster jr., Direktor der amerikanischen Verteidigungsforschung und Entwicklung. Er ließ durchblicken, daß man Beweise dafür habe, daß die Sowjetunion entschlossen sei, die amerikanischen technologischen Fähigkeiten zu überholen, koste es was es wolle. Außerdem war es den für die Gewinnung wichtiger Informationen verantwortlichen Stellen der USA in diesem Jahr klar geworden, daß die Russen neue militärische Möglichkeiten entwickelt haben. Das Verteidigungsministerium deutete an, daß die Überlegenheit auf dem Gebiet der Lenkwaffen zur Abwehr von ballistischen Fernraketen, auf dem FOBS-Gebiet, bei den strategischen Abfangjägern, den taktischen Lenkwaffen zur Bekämpfung von Schiffszielen, bei den klassischen Überwasser-Angriffseinheiten der Marine, bei einigen Panzern und gepanzerten Fahrzeugen, bei Fla-Lenkwaffen für mittlere bis große Flughöhen, bei taktischen Boden-Boden-Raketenwaffen und bei schweren Hubschraubern nunmehr an die Sowjetunion übergegangen ist. Forster ließ keinen Zweifel daran, wie wichtig die Erhaltung der allgemeinen technologischen Überlegenheit Amerikas für die ganze westliche Welt ist. Er gab damit ein realistisches Bild einer Einschätzung jedes möglichen Gegners. „Wenn wir einmal diese Überlegenheit verloren haben“, sagte er, „dann haben wir nicht mehr die Fähigkeit, unsere relative Stärke richtig einzuschätzen und in einen effektiven Wettbewerb zu treten. Und es wird dann nicht mehr lange dauern, bis wir auch das Vertrauen in das Vorhandensein einer wirklichen Abschreckung verloren haben . . . “

Mit diesem Buch wurde versucht, ein Bild von der Bedeutung echter Abschreckung zu vermitteln. Noch wichtiger war vielleicht: zu zeigen, welche Rolle die Luftaufklärung und die Satellitenaufklärung durch die Vermittlung von Erkenntnissen aus der Tiefe des gegnerischen Territoriums spielen kann, um das delikate Gleichgewicht aufrechtzuerhalten, das mit der

SALT-Übereinkunft über strategische Fernwaffen wie auch über Lenkwaffen zur Bekämpfung solcher Fernwaffen erzielt wurde.
Es gibt keinen Grund zu der Annahme, daß die Führer der USA sich dieser großen Verantwortung nicht bewußt sind, die in der Aufklärung aus der Luft und aus dem Weltraum bei der Aufrechterhaltung des Friedens liegt. Auch wenn dies sehr viel Geld kostet und unbequem ist, so ist es immer noch einem Krieg vorzuziehen, der nur in weltweiter Verwüstung enden kann.
Im Gegenteil, alles deutet darauf hin, daß die Amerikaner die lebenswichtige und bleibende Bedeutung der Aufklärung erkannt haben. Dies wird durch Berichte über neue „Spionage"-Satelliten bestätigt, die bereits im Einsatz sind oder sich im vorgeschrittenen Planungsstadium befinden.
Zu den heute eingesetzten Typen gehören Bildaufklärungssatelliten für Such- und Ortungseinsätze. Sie haben die Aufgabe einer globalen Erfassung der Erdoberfläche, genügend detailliert, um fähige und erfahrene Bildauswerter herausfinden zu lassen, was neu oder von Bedeutung ist. Die Aufnahmen werden mit einer Kamera gemacht, die mit einem Objektiv mittlerer Auflösung ausgerüstet ist. Der Film wird direkt entwickelt und dann mit einem Laserstrahl abgetastet, der das Bild in elektronische Signale umsetzt, die von sieben Empfangsstationen auf der Erde aufgefangen werden können, die rund um den Globus angelegt sind.
Es wurde bereits betont, daß Bilder, die auf diese Weise übertragen werden, Einbußen in Einzelheiten erleiden können oder einer Störung durch den Gegner unterliegen mögen. Dies ist jedoch nicht so wichtig bei einer Aufklärung, deren Aufgabe mehr allgemeiner Art ist. Wenn ein Auswerter etwas Verdächtiges entdeckt oder glaubt, daß eine bestimmte Stelle nähere Betrachtung verdient, dann kann er sich ja der Möglichkeiten eines anderen neuen Satelliten bedienen.

Dieser ist mit einer Kamera hoher Auflösung ausgestattet und kann außerdem Multispektralkameras mitführen. Über dem gewünschten Gebiet eingesetzt, können diese Kameras dann die notwendige genaue Erfassung liefern. Nach zwei Wochen wird der belichtete Film, der in eine abwerfbare Kapsel umgespult wurde, mit der Kapsel abgeworfen und noch am Fallschirm hängend aufgefangen und geborgen.
Die beiden Satellitentypen ergänzen sich in der Zusammenarbeit und haben wichtige Informationen über verbunkerte russische ICBM-Abschußstellen geliefert. Anfang 1971 hat ein solcher Such- und Ortungseinsatz zur Entdeckung ungewöhnlicher Aktivitäten geführt. Bei näherem Hinsehen hat sich dann herausgestellt, daß es sich um im Bau befindliche neue Silobunker für Fernraketen handelte.
Ein verstärkter Einsatz der zwei Satellitentypen führte dazu, daß ungefähr 60 der neuen Silos erfaßt und durch wiederholte Erfassung bestätigt werden konnten. Es war sogar möglich, zwei Silobunkertypen zu unterscheiden, bei denen die Durchmesser um etwa 1,20 m differierten.
Es stellte sich aber sehr bald heraus, daß der Einsatz dieser beiden Satelliten sehr teuer kommt und viel Arbeitszeit und Kapazität verschlingt. Wesentlich war der zeitraubende Faktor, denn bei Vorliegen bestimmter Verdachtsmomente (geliefert durch den ersten Satelliten) ist es nicht möglich, sofort nachzufassen und eine genauere Untersuchung vorzunehmen.
Diese Erkenntnis ist nicht neu, denn Mitte der sechziger Jahre hat ja bei der Planung eines MOL (= manned orbiting laboratory = bemanntes Weltraumlabor) das Argument eine Rolle gespielt, daß Astronauten mit Hilfe geeigneter Teleskope in solchen Fällen direkt beobachten könnten. Jedes Objekt, das einer Nachprüfung wert erschiene, wäre dann sofort mit Kameras hoher Auflösung fotografiert und der Film mit Hilfe einer Kapsel zur Erde gebracht und durch Flugzeuge geborgen worden.

Anmerkung des Übersetzers: In diesem Zusammenhang gesehen waren bei dem von sowjetischer Seite in der ersten Julihälfte 1974 durchgeführten SOJUS-14 Unternehmen — einer bemannten Raumstation —drei Punkte auffällig und nicht ohne weiteres mit der Vorbereitung des für 1975 geplanten gemeinsamen Raumfahrtunternehmens mit den USA unter einen Hut zu bringen:
Die beiden Piloten von SOJUS-14 sind Offiziere und gehören nicht zum Kreis der Kosmonauten, die für das Koppelmanöver mit ihren US-Kollegen benannt wurden.
Eine neue, bisher nicht genutzte Frequenz wurde für die Übermittlung verschlüsselter Angaben eingesetzt.
Während des Experiments befanden sich in der Nähe von Tjuratam optische Sichtziele, wie sie normalerweise für die Erprobung und Bewertung von Satellitenkameras aufgebaut werden.
Es wäre durchaus denkbar, daß die Sowjetunion die Wirksamkeit ihres Frühwarnsystems einer besonderen Überprüfung unterzogen hat.
Fortschritte bei neuen Technologien der amerikanischen Raumfahrtindustrie haben inzwischen nunmehr die Möglichkeit eröffnet, Satelliten zu entwickeln, die diese Funktion völlig zufriedenstellend automatisch erfüllen können. Dabei wird eine fortlaufende Überwachung sichergestellt, der entwickelte Film wird abgetastet und auf elektronischem Wege auf die Erde übertragen.
Wenn ein Auswerter etwas Interessantes entdeckt, dann kann er den Satelitten veranlassen, die Kamera hoher Auflösung beim nächsten Umlauf einzuschalten. So kann innerhalb viel kürzerer Zeit ein sehr detailliertes Bild auf die bereits beschriebene Weise durch Flugzeuge in der Luft aufgefangen werden. Dieser Satellit mit der offiziellen Bezeichnung *Big Bird* besteht in der Hauptsache aus einer modifizierten Lockheed *Agena,* die 15,20 m lang ist und einen Durchmesser von

3,05 m hat. Sie enthält eine riesige Kamera, die zu einer derartigen Bildauflösung fähig sein soll, daß es möglich ist, aus einer Umlaufhöhe von 160 km Gegenstände von 30 cm Durchmesser zu erfassen und zu identifizieren. Der erste Satellit dieser neuen Generation wurde am 15. Juni 1971, der zweite am 20. Januar 1972 gestartet.

Es ist klar, daß die *Big Bird* Satelliten dem Westen eine raschere und mehr ins Einzelne gehende Überwachung der Sowjetunion und Rotchinas erschlossen haben. Obwohl sie die „letzten und größten" sind, hat selbst dieses moderne Konzept seine Grenzen, hauptsächlich im Zeitverlust zwischen dem ersten Blick auf ein interessantes Projekt und dem Augenblick, wo dieses erneut für eine genauere Betrachtung zur Verfügung steht.

Lösungen, wie man dieses zeitliche Loch überbrücken könnte, befinden sich noch im Reißbrettstadium. Ein TRW Systems/USAF-Projekt mit der Codebezeichnung 1010 soll Echtzeit-Detailinspektion mit Hilfe eingebauter Sofortentwicklung von Aufnahmen hoher Auflösung ermöglichen. Anstelle der Übermittlung durch Kapselabwurf wird ein Abtastsystem der jüngsten Generation das Bild in elektronische Signale umsetzen, die durch einen Daten-Relaissatelliten zur Erde übertragen werden. Ein ähnliches Projekt mit der Code-Nummer 749 ist in der Entwicklung, um die US Navy mit Echtzeitdaten der Seeaufklärung zu versorgen.

Die Verfügbarkeit derartiger Systeme ist für 1976/77 geplant und wird dem Westen eine fortlaufende, fast schon als Direktübertragung anzusprechende Beobachtung des Territoriums jedes denkbaren Gegners eröffnen. Diese Art Aufklärung könnte einer Politik des offenen Himmels zu wirklichem Leben verhelfen: dann könnte kein Angreifer eine allesüberragende „letzte" Waffe konstruieren, produzieren, testen und schon gar nicht zur Anwendung bringen, ohne daß die „andere Seite" über jede Einzelheit unterrichtet wäre.

Bescheid wissen ist Sicherheit.
Der frühere amerikanische Präsident Lyndon B. Johnson hat einmal gesagt, daß Beobachtungssatelliten die wichtigsten Dinge darstellen, die jemals in den USA hergestellt wurden. Und er fügte hinzu: wenn Amerika zehnmal soviel Geld in die Weltraumforschung gesteckt hätte, und es wären nur die Beobachtungssatelliten dabei herausgekommen, dann wäre das Geld immer noch recht gut angelegt gewesen.
Der Mann mußte wissen, von was er sprach.

STICHWORTREGISTER